智能媒体时代普通高等院校新媒体全能专攻复合型人才培养数字化规划教材

主编 严三九　副主编 赵为学

新媒体经营管理
概念、问题与实践

Management of New Media
concepts issues and practice

易旭明　倪　琳 ◇ 编著

华中科技大学出版社
http://press.hust.edu.cn
中国·武汉

内容提要

本书面对传媒技术、业务和生态的持续演化,从"媒体对信息、人和物的新连接"形成生产生活新型协作方式的经营管理角度定义新媒体,从基础理论、战略管理、业务管理和职能管理四大板块入手,系统建构了新媒体经营管理的知识体系。本书以下几个方面的阐述尤其具有创新价值:新媒体商业模式的交易结构和管理要素;垂直业务的界面、供应链和客户管理;平台型媒体和自媒体业务、设计及其对主流媒体变革的影响;广告形态变迁中技术和内容影响的演化。本书案例比较前沿,体现了时代脉搏和经营者的探索智慧,也体现了对剧烈变化的传媒生态中主流价值传播、社会意义建构、社会协作模式的关怀。

本书既适用于新闻传播相关专业本科教学,也能为新媒体业界人士的思考和实践提供有益启示。

图书在版编目(CIP)数据

新媒体经营管理:概念、问题与实践 / 易旭明,倪琳编著. -- 武汉:华中科技大学出版社,2025.1.
(智能媒体时代普通高等院校新媒体全能专攻复合型人才培养数字化规划教材). -- ISBN 978-7-5772-0358-4

Ⅰ. G206.2

中国国家版本馆 CIP 数据核字第 2025TE5888 号

新媒体经营管理——概念、问题与实践　　　　　　　　　　　　　易旭明　倪　琳　编著
Xinmeiti Jingying Guanli —— Gainian 、Wenti yu Shijian

策划编辑:周晓方　杨　玲
责任编辑:林珍珍
封面设计:原色设计
责任校对:张汇娟
责任监印:周治超

出版发行:华中科技大学出版社(中国·武汉)　　　　电话:(027)81321913
　　　　　武汉市东湖新技术开发区华工科技园　　　　邮编:430223
录　　排:孙雅丽
印　　刷:武汉开心印印刷有限公司
开　　本:787mm×1092mm　1/16
印　　张:17.25
字　　数:283千字
版　　次:2025年1月第1版第1次印刷
定　　价:58.00元

本书若有印装质量问题,请向出版社营销中心调换
全国免费服务热线:400-6679-118　　　竭诚为您服务
版权所有　侵权必究

智能媒体时代普通高等院校新媒体全能专攻复合型人才培养数字化规划教材

专家委员会

主 任
张骏德　复旦大学新闻学院教授、博士生导师

副主任
刘海贵　复旦大学新闻学院学位委员会主席
　　　　复旦大学新闻学院教授、博士生导师

委 员（排名不分先后）
胡百精　教育部高等学校新闻传播学类专业教学指导委员会副主任委员
　　　　中国人民大学新闻学院执行院长，教授、博士生导师
张涛甫　教育部高等学校新闻传播学类专业教学指导委员会副主任委员
　　　　复旦大学新闻学院执行院长，教授、博士生导师
王晓红　教育部高等学校新闻传播学类专业教学指导委员会秘书长
　　　　中国传媒大学教务处处长，教授、博士生导师
李本乾　教育部高等学校新闻传播学类专业教学指导委员会委员
　　　　上海交通大学媒体与传播学院院长，教授、博士生导师
韦　路　教育部高等学校新闻传播学类专业教学指导委员会委员
　　　　浙江大学媒体与国际文化学院院长，教授、博士生导师
严三九　教育部高等学校新闻传播学类专业教学指导委员会委员
　　　　上海大学新闻传播学院院长，教授、博士生导师

编审委员会

主 任
严三九　教育部高等学校新闻传播学类专业教学指导委员会委员
　　　　上海大学新闻传播学院院长，教授、博士生导师

副主任
陈建云　复旦大学新闻学院副院长，教授、博士生导师
韩立新　教育部高等学校新闻传播学类专业教学指导委员会委员
　　　　河北大学新闻传播学院院长，教授、博士生导师
杨海军　上海大学新闻传播学院副院长，教授、博士生导师

委 员（排名不分先后）
姜智彬　上海外国语大学教务处处长，教授、博士生导师
武志勇　华东师范大学传播学院教授、博士生导师
王冬冬　同济大学艺术与传媒学院副院长，教授、博士生导师
姜　红　安徽大学新闻传播学院院长，教授、博士生导师
杜友君　上海体育大学新闻与传播学院教授、博士生导师
郑　欢　上海师范大学人文与传播学院教授、博士生导师
赵为学　上海大学新闻传播学院副院长，副教授

作者简介

易旭明　男，传播学博士，新闻学博士后，上海师范大学影视传媒学院教授、博士生导师，新闻学科负责人，中国新闻史学会传媒经济与管理专委会常务理事，上海市广播影视制作行业协会微电影专委会执行委员。主要研究领域为传媒制度、传媒经济与管理。著作有《中国电视产业制度变迁与需求均衡研究》《中国传媒规制绩效实证研究——基于有效竞争理论视角》；在《新闻大学》《现代传播》等核心期刊发表学术论文三十余篇，论文被《中国社会科学文摘》《人大复印资料》转载；主持研究了国家社会科学项目、教育部人文社会科学项目、上海市哲学社会科学项目和国家广电总局重大课题。曾获中国新闻史学会传媒经济与管理研究委员会年度杰出成果奖，曾获上海市社会科学学术年会优秀论文奖。曾任省级广播电视台记者、编导、主持人，电视作品曾获中国优秀经济节目专题奖、评论奖。

倪　琳　女，传播学博士，上海商学院文法学院教授、硕士生导师，广告学系主任、上海商学院知识产权研究中心主任。美国俄亥俄大学斯克里普斯传播学院访问学者，澳大利亚昆士兰科技大学访问学者。教育部人文社会科学基金项目"现代中国舆论思想的兴起与演变"（12YJC860032）负责人，国家社会科学基金项目"基于有效竞争理论的中国传媒规制绩效实证研究"（15BXW022）第二参与人，2020年上海市教育委员会本科重点教改项目"面向中小企业的融媒体商务传播人才培养体系创建"主持人，2017年上海市教育委员会本科重点课程"商务传播学"负责人，2019年校级一流本科课程"广告法规"负责人。主要研究领域为商务传播、舆论传播与知识产权。

总序
Foreword

随着信息传播技术的快速发展,智能媒体时代、全媒体时代的到来,媒体融合向纵深推进,中国的新闻传播教育也处在大变革、大发展时期。为了大力普及新传播技术背景下的当代新闻传播学知识,为全国普通高等院校新闻传播学类专业的学生提供符合新传播技术发展要求的最新、实用的教材,华中科技大学出版社和上海大学新闻传播学院等单位共同组织编写了一套智能媒体时代的新闻传播学系列教材。

本套教材编撰宗旨:

本着与时俱进、不断革新的精神,大力普及新传播技术背景下的当代新闻传播学理论、知识和技能,并为全国普通高等院校的新闻学、传播学、广播电视学、广告学、网络与新媒体等相关专业提供符合智能媒体时代、全媒体时代要求的实用教材。

本套教材编撰原则:

(1) 与时俱进,不断革新,具有时代特色、中国特色。

(2) 深入浅出,删繁就简,基础理论与实务训练并重。

(3) 继承学术传统,吸收中国新闻改革30多年来的学术成果和典型案例。

本套教材编撰特色:

(1) 吸收当前新闻传播学的最新研究成果。

(2) 以智能媒体、全媒体的新闻传播主要平台为视角。

(3) 以实务为基点阐述新闻传播的主要理论。

(4) 采用大量案例,聚焦新闻传播学类专业新的知识要点。

(5) 注重实际训练,培养学生的基本技能。

本套教材在编撰过程中尽量做到文字通俗易懂但不肤浅,教学案例众多但有特色,紧扣智能媒体、新媒体技术但尊重传统。

本套教材的指导委员会、编审委员会成员来自复旦大学、中国人民大学、中国传媒大学、上海交通大学、浙江大学、华东师范大学、同济大学、安徽大学、上海外国语大学、河北大学、上海师范大学、上海体育大学和上海大学等众多高校的新闻传播学院,因而这套教材是各兄弟院校教师大协作的产物。

参加本套教材编著的老师都长期工作在新闻传播学专业及其相关专业的第一线,多年从事专业课程的教学、科研,具有丰富的教学经验并获得了重大的研究成果。其中,有的是教育部高等学校新闻传播学类专业教学指导委员会委员,有的长期担任中国新闻奖与省部级新闻奖的评委;大多数老师参加过国家级、省部级规划教材的编写;同时他们都参与了大量的新闻工作实践,为本套教材的新颖性和实用价值提供了有力的保证。

本套教材着重强调基本理论知识和案例分析相结合,在内容上既有科学性、系统性,又有很强的可读性、实用性和示范性,同时注重吸收30多年新闻改革的最新成果。每本教材的主编都有多年教学和实践的经验,能够对同类教材及参考书编写的传统结构有所突破,以方便读者更好地掌握课程精髓为目的,以创新为核心,重新构架全书的结构。

在人工智能、大数据、移动互联网、物联网、区块链技术大发展的媒介化社会,新闻传播成为当代社会生活的一个重要方面,媒介素养也成为提高干部素质,乃至提高公民素质的重要方面。本套教材不仅可以作为高等院校本科生、高职高专学生的教材,也可以作为新闻工作者与宣传部门从业人员进修的参考书、广大新闻爱好者的继续教育与自学用书。

我们处在一个革故鼎新、新生事物层出不穷、科技日新月异的信息化时代、数字化时代和智能化时代,客观实践经常跑在思想认识和理论研究的前面。因此,在高校教材建设上,强调面向当代社会实践,面向未来,强调以马克思主义、习近平新时代中国特色社会主义思想等为指导,注重科学性、知识性、前瞻性与实用性,这是我们编写这套教材的共同要求。而其中每一本教材,在框架设计、理论知识阐述、材料运用、行文风格等方面,又各具特色。我们每位执笔人,都把编写教材的过程作为总结经验、研究学问的过程。本套教材也是十多个兄弟院校老师共同的学术成果,必将受到新闻传播学院师生、新闻宣传工作者以及新闻爱好者的欢迎,必将在开展新闻传播教育和指导新闻传播实践中发挥更大的作用与产生更广泛的社会效益。同时,我们也预计到,我们的思考和编写难免有不周之处,敬请读者不吝指正。随着新闻传播学教学、科研、实践的不断发展,这套教材内容肯定要不断充实与更新。我们殷切地期待读者提出批评与建议,使这套教材臻于完善。

张骏德 严三九

2019年7月26日

序言
Preface

"新媒体"之"新"不仅体现在传媒技术、业务和生态不断拓展方面，还体现在市场的不确定性导致传媒机构的经营方式、空间不断更新方面。在这种背景下，许多传统媒体在不同程度上采用了新媒体技术，试图转型成为新媒体，但是它们普遍面临经营困境，从具有大众传播"传者中心"地位、能够吸引大众注意力和市场资源的专业媒体，变成了在注意力稀缺、巨量信息和海量自媒体竞争的网络空间艰难探索的"流浪星球"。在这种传媒生态下，许多主流新媒体机构的内容和服务面临影响力和竞争力弱化的困境，但与此同时，平台型媒体和自媒体矩阵也为新媒体机构的发展带来了许多机遇。

在这样一个困境与机遇并存的智能媒体时代，与时俱进的新媒体经营管理显然面临着知识更新的需求。易旭明老师和倪琳老师的这本《新媒体经营管理——概念、问题与实践》在新媒体的基本概念、前沿业态、市场原理和管理系统知识等方面进行了积极有益的尝试和比较系统的探索。

该书对新媒体概念从经营管理的角度做出了严谨而富有启示的定义。在介绍新媒体数字化、融合性、网络化和互动性等特征的基础上，该书将新媒体界定为"以深度融合的数字技术制作并传播信息内容，连接承载信息的人和物，形成新型社会生产和生活互动协作的媒体"，这显然为新媒体机构对内容产品、服务产品、多元协作、产品带货等新媒体的前沿业务形态建构了一个具有很强兼容性和解释力的概念。这个概念也能启发新媒体行业和一般性经济理论、管理理论建立更加紧密的联系。该书认为，新媒体意味着媒体资源在生产中具有多种潜在的使用方式,新媒体融合连接了各种信息资源与物质资源,也意味着更多的业务形态和协作交换模式,意味着媒体有更大的介入社会和影响社会的可能性。

该书对新媒体经营管理理论体系的建构有许多创新之处,其"新媒体商业模式管理""新媒体垂直业务管理""平台型媒体与自媒体管理"等章节的内容,在同类教材中具有突出的创新性。在广告业务、内容业务等常见的业务类型中,该书详细介绍了程序化广告、原生广告等内容,并论述了它们对传统合约广告中内容与广告二分形态的影响。这些知识对新媒体经营管理具有重要的启示作用,将其整合到该书的新媒体经营管理理论体系中,尤见其理论创新价值和现实启迪价值。该书的"新媒体商业模式管理"章节抓住了价值定位、业务系统、核心资源和盈利模式这几个关键要素,在详细梳理文献的基础上,对新媒体商业模式创新进行了有针对性的深入讨论。"新媒体垂直业务管理"章节介绍了内容与垂直业务的形态和关系,也介绍了业务界面、供应链、客户管理等必备管理知识。在"平台型媒体与自媒体管理"章节,则对平台型媒体成为用户、注意力、广告收入等资源的"把关人"现象进行了分析,对其界面、定位、创新等管理要素进行了具有实践启迪意义的论述。

该书不仅关注了新媒体领域的前沿现象,其学理逻辑和结构体系也十分严谨。第一部分是基础理论相关知识,介绍了当下新媒体经营管理的前沿现象,提出了基本议题和关键词,对市场交易的效率原理、需求原理、供给原理、生产规律、成本规律、规模经济与网络效应、公共物品与私人物品、政府规制等基本原理进行了科学严谨又深入浅出的阐述,同时结合最新案例分析这些原理在新媒体经营管理中的运用。第二部分是战略管理相关知识,具体包括新媒体战略管理和新媒体商业模式管理两部分内容,这是企业管理层面最重要的理论知识。第三部分是业务管理相关知识,这是新媒体机构具体的日常管理内容。第四部分是职能管理相关知识,这是新媒体机构完成目标、开展日常管理所必备的基本理论知识。

不难看出,这是一部倾心倾力的教材。倾心,是因为该书处处流露出对新媒体改变社会连接和意义生产的关切,案例写作准确而生动,体现着经营案例的智慧及时代的脉搏;倾力,是因为该书的概念和体系严谨,基础理论和前沿知识并重。作为传媒业界出身的学者,易老师面对传媒行业浩荡的、颠覆性的变迁,对用户注意力从"传者中心"到用户分散的变迁,做出了新媒体经营环境从"富氧空间"流浪到"缺氧空间"的形象比喻,更提出了在经济学理论、管理学理论和新闻传播学理论的基础上建构新媒体经营管理"北斗导航系统"的比喻。的确,新媒体市场充满不确定性,但是其规律仍然有迹可循,可以根据理论寻求经营管理的方向和方法,也可以基于新的现实和经典理论建构新的理论,从而提升人们对新媒体经营管理方法和理论的认知层次。

严三九

上海大学新闻传播学院院长
2024年11月28日

Foreword

  当今社会的新媒体给人无穷的想象空间。新媒体机构和用户运用层出不穷的数字技术，生产和传播了形态万千的信息内容和服务，形成了意义符号生产与公共议题讨论的新模式，促使人与人、人与物形成了更加充分的新型连接。新媒体以其强大的信息沟通和物质交换能力，拓展了各种社会主体的协作空间，减少了线下交往的依赖性，降低了协作成本，成为社会生活生产协作的新型生产工具和基础设施，由此也推动着人类社会的信息化、数字化，推动着新型数字经济和数字文明的形成和发展。

  在改变社会生活生产和交换协作方式的同时，新媒体机构自身的经营管理方式和发展空间也在发生颠覆性变革。如果说传统媒体是工业文明时代的大众传播范式，那么当下的新媒体则是逐步演化而来的与数字文明相对应的数字传播、智能传播范式。在传播主体、传播渠道、传播对象空前拓展的新媒体环境下，专业媒体机构像一颗"流浪星球"，从垄断大众注意力的传统"富氧空间"流浪到了注意力极度分散的"缺氧空间"。

  经营管理的本质是机构从社会中获取资源，并协调资源进行生产交换进而实现自身目标的实践。新媒体机构因为新型连接而获得更加多样的潜在社会资源参与生产，机构内部所运用的资源协作管理方法也正在发生变革，因此，各种新媒体，尤其是由传统媒体机构升级技术、更新业务转型而来的新媒体机构的经营管理，既面临无数新业务、新机遇，也面临许多新竞争、新问题。

  当然，新媒体机构外部资源流动和内部协作管理的规律，仍然可以通过相关学科理论进行科学认识，进而探讨其市场资源配置和内部协作。本书认为，经济学和管理学理论是我们探寻新媒体市场资源配置和内部协作规律，并优化经营管理实践的重要基础；新闻传播理论则是我们理解新媒体作为社会意义符号生产、公共议题讨论和社会协作基础设施的重要理论。我们可以基于此深入理解经济学外部性、公共物品、市场失灵和政府规制等理论的意义，以及管理学社会责任、人本管理等理论的意义。这样的理论体系框架有利于新闻传播相关专业的学生——作为未来新媒体从业者和管理者——深刻理解新媒体经营管理的社会价值，同时智慧、辩证地理解并处理新媒体经营管理中社会效益和经济效益的关系，用理论思考建构新媒体经营管理的"北斗导航系统"。

新媒体市场运行过程复杂、变化迅速、竞争激烈，经营管理者仅掌握应对某项经营管理任务的技巧是远远不够的，还需要从新媒体生产特征、新市场交换特征出发，建构一套分析市场特征、分析经营管理的方法，从而在多变的传媒生态中拥有自己的经营管理定位和方法。本书通过介绍新媒体市场资源配置和内部协作的基本概念和原理，分析新媒体经营管理过程中出现的前沿问题，帮助新闻传播相关专业学生初步建立新媒体经营管理的知识体系，培养分析和解决新媒体经营管理具体问题的能力。为此，本书规划了包括基础理论、战略管理、业务管理和职能管理这四大板块在内的新媒体经营管理知识纲要。基础理论板块为本书前三章，主要突出新媒体经营管理关键概念，重点介绍经济学微观市场主体经济决策理论、管理学基本框架理论，具体包括市场供需、市场失灵和传媒规制等知识点。战略管理板块为本书第四章和第五章，其中第四章"新媒体战略管理"主要介绍具体企业根据市场环境和自身资源条件确定自身战略目标、规划战略实施的相关知识；第五章"新媒体商业模式管理"涉及更具体的企业价值定位、利益相关者协作关系等内容，也具有战略管理的性质。业务管理板块为本书第六至九章。其中第六、七、八章分别介绍新媒体机构的主要业务形态——内容业务、广告业务、垂直业务；第九章则单独分析新媒体内容和渠道结合新模式下形成的两种媒体形态，即平台型媒体与自媒体。在信息冗余、生产过剩的时代，新媒体企业和其他企业一样也必须通过有效的营销公关管理，使消费者接受自己的产品和服务，因此本书第四部分介绍职能管理，具体为本书第十章到十二章。其中，第十章介绍的是新媒体营销公关管理。新媒体机构业务的开展和新媒体战略规划的实现，必须依靠有效的组织机构管理和人力资源激励，因此本书第十一章介绍了新媒体组织与人力资源管理。第十二章是新媒体财务管理，介绍了新媒体财务管理的基本指标、资本运作、绩效考核等理论与实践知识。当然，这些新媒体生产过程管理和基本职能管理过程都体现了控制和创新理念，这既是管理职能理论提出的要求，更是进行新媒体管理实践的需要。

本书认为，新媒体经营管理课程的学习目标包括以下几点：培养兼顾新媒体经营管理社会效益和经济效益的思维，学会运用经济学、管理学和新闻传播学等领域的概念和方法，分析新媒体经营管理现实案例，发现并解决新媒体经营管理实践问题；培养新媒体产品创意；培养制作和经营管理新媒体产品的实践能力。

本书认为，该课程的学习方法包括：通过课堂听讲、讨论，了解基本概念和知识体系，同时阅读经典和前沿参考文献，拓宽视野；关注传媒业界历史与前沿，基于理论框架，撰写经营管理案例;选择研究领域,提出研究问题,搜索相关文献,展开研究;参与传媒实践创作与经营管理活动。

  新媒体是服务于人们的日常生活、身份认同和社会协作的基础设施,人们也在深度融合传播的过程中建构着新媒体时空,而经营管理知识也是人们理解自身、理解新媒体以及理解社会系统所不可或缺的知识。本书尝试为新媒体机构以及未来的新媒体人提供分析新媒体经营管理问题的知识框架。当然,这个知识框架是站在大量本书所引用的文献作者肩膀上建构的,在此向他们致以诚挚的感谢!

易旭明 倪琳

2024 年 11 月 8 日于文馨楼

目录 Contents

基础理论

第一章 导论：现实问题与理论基础 /3
- 一、新媒体机构类型 /5
- 二、新媒体经营管理的重要议题 /11
- 三、新媒体经营管理关键词 /12
- 四、新媒体经营管理理论背景 /20

第二章 新媒体市场交易原理 /32
- 一、新媒体市场交易的定义 /33
- 二、新媒体市场的需求与供给原理 /34
- 三、新媒体机构的生产与成本理论 /42

第三章 市场失灵与新媒体规制 /52
- 一、新媒体产品经济特征与市场失灵 /53
- 二、新媒体市场结构与竞争格局 /57
- 三、新媒体产业规制 /62

战略管理

第四章 新媒体战略管理 /71
- 一、新媒体战略管理概述 /72
- 二、新媒体战略分析工具 /78
- 三、新媒体战略管理类型 /87

第五章 新媒体商业模式管理 /92
- 一、商业模式理论概述 /94
- 二、商业模式构成要素 /96

/100　　三、新媒体商业模式创新
/104　　四、深度媒介化社会的新媒体商业模式逻辑

业务管理

/109　**第六章　新媒体内容业务管理**
/110　　一、新媒体内容业务概述
/114　　二、新媒体内容业务流程
/120　　三、内容生产控制管理
/122　　四、内容产品创新管理

/126　**第七章　新媒体广告业务管理**
/127　　一、新媒体广告概述
/136　　二、新媒体广告评估与计费
/139　　三、新媒体广告业务范围
/146　　四、技术创新与广告前沿

/148　**第八章　新媒体垂直业务管理**
/149　　一、新媒体垂直业务概述
/154　　二、垂直业务界面
/157　　三、垂直业务供应链管理
/160　　四、垂直业务客户管理

/165　**第九章　平台型媒体与自媒体管理**
/166　　一、平台型媒体经营管理
/174　　二、自媒体经营管理
/178　　三、平台型媒体与自媒体生态中的主流媒体变革

职能管理

/187　**第十章　新媒体营销公关管理**
/188　　一、营销管理理论概述
/195　　二、新媒体品牌营销
/199　　三、新媒体产品营销
/203　　四、新媒体公共关系管理

第十一章　新媒体组织与人力资源管理　/207

/209　一、新媒体组织管理
/219　二、新媒体人力资源管理
/225　三、中国主流媒体组织

第十二章　新媒体财务管理　/230

/231　一、新媒体财务管理概述
/233　二、新媒体财务管理内容
/240　三、新媒体财务分析

/258　**参考文献**

基础理论

第一章

导论：现实问题与理论基础

◆ 学习目标

1. 理解新媒体经营管理理论框架；
2. 了解新媒体经营管理重要议题；
3. 培养分析新媒体前沿现象的思维。

◆ 案例导入

行业困境中转型的芒果超媒

2022年4月，广播、电视、电影和录音制作业被列入可以享受阶段性实施缓缴社会保险费政策困难行业，让国家广电智库"一惊"[1]，而在不久之前的年份广电行业还被称为"第一媒介"甚至"最后的暴利行业"[2]。从2014年中国互联网广告收入超过电视广告总收入开始，传统电视媒体广告收入持续快速下滑也成为比较普遍的现象。

与此同时，我们也可以看到一些由传统媒体转型而来的新型主流媒体仍然能够获得良好的市场绩效和社会影响。2023年湖南广播电视台旗下的芒果超媒股份有限公司营收146.28亿元，同比增长4.66%，其中芒果TV会员收入43.15亿元，同比增长10.23%；广告业务收入35.32亿元，同比下降11.57%，降幅较上年大幅收窄，第四季度广告收入实现由负转正的逆转；运营商业务收入27.67亿元，同比增长10.27%。芒果超媒具有强大的内容生产能力，2023年上线各类综艺节目超100档，2024年除了将上线《乘风》《歌手》等王牌"综N代"外，还储备有《中国村花》等创新综艺。2024年1月、2月全网综艺正片播放市场占有率Top10中，芒果TV分别上榜6部、5部。芒果超媒还推出40多项AI产品，将AI技术广泛应用于广告投放、会员互动、视频剪

---

[1] 《广电跌入"困难行业"，透露的警讯不可轻视！》，https://www.tvoao.com/a/211181.aspx。
[2] 郭镇之：《第一媒介——全球化背景下的中国电视》，清华大学出版社，2009年，第11页；《媒体行业，最后一个暴利行业？》，http://media.news.sohu.com/93/91/news214229193.shtml。

辑、内容生产等业务场景。芒果TV连续7年实现盈利,稳居行业第一阵营;芒果TV国际App下载量达1.4亿,连续多年入选"国家文化出口重点企业"①。2022年湖南广播电视台位列湖南省纳税百强榜第58名。②芒果超媒在总收入、增长率、收入结构等方面获得良好市场业绩的同时,也成为主流文化网络传播的载体和主流媒体融合转型发展的典型。

新媒体应用渗透于我们生活生产的各个方面,为新媒体经营提供了无限机遇;但新媒体市场也具有海量冗余内容和竞争空前激烈的垂直服务,大多数新媒体业务成为缺乏垄断门槛的竞争经营领域。

机构高层管理人员要确保在变化的市场环境中设立合理的生存发展目标,从社会获取资源、协调内部资源完成生产,并实现社会交换;机构中层管理人员要协调部门资源,履行自身生产销售职责;具体生产团队管理人员要充分调动团队积极性和创造性,高效完成生产任务;个体职员要在团队和机构中充分发挥作用,实现自己和机构的目标。这些不同层面目标的实现,不仅需要新闻传播相关专业技术和艺术能力,还需要经营管理的思维和方法。

为什么之前自带光环的新闻行业如今收入下滑、经营困难?有网友调侃"风口上猪都能飞",那么,什么样的新媒体产品可能处于"市场大卖"风口?这是一个涉及行业分析和经营决策的重大问题。有些传媒产品能够获得良好的市场绩效,有些传媒机构能够实现较大幅度的收入增长,这些传媒机构中的从业者也能获得良好的薪酬和职业发展;然而,有些传媒产品和机构及其员工的处境截然不同,也有一些制作水准并不低的传媒产品无法赢得市场竞争、无法获得资源持续发展。这是传媒机构在行业环境中经营的综合结果,也意味着行业技术环境和市场环境可能发生了根本性变化。

传媒机构应如何筹集资源、为市场生产什么产品?怎样组合各种人力、物力、财力资源才能达到高效生产的效果,进而找到合适的渠道把产品和服务销售给客户,并在这个过程中使员工个体充分发挥创造力,高效生产和销售的同时实现传媒机构的社会目标和市场目标?大致地说,对于前一个问题,可以借助研究社会资源配置的经济理论展开分析;对于后一个问题,主要可以通过研究企业决策、组织、领导和控制的管理学理论进行分析。这正是新媒体经营管理基于相应理论工具所探讨的问题。

曾经盈利能力和社会影响力都很强的传媒机构之所以会产生社会和市场绩效的巨大落差,一个得到普遍认可的原因是各种新媒体技术改变了传媒产品的生产和交换方式,也改变了人们使用新媒体的方式、场景、需求满足程度、协作互动关系,从而改变了新媒体市场竞争与协作格局,改变了整个新媒体市场绩效和社会绩效。从这种经营管理相关理论视角出发,

---

① 《芒果超媒:2023年年度报告》,https://vip.stock.finance.sina.com.cn/corp/view/vCB_Bulletin.php?page_type=yjdbg.phtml?stockid=300413;《张华立:芒果TV三年内要建成全国第一的长视频平台》,https://lmtw.com/mzw/content/detail/id/231612/keyword_id/20。

② 《成纳税大户,这家媒体集团给"特困"的广电业带来什么?》,https://baijiahao.baidu.com/s?id=1740416020473639131&wfr=spider&for=pc。

我们可以更加深入地了解微观层面的新媒体生产、决策、销售规律,中观层面的行业竞争、协作行为,国家宏观层面的规制政策,从而指导新媒体机构及其员工的生产经营行为。

一、新媒体机构类型

各个时代都会产生相对较新的媒体,当下"新媒体"这一概念得到了广泛的运用,其复杂的内涵也处于不断变化之中。总体而言,新媒体可以被认为是具有数字化、融合性、网络化和互动性的媒体[①],这些特征意味着媒体资源在生产中具有多种潜在使用方式。新媒体融合连接并传播了各种信息资源与物质资源,也意味着许多生产消费主体参与生产过程和市场交换过程,意味着媒体具有更大的介入社会、影响社会的可能性。

本书将新媒体定义为以深度融合的数字技术制作并传播信息内容,连接承载信息的人和物,形成新型社会生产生活互动协作的媒体。"媒介""媒体"和"传媒"这三个概念内涵显然有许多交叉之处,也经常混合使用,它们对应的英语词汇都是media。但是,在汉语应用语境中,媒介通常指具体物品,媒体通常指生产媒介产品的机构,而传媒通常指由媒体机构组成的行业和产业,三者高度关联又各有侧重。所以,新媒体既是一种实现媒介产品和社会连接的基础设施,也是一种生产运营机构。媒体经营管理,通常是以机构为单位,协调和激励媒体机构内部人员和外部相关者,利用具体资源高效生产媒介产品并在传媒市场进行传播、交换的过程。

新媒体产品丰富多样,对新媒体适当分类能够使人们更好地把握其特征,进而优化新媒体经营管理效果。当下常见的新媒体产品有社交媒体、网络视频、移动短视频、网络新闻、网络游戏、有线电视、网络电视机、电商服务、网络电台、网络音乐、网络听书、数字报纸、数字图书、元宇宙产品、人工智能应用等。显然,新媒体技术和产品更新极为迅速,如果有必要,新媒体机构可能随时调配资源生产出各种产品。这样一来,如果完全以产品进行细致分类反而不便于把握新媒体经营管理的特征。

传统的媒体分类一般按照传播介质分为报纸、广播、电视、手机、互联网等,它们既是不同的传播介质和传播渠道,也意味着不同的传媒内容和传媒机构,形成不同的生产制作流程和经营特征。由于新媒体机构具有通用的数字媒体技术、互联的传播渠道、复杂的协作生产联系和丰富多样的传媒产品,我们不能简单地使用传统的媒体划分方法对其进行分类。但是,传播渠道及其所传播的信息内容仍然是新媒体的本质特征。这些传播渠道的准入特征和内容特征通常也体现了新媒体机构的产权特征。

所以,本书仍然依据新媒体机构主营产品的传播渠道与内容制作特征,结合其对传播渠道和内容制作的经营管理定位进行分类,将新媒体机构主要分为以下六种类型:数字报刊出版机构,数字广播电视机构,网站和App经营机构,平台型媒体,自媒体与内容制作机构,综合新媒体机构。其中,前两种是传统媒体时代基于特定传播渠道生产传播的机构自然延续

---

① 彭兰:《"新媒体"概念界定的三条线索》,《新闻与传播研究》,2016年第3期,第120—125页。

到新媒体时代,它们的行政和市场准入门槛比较高,在拥有特定传统传播渠道并进行数字化改造的前提下,注重专业内容制作,同时通过传统渠道和数字新媒体渠道进行传播;网站和App经营机构的准入门槛比较低,以网站和移动App传播渠道提供形式多样的自制内容和服务,获得相应的传媒社会影响力和经济收益;平台型媒体则是主要运营技术功能强大、提供平台性质服务的App和网站传播渠道的互联网科技机构,其内容多依靠聚合于平台上的其他生产制作主体提供;自媒体与内容制作机构侧重内容制作定位,其传播渠道主要为各种新媒体平台和其他新媒体渠道;综合新媒体机构就是综合运用各种内容资源,通过各种传播渠道,生产销售各种新媒体以及部分传统媒介产品和服务的机构。

(一) 数字报刊出版机构

数字报刊出版机构(这里包括数字报纸、杂志和图书出版机构)一般是相应传统纸质媒介产品生产机构运用数字技术进行生产、传播和经营各种信息内容的机构。其产品往往注重文字和图片符号。新媒体时代,报刊出版机构多数在维持纸质媒体产品的生产传播基础上,逐步探索各种数字图文、视频、音频生产,在新媒体产品市场特别是专业新闻出版市场仍然具有很大的影响力。例如,《人民日报》《解放日报》《浙江日报》等数字报纸机构都有高质量的数字报纸服务[1],2022年美国的《纽约时报》数字报纸订阅用户更是达到830万份,居世界同行之首[2]。

报纸是最早出现的具有新闻属性的大众传媒产品,其对应的生产机构主要是报社和报业集团;杂志是内容比报纸有更强专业性并且生产周期更长的大众传媒产品,对应的生产机构主要是杂志社;图书则是从专业性到通俗性方面具有很大跨度的纸质读物,对应的生产机构主要是出版社和出版集团。

报社的主要任务是向受众传播客观真实的新闻资讯,我国的报社作为党和政府的喉舌,还担负着宣传党的路线、方针、政策以及意识形态的职责;杂志社通过编辑出版期刊,定期向读者传播信息,提供知识、观点和娱乐;出版社则主要是通过策划、编辑、出版书籍向受众提供各种知识。报社、杂志社和出版社是纸质媒介产品生产机构最基本的组织形式,而报业集团、出版集团和印刷集团则是媒介即组织发展到一定阶段的产物,是为整合组织内部资源并最大化利用机构外部资源而形成的一种更加先进的媒介生产组织形式。[3]

报社是最早受到互联网严重冲击的传统媒体。为了保持其社会影响和经济运行,报业机构较早开始了技术、内容和经营方面的转型探索,提供了大量网络传播服务。

(二) 数字广播电视机构

数字广播电视机构指运用数字技术制作包含新闻、文艺和社会教育等类别内容的视觉

---

[1] 《中文数字报纸总目》,https://www.zjol.com.cn/05zjol/moreepaper.html。
[2] 《纽约时报:从危机中崛起重返全球媒体之巅》,https://mp.weixin.qq.com/s/PfyWWx1Ltvzz14_b00nAhg。
[3] 谢新洲:《媒介经营与管理》,北京大学出版社,2011年,第60页。

听觉传媒产品,并定期通过各种数字传播渠道向大众传播的媒体机构。应当说,数字技术是广播电视机构应有的必要技术,我们更多地应关注其广播的受众范围和公共服务特征,分析数字技术对受众使用媒体方式和对公共服务需求的深刻影响。

我国的数字广播电视机构通常由传统广播电视机构运用数字技术转型而来,有着很高的市场准入门槛和较强的价值引领、公共服务功能。这里所说的数字传播渠道,既包括专门的数字无线广播电视、数字有线广播电视和数字卫星广播电视,也包括互联网和移动互联网传播渠道。广播电视不仅是一种综合运用声音符号和画面符号进行制作的传媒产品,也是一种为广大群众提供公共服务的媒体,因此受到比一般媒体更多的产权规制和社会规制。这些特征决定了传统广播电视和数字广播电视经营管理具有复杂的社会目标和经济目标。数字广播电视机构的传播功能注重新闻传播和舆论导向,内容类型兼顾新闻、社交、娱乐等,产品形态注重音频和视频的运用,产权类型以国有控股为主,市场经营管理面临市场化视频音频产品的严重冲击和激烈竞争,组织形态包括广播电视台、广电集团、综合媒体集团、综合文化产业集团等。

与数字广播电视机构产品形态比较类似的是网络视听机构,其产品和服务与数字广播电视机构形成了非常复杂的竞争与协作关系。2023年,中国有广播电台、电视台、广播电视台等播出机构2521家,有持证及备案的网络视听机构2989家。[①]它们都运用数字技术生产视听内容,并通过各种数字网络渠道传播内容,提供各种视听服务。

数字广播电视产品的生产运作机构主要是广播电台、电视台及其关联的各种媒体机构。这些机构数量众多,它们不仅在经营管理中承担着复杂的事业体制和市场体制关系重构任务,还面临着各种新型视频音频业态和机构的巨大冲击,成为近年来主流媒体融合转型的重要领域,也是新媒体经营管理研究的重要领域之一。各种通过互联网渠道传播的视频音频产品,与数字广播电视机构的传播形态、竞争格局以及经济特征差异很大,因此它们的经营管理要求差异也很大。数字广播电视机构是兼营内容制作和聚合传播的机构,其传输分发业务比较复杂,有的是自营(如无线电视发射多是自营),有的则是借助其他机构的渠道(如有线电视和卫星电视渠道)进行传输分发。数字广播电视机构的内容制作业务也有多种选择,可以自制自播,也可以制播分离,还可以从数字广播电视机构中剥离出来面向市场经营。这些业务组合方式意味着数字广播电视机构复杂的经营管理选择。

(三)网站和App经营机构

与数字报刊出版机构、数字广播电视机构一样,网站和App经营机构也是重要的信息内容生产和传播机构,这是一种基本的新媒体机构类型。从信息服务的角度看,网站是指存放在因特网上某个服务器中的信息服务系统,根据网站提供的信息服务技术方式的不同,可以分为WWW网站、BBS网站、FTP网站等。网站也是一种通信工具,是互联网上一个固定的、面向全世界发布消息的地方。网站是一组相关网页的集合,是若干个网页文件经过规划

---

① 《2023年全国广播电视行业统计公报》,https://www.nrta.gov.cn/art/2024/5/8/art_113_67383.html。

组织后彼此相连而形成的结构完整的信息服务系统。依据这些网页文件,网站能够按照用户要求提供信息和服务。网页则是信息服务的主要形式,一般包含文字、图像和表格等,还有实现信息块之间跳转的超链接。网页文件是WWW的基本文档,它通常是用HTML(HyperText Markup Language的缩写,即超文本标记语言)标识的。① 人们也可以通过网页浏览器来访问网站,以获取自己需要的信息或者享受网络服务。网站的开发技术有很多,主要包括CGI、ASP、PHP、JSP、ASP.NET等。每一种技术都有其自身的优点与局限性,具体的网站开发技术要根据网站的功能需求、面对的受众、访问量、开发者熟悉的技术等进行选择。② 网站可以根据其用途,分为门户网站(综合网站)、行业网站、娱乐网站等③,其中娱乐网站又可以细分为游戏网站、视频网站、音乐网站等类型。门户网站也是第一代互联网最重要的传播形态。App指智能手机应用软件程序,是英文application的缩写,已经成为移动互联网时代应用最广泛的新媒体形态,可以根据其产品形态分为新闻、视频、音频、社交、电商等媒体类型。

网站和App应用程序有着较低的准入门槛,其运营主体数量巨大、竞争激烈、创新迅速,一定程度上正是新媒体广泛应用和迅猛发展的主要形态。它们在成为传统媒体传播渠道有力挑战者的同时,也为传统媒体新型传播渠道、产品形态和全面经营管理创新提供了巨大的机遇。截至2023年6月,我国网站数量为383万个,国内市场上监测到的App数量为260万款。2021年底,我国App数量为251万款,其中游戏类、日常工具类、电子商务类和社交通信类App数量分别为70.9万款、37.0万款、24.8万款和21.1万款,分列第一至第四位,这前四位的App数量占比为61.2%,其他生活服务、教育等十类App占比为38.8%。④

网站和App可以传播各种类型的信息内容,其经营管理者可以自制信息内容,也可以整合汇聚其他机构或个人制作的信息内容,这为新媒体经营管理提供了无穷的可能性。

(四)平台型媒体

平台型媒体通常不单靠自己的力量进行内容生产和传播,而是打造一个良性的平台,整合各种规则、服务和平衡的力量,并且向所有的内容提供者、服务提供者开放,无论是大机构还是个人,其独到价值都能够在该平台尽情地体现。平台型媒体既是一个平台,也是一个有"把关人"的媒体。⑤

平台型媒体依靠互联网技术连接海量的内容和服务提供者,从根本上颠覆了专业媒体机构的内容生产传播模式,颠覆了信息传播者和接收者的关系,也形成了与生产交换过程相

---

① 严丽军:《大学计算机教程(上册)》,上海三联书店,2021年,第266页。
② 曾志明:《网站开发技术的比较研究》,《电脑知识与技术》,2010年第5期,第1075-1078页。
③ 贺定安:《关于编制〈中图法·网络信息分类表〉的构想》,《国家图书馆学刊》,2002年第3期,第69-72页。
④ 《第52次中国互联网络发展状况统计报告》,https://cnnic.cn/n4/2023/0828/c199-10830.html;《第49次中国互联网络发展状况统计报告》,https://www.cnnic.cn/n4/2022/0401/c135-5314.html。
⑤ 喻国明、焦建、张鑫:《"平台型媒体"的缘起、理论与操作关键》,《中国人民大学学报》,2015年第6期,第120-127页。

应的新型变现盈利和经营管理模式。从这种意义上说,平台型媒体是最典型的新媒体。与平台型媒体相关的早期概念有"社交网络服务"(social networking service,SNS)、"社交媒体"(social media)和"新新媒体"(new new media)等,突出了通过互联网技术平台聚合海量用户进行线上线下社会互动交往的特征。典型的平台型媒体有美国的Facebook(脸书)、Twitter(推特)和我国的微博、微信、抖音等。平台型媒体可根据其为用户提供的媒体服务形态,分为社交平台、电商平台、视频音频平台等类型。

社交平台作为用户自主发布个人信息和各种观点的平台型媒体,以其丰富的内容和个性化的观点产生了巨大的社会影响。平台型媒体在形成进行公共事务讨论的新型论坛的同时,也在一定程度上成为用户建构身份认同社群的平台。

电商平台则成了永不打烊的商品交易市场,市场的规模效应和长尾效应在电商平台中得以并存,其已经成为社会经济流通的新型基础设施,各种商品的买家和卖家数量得到空前增长,商品信息和公共信息传播的边界也逐渐模糊。电商广告也成为近年来增长最为迅猛的广告类型,挑战着传媒行业长期以来以内容带动广告的"二次销售"理念和格局。

视频音频平台是指专门为海量用户传播视频和音频内容而搭建的技术性传播平台。网站和App是视频音频平台的主要传播形态。视频已经成为网络用户使用时间最长的新媒体类型,是吸引用户注意力以及收入变现的重要新媒体形态,也是新媒体经营管理中重要的业务形态。视频音频平台用户覆盖面广、数量多、增长迅猛。截至2021年12月,我国网络视频(含短视频)用户规模达9.75亿人,占网民整体的94.5%,其中短视频使用时长占用户上网总时长的25.7%。[1]在国际市场,我国视频运营机构字节跳动开发运营的国际视频平台TikTok取代谷歌成为2021年全球访问量之王,TikTok和抖音全球总下载量突破30亿次(数据不包括中国及其他地区第三方安卓渠道)。[2]音频市场也非常活跃,2021年底我国音频月活用户为3.39亿人,2021年我国音频市场规模预计将超过395亿元,并且将继续以超过30%的速度增长。[3]由此可见,视频产品已经成为当下应用最广、用时最长的传媒内容产品,主流媒体机构、政府部门以及各种商业机构、个人用户都在运营视频平台传播自己的内容。视频平台也成为媒体机构经营、国家传媒规制的重要领域。车载场景、内容付费、高速成长等特征使得音频平台也成为新媒体经营管理的重要领域。

当下不仅仅是互联网巨头开发经营大型平台媒体,大量曾经以内容生产为主业的专业媒体机构也在用平台建设的思路推进业务开发和经营管理,因为任何媒体都无法漠视平台容纳大量用户并且进行充分互动的特征,这种用户互动才能带来更强的传播效果和更多的变现机会。

---

[1] 《2021年中国短视频用户规模9.34亿 使用时长已反超即时通讯》,https://caifuhao.eastmoney.com/news/20220226184151872432160。

[2] 杨瑛:《TikTok取代谷歌成为2021年全球访问量之王!外媒分析原因》,https://export.shobserver.com/baijiahao/html/436345.html;《数据:TikTok和抖音全球总下载量突破30亿次》,https://www.stcn.com/article/detail/406318.html。

[3] 《2022年中国音频市场年度综合分析》,https://www.analysys.cn/article/detail/20020579。

（五）自媒体与内容制作机构

和平台型媒体相对应的类型是自媒体，即各种运用专业平台工具对信息进行自主提供与分享的机构和个人。平台型媒体固然是聚合内容、颠覆传媒专业生产的载体，但是被平台连接并整合各种平台生产传播内容和服务的海量自媒体是新媒体时代的最终传者和受众，是充满无数可能性的新型媒体机构。

"自媒体"这一概念由美国谢因波曼与克里斯威理斯两位学者提出，他们认为自媒体是普通大众经由数字科技强化、与全球知识体系相连之后，一种开始理解普通大众如何提供与分享他们本身的事实、他们本身的新闻的途径。随着信息技术的发展与信息化程度的提高，BBS、Podcasting、Blog、Microblog、SNS 等普通大众提供与分享他们本身的事实、新闻的自媒体大量涌现，私人化、平民化、自主化的传播者们通过这些平台随时随地用文字、声音或图像在互联网上传播信息，信息被自由的传播者随意传播，影响力迅速攀升。[1]我国新闻传播学者喻国明将这种特征概括为"全民DIY"，"自己动手制作，没有专业的限制，想做就做，每个人都可以利用DIY做出一份表达自我的产品来"[2]。

既然每个人都可以利用互联网和App平台制作发布信息，实现广泛传播、产生社会影响乃至经济变现目标，那么商业机构、社会机构和专业媒体机构也就都能利用自媒体进行各种内容制作和传播。因此，自媒体是一个开放程度比较高的概念，它可以包括由各种机构和个人组成的多种信息内容生产机构。这些机构和个人也可以形成各种形式的分工协作，生产制作各类信息内容产品或提供各种服务，整合各类平台渠道进行传播。

自媒体一方面对专业媒体机构的传播模式形成了巨大挑战，另一方面为它们自身开发自媒体空间提供了无穷的潜力。这种挑战应对和潜力开发不仅仅是传播专业技能问题，更是面向市场环境和市场竞争进行经营管理的问题。

内容制作机构也是新媒体市场的重要组成部分，它们侧重专业内容制作生产，因为缺乏传播资质或者出于经济效益考虑并未投入较多资源面向最终消费者传播，而是把内容销售给具有传播渠道的媒体。最常见的内容制作机构是影视节目制作公司。

（六）综合新媒体机构

上文对新媒体的分类依据主要是媒体主营产品形态、传播渠道和经营机构的身份属性。现实中新媒体产品形态极其丰富，传播渠道组合和经营机构身份组合也极其复杂，我们可以发现很多综合经营多种传媒产品、具有多种传播渠道的新媒体类型。从某种意义上说，所有的新媒体机构都是综合机构，因为数字媒体产品具有典型的范围经济、网络经济特征，新媒体机构往往不局限于单一的传媒产品，也不局限于简单的生产流程和生产协作者。但是，不

---

[1] 代玉梅：《自媒体的传播学解读》，《新闻与传播研究》，2011年第5期，4-11页。
[2] 邓新民：《自媒体：新媒体发展的最新阶段及其特点》，《求索》，2006年第2期，134-138页。喻国明：《直面数字化：媒介市场新趋势研究》，http://www.chinawriter.com.cn/2008/2008-01-06/34227.html。

同类型的传媒机构往往会侧重生产某些符合自身比较优势的特定传媒产品组合,追求更大的经营管理成效。

二、新媒体经营管理的重要议题

新媒体市场产品和服务层出不穷,新媒体机构从社会筹集资源到内部协调资源高效生产的经营管理行为创新迭出,我们从复杂的行业现象中提炼了当代最重要的几类议题。

(一)内容创新与服务创新

经营管理的直接抓手是产品和服务。为了在信息爆炸和需求高度不确定的新媒体市场获得用户注意力,内容产品创新与服务创新成为新媒体机构首要的经营管理任务。无论是服务公共利益的事业性质新媒体产品,还是产业性质、娱乐消费性质的新媒体产品,都必须通过内容题材、呈现形式、互动方式等方面的不断创新,在信息高度冗余混乱的新媒体市场获得关注并完成市场交换。可以说,内容创新与服务创新是各种新媒体机构满足社会需求、获得自身生存的根本条件。

(二)技术变革与模式转型

内容创作曾经是媒体传播和经营管理的核心关注点,但是代代更新的新媒体技术已经完全颠覆了传统的信息生产传播模式,技术变革也创造了各种不同的用户体验。比如,图像处理技术、虚拟技术、智能写作和分发技术、区块链技术等新型传播技术可以带来颠覆性、革命性的传媒业态和传媒产品,也可以带来用户媒介使用方式的变革创新,由此给新媒体行业带来整个生产模式、盈利模式的变革。一代又一代的技术变革会产生相应的领军式新媒体机构,也会根本性改变传媒市场的基本竞争格局,任何有长远眼光的新媒体机构都必须敏锐地洞察、应对传媒技术的变革和相应的商业模式转型趋势。

(三)主流媒体的融合与变革

近年来中国传媒市场最重要的现象之一,就是在新媒体技术创新和新媒体市场竞争面前,主流媒体的市场份额、经营收入和社会影响迅速下降,与此同时,主流媒体也在非常积极地推动传统媒体和新兴媒体的融合发展。这种融合发展,不但体现在传播符号、话语方式、内容题材、技术改造、生产流程和互动服务方面,也体现在机构融合、体制改革、政策规划、价值定位和理论建构等各个方面。

舆论导向和思想教育是中国特色社会主义制度的一大特征,在"一对多"的大众传播时代,处于中心地位的"把关人"传播者具有导向教育的天然优势,但是在"多对多"的网络传播时代,传播者要引导群众、建构共识同时保障用户个体传播权利,则在内容制作、有效传播、理论建构、经营管理实践等方面面临着严峻挑战与重大机遇。党的二十届三中全会通过的

《中共中央关于进一步全面深化改革 推进中国式现代化的决定》提出了"推进主流媒体系统性变革"这一重大命题。

（四）自媒体经营与创新创业

各种网络新媒体特别是社交媒体平台为自媒体传播内容、获得影响、实现盈利提供了巨大的机遇。自媒体生产传播者涵盖从个体UGC（用户生成内容）用户、UGC业余团队、专业团队PUGC（专业用户生产内容）到专业媒体机构的自媒体账号等。自媒体传播的内容包括日常生活信息、商品销售信息、服务提供、专业知识等，有着非常丰富的传播形态与经营形态，自媒体也成为海量用户个体和各种机构创新创业的渠道。这种信息传播形态和产品服务交换业态的新格局，对传统媒体传播和经营管理格局形成了根本挑战，也促使自媒体作为社会运行基础设施调动了社会信息和资源的充分周转。

（五）传媒规制与其他议题

新媒体海量传播者利用多种网络渠道传播着形形色色的内容和服务，形成了信息和服务的自由交易市场，但是其中不乏有悖社会道德伦理乃至违法犯罪的信息传播，也有作为个体传播可能无可厚非但是在网络互动传播中扩散则会带来不良社会影响的传播信息和行为，还有垄断势力利用自身所掌控的大众信息资源牟利而不惜损害他人和公共利益的行为等。这些有损社会公共利益的信息及其传播行为正是传媒规制的对象。对不良信息和行为的控制、对有利于公共利益的信息和行为的倡导，是世界各国传媒规制的普遍内容。我国传媒规制亦是如此，并且对公共利益有着更高的追求，因此我国的传媒规制通常有更严格的要求。从市场准入、市场行为，到内容引导、平台整顿，传媒规制显然是我国传媒领域宏观政策行业管理和微观机构经营管理的重要议题。

新媒体传播所带来的远不止信息量的增加，信息传播与接收主体新型关系的形成、传播的信息与物质的协同、各种协作关系带来的社群建构等引发了社会结构的变化，一种新型社会生产力和生产关系逐渐形成。传媒规制的使命正是协调并规范这种社会关系中的新媒体传播内容与行为。这种传媒规制正是新媒体机构经营管理面临的外部环境。

本书初步提炼的以上重要议题都是比较宽泛的问题领域，从中可以引申出许多更加具体的问题。在新媒体形态迅猛创新的态势中也会不断出现各种新问题。这些问题不仅是经营管理实践过程中迫切需要解决的问题，也是数字时代推进国家治理体系和治理能力现代化的重要理论问题，值得经营管理者和研究者深入研究应对。

三、新媒体经营管理关键词

新媒体生产有极其丰富的产品形态、关联业态，也有非常复杂的社会影响、体制规制。本书尝试用十组关键词来凸显新媒体经营管理的基本特征。

(一) 经营管理

经营管理是新媒体机构基于社会环境和自身条件,确定自身社会目标和经济目标,运作筹集资源,并通过决策、组织、领导和控制等管理工作来利用资源进行媒体相关生产,通过市场进行交易、获得回报、达成目标的过程。

有些文献把经营和管理分为两个概念,认为经营行为侧重于机构和外部环境的交易,而管理行为侧重于机构内部的协作。本书认为作为机构整体的经营行为和管理行为是密不可分、统筹运作的。许多翻译文献也将本意为"管理"的英文单词management译作"经营管理"。在市场竞争非常激烈、内部和外部合作已经高度融合的情况下,经营和管理更是融合为统一的生产行为。

对于我国主流媒体而言,之前整个生产过程主要就是内部管理而无须考虑外部经营,在传媒市场化过程中此情形不复存在。在当前的数字化新媒体格局下,新媒体机构尤其需要统筹考虑复杂的外部经营行为与内部管理行为。

(二) 社会效益和经济效益

简单来说,各种媒体生产传播对社会价值观念产生的积极影响可以称为社会效益,对媒体机构自身带来的货币和非货币经济收益则是经济效益。

媒体产品的交易与使用不仅影响受众个体当下的生活,而且影响受众个体长期的精神与行为,影响社会整体精神世界的建构。媒体机构既是个体身份建构的符号生产者,也是讨论社会公共议题、表达社会公众意见、建构社会公共观念、维护社会公共利益的重要机构。所以,新媒体和历史上的各种媒体经营管理都追求当时社会所崇尚的社会效益,为了机构生存和持续发展也必须追求经济效益。

如果说大众传媒的社会效益是指报纸、杂志、广播、电视、网络等大众传播媒介在服务国家、政党、社会、大众过程中实现的社会价值,主要是通过其特殊的文化产品对受众的思想、意识、观念乃至行为方式产生积极或消极的影响而实现的[1],那么,新媒体的社会效益则是通过各种数字媒介传播活动,服务于社会主义核心价值观的传播建构和国家治理现代化,服务于人民追求美好生活的精神建构和物质便利,做好党和人民的喉舌,其经济效益则是在高效提供媒体服务的过程中获得合法的经济收益。

2019年,党的十九届四中全会通过的《中共中央关于坚持和完善中国特色社会主义制度 推进国家治理体系和治理能力现代化若干重大问题的决定》指出,建立健全把社会效益放在首位、社会效益和经济效益相统一的文化创作生产体制机制[2]。这是使文化产品价值最

---

[1] 邓年生、余欢欢:《大众传媒社会效益的基本内涵》,《新闻知识》,2007年第11期,第13-15页。
[2] 《中共中央关于坚持和完善中国特色社会主义制度 推进国家治理体系和治理能力现代化若干重大问题的决定》,http://www.gov.cn/zhengce/2019-11/05/content_5449023.htm?ivk_sa=1024320u。

大化,并达到满足公众精神文化需求,实现文化传承、创新和交流目标的基本要求,也是新媒体经营管理的基本遵循和职业伦理。

(三) 事业、企业、产业、行业

事业、企业和产业是新媒体机构尤其是主流新媒体机构经营管理实践中经常使用的概念。这些概念反映了不同新媒体机构不同的产权特征和经营管理行为。

事业是一个应用范围非常广的概念。在体现生产运行机构体制特征时,我国一般用"事业单位"这个特定概念,经常被翻译为 public institution,是指为了社会公益目标,由国家机关举办或者其他组织利用国有资产举办的,从事教育、科技、文化、卫生等活动的社会服务组织。我国第一次对"事业单位"进行正式定义是在1965年的《国家编制委员会关于划分国家机关、事业、企业编制界限的意见》中,其指出:凡是直接从事于工农业生产和人民生活等服务活动,产生的价值不能用货币表现,属于全民所有制单位的编制,列为国家事业单位编制。①

企业则是指依法设立的在生产、流通、服务等领域,从事某种相对固定的商品经济活动,通过提供某种满足社会需要的商品或劳务来实现盈利,进行自主经营,实行独立经济核算的经济组织。我国媒体事业单位从1978年开始逐步实施"事业单位,企业化管理",具体的"企业化"人事、财务制度执行程度在不同机构往往也有较大弹性。

经济理论中,产业是具有某种同类属性的企业经济活动的集合。② 它专指具有经济性质、以经济为目标的服务活动,不包括政治、社会等活动;它的运行主体是企业组织,也就是进行自主经营、实行独立经济核算的经济组织。具体实践中,我国也有大量传媒事业单位按市场准则生产"可经营性"传媒产品,从事传媒经济活动,所以,我国的传媒产业可以定义为国有传媒事业单位、各种传媒企业,以市场交换方式生产传媒产品的生产活动集合。

行业也是一个内容比较宽泛的概念,通常指进行同样类别生产活动的集合,有时也指具体的职业。新媒体行业活动包括事业单位和企业机构的生产活动。

(四) 内容产品与信息产品

媒体渠道所承载和传播的文字、图片、音频、视频等指代符号即内容,它对应现实世界的精神和物质。内容结合一定的传播形式即构成各种内容产品,如报纸、杂志、图书、电视节目、网络视频等。例如,电视内容以电视节目形式呈现,并具化为电视节目中特定的人物、事件、情节和表现手法等。电视内容产业主要是通过电视内容产品和服务来满足人们的精神文化需求,电视内容产品和服务的核心是电视内容的创造性活动,它提供了电视内容产业的信息性、娱乐性、知识性等价值。进一步追加劳动、资本和技术,电视内容产品还可以开发出

---

① 易旭明:《中国电视体制的起源与转型》,《上海交通大学学报(哲学社会科学版)》,2013年第4期,第80—87、95页。

② 苏东水:《产业经济学》,高等教育出版社,2000年,第22页。

各种衍生产品,获得更多附加价值,促进电视内容产业链成长和发展。①"互联网+"时代,传统的内容产品模式"两要素"模式,即"内容+形式",也转型升级为"四要素"模式,即在传统的"两要素"之外再加上"关系"要素和"场景"要素。②

信息和内容一样,也是一个非常基础且内涵丰富的概念,也是人们理解新媒体及其经营管理的核心概念之一。信息论奠基人香农认为,信息是用来消除随机不确定性的东西;新闻学者认为,新近变动的事实的信息即新闻;经济学者则强调信息产品数字化及其在互联网中作为交易对象实现在线交易的经济物品特征,典型的例子包括软件产品、视频及音像产品、研究报告、数据库、新闻、金融市场信息,甚至包括在线搜索和服务等;还有经济学者认为,计算机技术与互联网技术的广泛运用在很大程度上改变着产品存在的形式,这在传统图书出版业、新闻媒体业、影视广播业、音像业、软件业以及其他与信息产品和信息服务相关的行业表现得尤为突出。③如何把专业媒体机构熟悉的内容产品转换成各种便于高效交易的网络信息产品,是新媒体经营管理的重要命题。

(五)注意力与流量

传媒产品的价值因为获得人们的注意力而得以体现,出售内容产品获得受众注意力、出售注意力获得变现的"二次销售"模式曾经是媒体经营的主要模式,"注意力经济"这一概念也因此在传媒界广为接受。收视率、发行量都曾在很大程度上成为传统媒体受众注意力的衡量指标。

早在1971年,诺贝尔经济学奖获得者赫伯特·西蒙就指出,信息的丰富导致注意力的贫乏,因此需要在过量的可供消费的信息资源中有效分配注意力。1997年,美国学者米切尔·高德哈伯的论文《注意力经济——网络的自然经济》成为注意力经济学派的开山之作。随着网络的发展和信息的严重过剩,这一概念迅速在世界各地传播开来。目前,注意力经济在西方已经形成一种重要的社会思潮、一种学术流派、一种经济形态。④

经济学研究的是稀缺性资源要素配置,注意力的确是信息爆炸时代最为稀缺的资源,因为人的时间恒定,而时间是任何一项生产或生活都需要投入的资源。在农业时代,知识是精英阶层的"专利";在工业时代,人们获取知识和信息也需要较高的经济成本;而在数字信息时代,知识传播边际成本近乎为零,人的注意力的稀缺性由此得到充分的彰显。关注知识和信息的时间是注意力的主要衡量指标。

数字信息时代注意力被进一步精确化,"流量"成为体现受众注意力的常用概念。流量通常指数字通信过程中耗费的字节数,可以精确到B(比特)或MB(兆)、GB(千兆)。数据流量背后是人及其信息使用,所以流量也常指网络信息的人气访问量和内容信息的消费使用

---

① 彭祝斌:《中国电视内容产业链成长研究》,湖南大学博士论文,2008年。
② 喻国明:《用"互联网+"新常态构造传播新景观——兼论内容产品从"两要素模式"向"四要素模式"的转型升级》,《新闻与写作》,2015第6期,第39-42页。
③ 干春晖、钮继新:《网络信息产品市场的定价模式》,《中国工业经济》,2003第5期,第34-41页。
④ 张雷:《经济和传媒联姻:西方注意力经济学派及其理论贡献》,《当代传播》,2008第1期,第22-25页。

量。2021年,我国移动互联网用户接入流量2216亿GB,比上一年增长33.9%,手机上网人数10.29亿人。① 2023年上半年,我国移动互联网接入流量达1423亿GB,同比增长14.6%。② 流量管理的本质是通过各种技术和传播形态使信息到达用户、获得注意力,扩大信息内容生产消费并在这个过程中增值。

私域流量表示因用户个人而聚集的流量池,如微信、微博、知乎、快手、小红书、哔哩哔哩等平台上的个人账号,形成以个体为圆心,以亲疏远近不等的社会关系为半径的虚拟关系闭环,因网络格局的开放性与连通性带来流量跨平台迁移的可能,特属私域流量可以自由迁移汇聚。公域流量指平台本身吸引的流量,传统媒体因既有公信力而沉淀的流量池也被划分为公域流量。③ 私域流量是可以进行二次以上链接、触达、发售等市场营销活动的客户数据。私域流量和域名、商标、商誉一样属于企业私有的经营数字化资产。④ 在大型平台公域流量使用成本高涨的情形下,企业营销会更倾向于通过App、公众号、微信群等建构产品和品牌强关系链客户群,实现从公域流量到私域流量的用户运营转变。⑤ 显然,私域流量是在互联网信息流量获得与变现过程中出现的概念,为新媒体经营管理提供了广阔的研究空间。

(六) UGC、PGC 和 AIGC

分散专业媒体机构内容注意力和流量,进而颠覆其生产模式和经营管理模式的主体,正是生产海量内容的网络用户。

UGC(user-generated content,用户生成内容)泛指以任何形式在网络上发布的由用户创作的文字、图片、音频、视频等内容,它是Web2.0环境下一种新兴的网络信息资源创作与组织模式。它的发布平台包括微博、博客、视频分享网站、维基、在线问答、SNS等社会化媒体。随着互联网的不断变革和演化以及大数据时代的到来,越来越多的非结构化数据、异构内容、个性化内容为学界和业界带来了更多机遇与挑战。随着UGC理念的出现与运用,新闻传媒领域中受众与记者的界限正逐渐消失,普通公众对新闻传播的贡献使得传媒界的新闻模式也发生了变化。传统观念中的受众可以很便捷地通过自身拥有的电子设备和网络终端将信息公之于众,出现了"参与式新闻"与"公民记者"的概念。同时,关注公众对于新闻事件贡献的标签有助于发现热点新闻,公众对新闻事件的贡献也体现了有效的社会监督机制。⑥ 这些内容生产现象对传统专业媒体生产模式和政府传媒规制都带来了新的挑战。

与UGC相对应的是PGC(professional generated content,专业生产内容)。比如,我们熟悉的好莱坞电影和电视节目就是传统的PGC形式。在UGC内容野蛮生长并一度形成颠覆

---

① 《2021年我国手机上网人数为10.29亿人》,https://m.gmw.cn/baijia/2022-02/28/1302823755.html。
② 《重点数据七:网上外卖用户达5.35亿》,https://topics.gmw.cn/2023-12/29/content_37061226.htm。
③ 赵哲超、郝静:《私域流量在环境传播预警系统内的"自我呈现"》,《新闻与写作》,2019年第11期,第95-98页。
④ 《杭州电子商务研究院发布"私域流量"官方学术定义》,https://www.sohu.com/a/311337974_779795。
⑤ 沈国梁:《从流量池到留量池:私域流量再洞察》,《中国广告》,2019年第12期,第93-94页。
⑥ 赵宇翔、范哲、朱庆华:《用户生成内容(UGC)概念解析及研究进展》,《中国图书馆学报》,2012年第5期,第68-81页。

专业视频生产传播模式的格局后,国内外的UGC视频分享网站也在版权问题和广告营收的双重压力下走上了PGC的机构化之路。然而,随着视频版权费的水涨船高和移动设备的快速增长,一度被"打入冷宫"的UGC又回到了主流视频服务商的视野,只不过此次的回归不再是传统意义上的UGC,而是精品化或者说专业化的UGC。2015年,我国移动直播的强势崛起也推动UGC模式进入"第二春",但普通的UGC已不再是直播平台的宠儿,正如"大V"撑起了微博一样,知名主播的数量和质量在很大程度上决定了直播平台的发展潜力,呈现出明显的"幂次法则"(也叫"80-20法则",即20%的关键事物带来80%的收益)。①

AIGC(artificial intelligence generated content,人工智能生成内容)是指利用人工智能技术(生成式AI路径)来生成内容的新型内容生产方式。② 2022年11月上线的AIGC应用ChatGPT,凭借其在语义理解、文本创作、代码编写、逻辑推理、知识问答等领域的卓越表现,以及自然语言对话的低门槛交互方式,迅速获得大量用户,于2023年1月突破1亿月活量,打破之前消费级应用程序的增速纪录。微软称其在GPT-4(ChatGPT Plus背后运行的大模型)中看到了AGI(通用人工智能)的雏形。大众的生活工作日常出现了Midjourney等新形态的各类AIGC应用,各行业的智能化升级也出现了新的可能性,AI产业与产业AI的想象空间进一步拓展。

(七)IP与版权

复制成本近乎为零是新媒体数字内容产品和信息产品的重大特征,因此,能够被复制传播销售获利的初始内容信息,就成为新媒体经营获利的关键要素。

IP本是知识产权(intellectual property)的英文缩写,但我国传媒领域用这个概念来指那些在互联网时代具有高专注度、强影响力并且可以再生产、再创造的创意性知识产权,尤其指文学作品获得授权改编为各种类型的商业影视、游戏等的内容产品。③当然,知名IP的改编和转换通常还需要辅以大量的技术性创作和营销炒作。网络时代信息爆炸,被受众熟知的文学作品在改编炒作后往往更容易获得市场关注,因此IP保护和IP开发运作也成为新媒体经营管理的重要策略。

版权(copyright)又称著作权,属于知识产权的一种,指文学、艺术和科学作品作者享有的著作权以及与著作权有关的权益。我国《著作权法》界定的作品包括:文字作品,口述作品,音乐、戏剧、曲艺、舞蹈、杂技艺术作品,美术、建筑作品,摄影作品,视听作品,工程设计图、产品设计图、地图、示意图等图形作品和模型作品,计算机软件和符合作品特征的其他智力成果。著作权包括下列人身权和财产权:发表权,署名权,修改权,保护作品完整权,复制权,发行权,出租权,展览权,表演权,放映权,广播权,信息网络传播权,摄制权,改编权,翻译

---

① 胡泳、张月朦:《互联网内容走向何方?——从UGC、PGC到业余的专业化》,《新闻记者》,2016年第8期,第21-25页。

② 《2023年中国AIGC产业全景报告》,https://mp.weixin.qq.com/s/xz8HbD34CFr70mbxnv1lmw。

③ 尹鸿、王旭东、陈洪伟等:《IP转换兴起的原因、现状及未来发展趋势》,《当代电影》,2015年第9期,第22-29页。

权、汇编权和应当由著作权人享有的其他权利。①

从宏观层面来看,在近代社会,知识产权是欧美国家促进经济发展、推动科技进步、繁荣文化和教育的法律工具;在当代社会,知识产权则成为创新型国家维持技术优势、保护贸易利益、提升国际竞争力的战略政策。②我国已经形成保护知识产权、接轨国际社会、推动经济创新发展和转型升级的基本共识和系统法律,新媒体机构只有严格遵守知识产权相关法律进行运营才能真正维护自身权利、获得发展机遇。

(八)平台经济和社群经济

世纪之交的信息技术革命曾经带来经济效率、经济形态和增长形势的重大变动,虽然当时盛行的"新经济"的概念内涵比较混杂,现实发展也因互联网泡沫破裂受到挫折,但是各种新型经济运行协作形态的确因迅速迭代的信息技术应用而层出不穷,其中平台经济和社群经济是近年来备受关注且和新媒体经营管理有着密切联系的概念。

平台经济通常被认为是以互联网等现代信息技术为基础,基于平台向多主体提供差异化服务,进而整合多主体资源和关系,从而创造价值,使多主体利益最大化的一种新型经济。据统计,在全球最大的100家企业中,有60家企业的大部分收入来自平台类业务,如谷歌、苹果、阿里巴巴、腾讯、亚马逊等均属平台型企业。③作为适应数字技术体系的资本积累和社会生产与再生产的新型组织形式,平台经济依靠高效的数据采集和传输系统、发达的算力以及功能强大的数据处理算法所支持的数字平台,跨时空、跨国界、跨部门地集成社会生产、分配、交换与消费活动,有力地促进了社会生产力的发展④,同时对许多产业传统业态形成颠覆性冲击。网络技术平台在交换生产信息的同时也交换了消费信息、社会信息,对传统媒体机构的内容信息生产传播模式及其注意力分配、收益变现方式带来了根本性冲击。

社群是基于传播媒介聚合到一起,进行信息传播、情感交流、文化和价值共享的用户群体。互联网推动了粉丝社群和粉丝经济的发展,而移动互联网使社群功能不断延伸,社群价值不断放大,催生了社群经济。社群对新媒体生产、营销、消费等各个环节都产生了变革性影响,产生了用户参与的生产模式、品牌社群的营销模式、体验至上的消费模式,并由此形成了自组织循环的社群商业模式。⑤在网络平台和网络社群中,专业内容生产者不再拥有大众传播时代"把关人"的地位,海量社群成员尤其是各个层次意见领袖发布的社会信息和商业信息获得了广泛的注意力和流量并拥有了收入变现能力。与此相关的经济现象还有"粉

---

① 《中华人民共和国著作权法》,https://www.ncac.gov.cn/chinacopyright/contents/12230/353795.shtml。
② 吴汉东:《中国知识产权法制建设的评价与反思》,《中国法学》,2009年第1期,第51-68页。
③ 叶秀敏:《平台经济的特点分析》,《河北师范大学学报(哲学社会科学版)》,2016年第2期,第114-120页。
④ 谢富胜、吴越、王生升:《平台经济全球化的政治经济学分析》,《中国社会科学》,2019年第12期,第62-81、200页。
⑤ 金韶、倪宁:《"社群经济"的传播特征和商业模式》,《现代传播(中国传媒大学学报)》,2016年第4期,第113-117页。

丝经济""网红经济""分享经济"等,它们本质上都是信息传播平台和用户交换传播关系发生重大变迁而形成的新型市场交易现象。

(九)数字经济

网络新媒体对经济运行的影响不仅体现在微观经济主体的竞争与协作关系上,还体现在对全社会整体经济形态变迁的推动上。2021年底国务院印发的《"十四五"数字经济发展规划》指出,数字经济是继农业经济、工业经济之后的主要经济形态,是以数据资源为关键要素,以现代信息网络为主要载体,以信息通信技术融合应用、全要素数字化转型为重要推动力,促进公平与效率更加统一的新经济形态。数字经济发展速度之快、辐射范围之广、影响程度之深前所未有,正推动生产方式、生活方式和治理方式深刻变革,成为重组全球要素资源、重塑全球经济结构、改变全球竞争格局的关键力量。2012年至2021年,我国数字经济规模从11万亿元增长到45.5万亿元,数字经济占国内生产总值的比重由21.6%提升至39.8%,数字经济在国民经济中的地位更加稳固,支撑作用更加明显。[1]

当前,数字经济已经成为一种主要社会经济形态,甚至也正在酝酿一种新型社会文明形态,精神生产和物质生产在数字世界中得以实现更深度的融合,作为社会连接和传播的媒体毫无疑问将在数字经济和数字社会中形成新的形态。

数字经济显然涵盖了内容产品、信息产品的生产交易,同时它更强调大数据资源、全要素数字化转型理念。这对传统理念下从事内容生产的媒体机构来说,意味着生产交易空间的空前拓展,也要求其在无限空间下准确定位自身的社会功能和发展空间。这也是新媒体对传统媒体经营管理模式提出的重要的新命题。

(十)连接与深度媒介化

如何从新媒体信息传播影响社会生产协作模式变革的高度理解媒体机构的发展空间和经营管理模式创新?也许媒介技术理论可以提供一种理论视角。新的媒介会产生新的尺度和人际组合模式[2],这是因为新型传播介质在人、信息和物质之间的连接组合方式上发生了变化,人们之间最优的精神交往和物质生产协作关系也因连接组合方式的变化而变化。从传播角度看,媒介连接技术的变化意味着信息传播时间与空间、互动与反馈、信息与物质等要素的变化;从经济角度看,媒介连接技术的变化意味着这些传播行为的交易成本大幅降低,从而促进了更多交易行为和经营管理策略的创新。

深度媒介化是我们社会中的各个元素通过数字媒体及其潜在的基础设施,形成复杂关系的高级阶段。[3] 在这个阶段,物理场所与虚拟空间开始相互交错,越来越多的实践活动可

---

[1] 《2021年我国数字经济规模达45.5万亿元》,http://www.ce.cn/cysc/tech/gd2012/202208/21/t20220821_38043373.shtml。

[2] 马歇尔·麦克卢汉:《理解媒介——论人的延伸》,何道宽译,商务印书馆,2000年,第33页。

[3] Andreas Hepp. Deep mediatization. Routledge of Taylor & Francis Group,2020:5.

以在物理场所外得以完成。① 媒介化曾经指媒体传播的信息建构了一个现实社会的映射。各种数字媒体技术形成的深度媒介化,则建构了信息更丰富、互动更及时、空间更广大、主体更丰富、组合更多样、物质信息化的媒介化社会形态。传统的社会结构、生产方式在各种新型媒介技术的运用中重构,媒体机构对人类社会协作的影响和媒体自身发展也因此开拓了全新的空间。

四、新媒体经营管理理论背景

上述新媒体经营管理核心议题与关键词毫无疑问涉及许多学科理论,但是对于理解新媒体机构与外部社会资源交换配置关系和内部资源协调利用而言,传媒经济学和传媒管理学毫无疑问是最重要的两门学科。

(一) 传媒经济学概述

1. 经济学

经济学研究的是一个社会如何利用稀缺的资源生产有价值的商品,并将它们在不同的人之间进行分配。②

稀缺是指相对于人的需要而言,物品总是有限的一种状态。经济学研究的核心问题是生产什么物品、怎样生产、为谁生产。组织资源进行物品生产和分配有许多协调方式,如计划指令方式、市场交易方式、混合方式等,主流经济学研究的是市场配置资源的方式。市场经济的本质是交换,具体生产机构通过市场交换形成全社会的有效竞争、分工和协作。

经济学理论基于对人性自利、理性的假设,发展出了一整套科学严谨的理论体系。现代主流经济学认为,市场自由交易和自由竞争能够带来最优经济效率,价格这只"看不见的手"能够调节社会生产和消费。现代主流经济学的自由市场基本理念以及相应的基本工具在现实世界有很强的解释力和指导力。现代经济学理论也符合西方社会追求理性思维的哲学模式,其在科学的基础上借助数学工具建立了一套完整、自洽的逻辑体系,甚至有学者认为经济学是最严谨最成熟的社会科学。当然,经济学体系之所以严谨,正是因为它在逻辑推理时设定了一些假设,比如人的完全理性、市场交易信息充分、市场交易能够自动实现、不存在交易成本等。如果放松这些假设,考虑更多的影响因素,则可以推导出不同的经济学理论观点,或者说生成不同的经济学理论学派。比如,制度经济学就是人们对主流经济学理论市场交易自动进行的条件做反思性考察而生成的一大经济学流派。

经济学理论通常可以分为微观经济学和宏观经济学。微观经济学主要研究单个产品的

---

① 施蒂格·夏瓦、刘君、范伊馨:《媒介化:社会变迁中媒介的角色》,《山西大学学报(哲学社会科学版)》,2015年第5期,第59-69页。

② 保罗·萨缪尔森、威廉·诺德豪斯:《经济学(第18版)》,萧琛主译,人民邮电出版社,2008年,第4页。

价格、数量和市场,分析单个企业、消费者和市场的行为,形成了分析这些微观市场主体进行交易决策的理论体系。从词源上看,经济(economy)这个词源于希腊语 oikonomos,它的意思是"管理一个家庭的人",由此可见,微观主体的经济决策规律正是整体经济分析的基础。宏观经济学是将整个经济运行作为一个整体来研究,考察同时影响众多企业、消费者和工人的因素。研究宏观经济学以两大核心命题为主要线索:一是产出、就业和价格的短期波动,也就是所谓的"商业周期";二是产出和生活水平的长期变动趋势,也就是所谓的"经济增长"。①新媒体经营管理侧重的是微观新媒体机构的交易和生产,宏观经济主要作为决策及其实施的外部环境涉及。

现代经济学的开山之作是1776年出版的英国古典经济学家亚当·斯密的著作《国富论》,该书最早论述了市场这只"看不见的手"能够提高社会经济总体效率和福利的原理。之后,西方经济学家纷纷致力于为这一论断建立合乎逻辑的体系。19世纪30年代至70年代,西方经济学经历了边际效用学派的重大变动,放弃了斯密的劳动价值论。1890年,英国剑桥大学教授马歇尔在《经济学原理》一书中建构了一个折中的理论体系,并和瓦尔拉斯的理论相结合,形成了具有代表性的西方经济学思想,分析了完全竞争和充分就业假设条件下的资源配置等问题。20世纪30年代,由于历史条件的变迁,传统西方经济学经历了重大修改和补充的过程,张伯伦和罗宾逊于1933年针对垄断现实提出了不完全竞争理论;凯恩斯于1936年出版了《就业、利息和货币通论》,提出了国家干预资源配置、解决失业和经济周期波动问题的理论。第二次世界大战后,以萨缪尔森为代表的经济学家逐渐建立了新古典综合派理论体系,他们整合了研究个量和总量的微观经济学和宏观经济学,认为现代经济是由公营和私营组成的混合经济。20世纪70年代初经济滞胀现象出现,新古典综合派无法解释这一现象,而且提不出解决这一问题的对策,新古典综合派的地位开始动摇。许多西方经济学中的其他派别纷纷对该学派进行抨击和责难,试图以自己的理论在整体或部分上取代新古典综合派。参与抨击活动的派别包括货币主义、供给学派、新剑桥学派、新奥地利学派、新制度经济学和理性预期学派,其中在政策实践方面产生较大影响的有货币主义和理性预期学派。②

经济学理论有极高的科学价值和实践价值,我国的社会主义市场经济也运用经济学理论发展了生产力,充分发挥了市场在配置资源中的决定性作用;与此同时,我国强调更好地发挥政府配置资源的作用,以期真正实现共同富裕,使人民过上更加美好的生活。这是因为现代主流经济学的解释力和实践效率其实也受很多因素制约,比如政治、文化等力量都会影响经济学的运行逻辑。事实上,西方经济学界已经注意到了中国市场经济道路的重要性,新古典综合派代表性经济学家萨缪尔森和诺德豪斯也认为中国的市场经济转轨道路"应该说是未来诺贝尔经济学奖得主的新命题"③。受政治、文化等因素影响特别强的市场,如新媒体市场,尤其不能简单地按照市场逻辑运行,而需要更加复杂的分析和创新。

---

① 保罗·萨缪尔森、威廉·诺德豪斯:《经济学(第18版)》,萧琛主译,人民邮电出版社,2008年,第57、351页。
② 高鸿业:《西方经济学(第二版)》,中国人民大学出版社,2001年,第7-8页。
③ 保罗·萨缪尔森、威廉·诺德豪斯:《经济学(第18版)》,萧琛主译,人民邮电出版社,2008年,第7页。

2. 经济学"五个概念"和"十大原理"

经济学的实质是分析稀缺资源配置过程中人的选择和交易行为,那么,如何简要地把握这个复杂的行为过程和理论系统?经济学家概括的经济学"五个概念"和"十大原理"在解决这一问题时能够发挥重要作用。

1)"五个概念"

经济学家斯蒂格利茨强调经济学研究的是我们社会中的个人、厂商、政府和其他组织如何进行选择,以及这些选择如何决定社会资源的使用。他指出,理解这种选择需要理解五个重要的概念,即取舍、激励、交换、信息和分配。①

(1) 取舍

资源是稀缺的,因此在选择时我们不得不进行取舍。时间也是一种稀缺性资源,即使是最富有的人,也必须决定每天把时间花费在哪件事情或哪种事物上。

(2) 激励

决策者在做选择时会对激励做出反应,个人和厂商做选择时会权衡各种备选方案的利弊得失。经济环境下,激励是激发决策者选择某种方案的利润(包括减少的成本)。许多因素会影响激励的效果,但其中最重要的因素是价格。人们预期从各种活动中获得的收益也会影响激励的效果。

(3) 交换

人们在自愿交换中各取所需、获得好处,市场经济主要依靠交换来解决生产什么、生产多少、如何生产、为谁生产等最基本的经济问题。市场交换可以促进资源的有效利用,也可以导致市场失灵,因此政府必须出台能够影响厂商和消费者活动的相关规制。

(4) 信息

做出知情的选择需要个体具有相关信息,如果信息缺乏,个体就无法权衡成本和收益。产品的性能、局限、成本等都属于购买决策信息。信息本身也可以成为商品,进而影响市场交易。市场的结构和运行状况特别依赖于决策者可以获得的信息。

(5) 分配

市场决定所生产的商品和服务如何配置给社会成员。市场分配产品的标准通常是市场价格,它具有内在的经济效率,同时政府也通过干预市场援助低收入家庭获得产品分配机会。

2)"十大原理"

著名经济学家曼昆在其经济学著作开篇即列出了现代主流经济学的"十大原理",并把这些原理归为"人们如何做出决策""人们如何互相交易"和"整体经济如何运行"三大类别。②

---

① 约瑟夫·E.斯蒂格利茨、卡尔·E.沃尔什:《经济学(第四版)(上册)》,黄险峰、张帆译,中国人民大学出版社,2013年,第6-15页。
② 曼昆:《经济学原理(第6版):宏观经济学分册》,梁小民、梁砾译,北京大学出版社,2012年,第3-15页。

(1)"人们如何做出决策"的原理

第一,人们面临权衡取舍。配置资源就是权衡取舍的过程,从个人、企业到国家和社会均是如此,对配置资源的效率原则和平等原则的设计也是一个权衡取舍的过程。

第二,某种东西的成本是为了得到它而放弃的东西。做出决策必须比较成本和收益,但是许多情况下决策行动的成本并不是一目了然的。一种东西的机会成本是为了得到它而放弃的东西。

第三,理性人考虑边际量。经济学通常假设人是理性的,在机会成本既定的条件下,理性人会系统而有目的地尽最大努力去实现其目标,但生活中许多决策并非黑与白的选择,而是介于其中的选择。理性人通常通过比较边际利益与边际成本来做出决策。这种边际变动指对现有行动计划微小的增量调整。

第四,人们会对激励做出反应。激励是指引起一个人做出某种行为的某种东西,如惩罚或奖励的预期。因为理性人通过比较边际成本和边际利益来做出决策,所以他们会对激励做出反应。市场分析和政策制定都应考虑激励的作用。

(2)"人们如何互相交易"的原理

第一,贸易可以使每个人的状况都变得更好。贸易使每个人都可以专门从事自己最擅长的活动,通过与其他人交易,人们可以用比较低的成本获得各种各样的物品与劳务。

第二,市场通常是组织经济活动的一种好方法。市场经济指许多企业和家庭在物品与劳务市场上进行交易时,通过它们的分散决策配置资源的经济。与市场经济相对应的是计划经济,即由政府决定物品与劳务的生产、消费。经济学家亚当·斯密在《国富论》中提出了经济学中最著名的观察结果:家庭和企业在市场上互相交易,它们仿佛被"一只看不见的手"指引,并导致了合意的市场结果。而价格,就是这只"看不见的手"指引经济活动的工具。

> "人几乎总是需要他的同胞的帮助,单凭人们的善意,他是无法得到这种帮助的。如果他能诉诸他们的自利心,向他们表明,他要求他们所做的事情对他们自己是有好处的,那他就更有可能如愿以偿。任何一个想同他人做交易的人,都是这样提议的。给我那个我想要的东西,你就能得到这个你想要的东西,这就是每一项交易的意义,正是用这种方式,我们彼此得到了自己所需要的绝大部分的东西。"
>
> "我们期望的晚餐并非来自屠夫、酿酒师和面包师的恩惠,而是来自他们对自身利益而关切。我们不是向他们乞求仁慈,而是诉诸他们的自利心;我们从来不向他们谈论自己的需要,而只是谈论对他们的好处。"[1]

第三,政府有时可以改善市场结果。只有在政府实施规则并维持对市场经济至关重要的制度如产权制度时,"看不见的手"才能施展其魔力。市场虽然强有力,但并非无所不能,

---

[1] 亚当·斯密:《国富论》,唐日松等译,华夏出版社,2005年,第13—14页。

需要政府干预经济以促进效率或促进公平。在经济危机时期,亚当·斯密所说的"看不见的手"暂时不再起作用,此时更需要的是政府在恢复市场正常功能中发挥积极作用。

(3)"整体经济如何运行"的原理

第一,一个国家的生活水平取决于其生产物品与劳务的能力。几乎所有生活水平的差别都可以归因于各国生产率的差别,即每一单位劳动投入所生产的物品与劳务数量的差别。一个国家生产率的增长决定了其平均收入的增长率。决策者需要通过让工人受到良好的教育、拥有生产物品与劳务需要的工具,以及掌握最好的技术,提高企业的生产率和工人的生活水平。

第二,当政府发行过多货币时,物价上涨。经济中物价总水平的上升即表现为通货膨胀。

第三,社会面临通货膨胀与失业之间短期权衡取舍。长期物价水平高主要是货币量增加所致,短期物价水平升高则更具争议性。多数经济学家认为,政府注入货币的短期效应,可以刺激社会整体支出、增加需求,进而提高物价、鼓励企业雇用更多工人进行生产,从而减少失业。对于经济周期这种就业和生产等经济活动的波动,政府在一两年内可以通过经济政策将其往相反的方向调整。

3. 产业经济学

上文所介绍的经济学概念和原理可以作为我们理解新媒体机构在市场上进行生产和交易的"钥匙",但理解市场竞争行为和政府行业调控则需要更多的理论工具,产业经济学理论就是其中之一。

产业经济学是研究具有某些相同特征的经济组织集团的发展规律及其相互作用规律的学科。① 由于产业是一些具有相同生产技术或相同产品特征的经济活动组成的集合或系统,所以这些经济活动就不同于单个企业的经济行为,也不同于整个国民经济宏观经济总量的行为,而是介于微观领域和宏观领域之间的中观领域。产业经济学理论是理解新媒体行业运行规律、指导新媒体机构经营管理的重要理论。

在经济学中,产业经济学和产业组织学这两个术语是同义词。广义上说,产业经济学是以产业分析的需要和产业政策的实践为背景的一门应用性较强的经济理论。产业分析,就是对产业和产业之间的联系和联系方式、产业内企业之间的关系等进行分析,以揭示产业发展演化的规律。产业分析的对象是构成国民经济总体的各子系统及子系统之间关系的演化与发展。产业经济学的研究范围主要包括产业组织、产业结构、产业关联、产业发展和产业政策等。

产业组织指产业内企业的关系构成和构成方式,其中最重要的是竞争与垄断的关系。产业组织领域的产业是指以同一商品市场为特征的企业集合。企业之间的竞争与垄断关系对企业经营管理和整个产业的发展状况有非常重要的影响,因为市场竞争垄断关系即市场

---

① 苏东水:《产业经济学》,高等教育出版社,2000年,第4页。

结构,影响着市场主体的生产经营行为,进而影响着市场绩效。我国传统电视产业和互联网媒体的市场结构差异就形成了显著不同的行为和绩效。[1]

产业结构是指产业之间的相互关系和联系方式,如三次产业之间的关系,或具体某产业内部之间的关系。研究产业结构是为了进行产业规划和结构调整,从而促进产业发展。

产业关联是指产业之间的联系,但它不同于产业结构,它研究的产业概念广泛且细致,包括国民经济中的一切行业。这种产业划分以生产技术和公益的相似性为根据,且偏重于产业之间中间产品的生产、交换、消费等方面的具体、量化的关系。研究显示,我国传媒产业对其他产业具有较广泛的波及效应,传媒产业与三次产业的关联度呈此消彼长态势,传媒产业在国民经济中的地位和影响整体呈下降趋势。[2]

产业发展是以价值发展为实质,以主导产业群为载体,以经济长波理论为形式的产业内生提高过程。产业发展与经济发展类似,会经历一个由低级向高级不断演进的过程,具有内在逻辑性。产业的产生、成长和进化过程是一个结构变化的过程,既包括单个企业的进化过程,又包括整个国民经济的进化过程。产业发展也经常和产业演化、产业动态共同使用。[3]

产业政策是关于产业保护、扶植、调整和完善等方面的政策总和,也是经济政策的重要组成部分。产业经济学主要研究产业政策的体系和目标、产业政策设计的约束和影响因素、产业政策的实施过程、产业政策的实施效果、产业政策如何与其他经济政策配合、产业政策如何随产业发展状态变化而转换等。

主流产业经济学认为竞争是大多数现代市场的驱动力,垄断力量则会破坏竞争带来的良好结果,因此组织、打击或限制垄断的公共政策也成为产业经济学研究的主要领域之一。进行规制和取消规制、公用事业政策等,都成为产业经济学研究的根本性议题。[4] 对于新媒体产业而言,其技术和市场特征形成了复杂的竞争、垄断、公共事业等形态,这既是新媒体产业的理论议题,也是新媒体机构经营管理的实践议题。

4. 传媒经济学

传媒经济指的是由媒介的信息传播活动引发的相关经济活动和经济现象。[5] 信息内容产品的生产传播涉及大量资源的投入和交易,深度介入用户个人生活和社会公共生活,其中大部分媒介信息内容是通过市场交易的方式流通分配的,因此经济学理论在大部分情况下能够用来分析传媒资源配置行为。另外,特定技术形态的信息内容产品和传播形态有时也

---

[1] 易旭明:《媒体融合背景下的中国传媒产业规制转型——基于互联网媒体与电视规制效果比较的视角》,《新闻大学》,2017年第5期,第112-119、111页。
[2] 丁和根:《我国传媒产业关联及其演化趋势分析——基于投入产出表的实证研究》,《新闻与传播研究》,2020年第11期,第57-75、127页。
[3] 胡建绩:《产业发展学》,上海财经大学出版社,2008年,第2-5页。
[4] 亨利·W.狄雍、威廉·G.谢泼德:《产业组织理论先驱——竞争与垄断理论形成和发展的轨迹》,蒲艳、张志奇译,经济科学出版社,2010年,第1页。
[5] 喻国明、丁汉青、支庭荣等:《传媒经济学教程》,中国人民大学出版社,2009年,第2页。

成为重要的一般性经济现象。例如：无线广播电视成为经济学理论最常见的外部性和公共物品案例；美国联邦通讯委员会对无线电频谱资源的分配成为新制度经济学研究的经典文献；当代传播平台和公众社群形成的经济新形态成为主流经济学研究的新兴领域。

传媒经济学旨在研究形形色色的媒介操作者如何在各种资源均属有限而非无限的前提下，满足阅听人、广告业者与社会在资讯与娱乐等方面的各种欲求与需要。这是世界传媒经济学术会议创始人之一，SSCI期刊《传媒经济学刊》的创始人、主编罗伯特·G.皮卡德对传媒经济学的界定。其媒介经济学著作《媒介经济学：概念与问题》系统地介绍了媒介需求、媒介供应、成本议题、市场结构、财务与劳务、政府介入等基本概念和重要问题，认为这些理论有助于改善媒介运作过程涉及的决策，增强读者对经济力量影响媒体机构的理解，也能作为制定媒体公共政策的知识基础。①

显然，以上概念是基于经济学理论研究稀缺性资源配置的系统理论在传媒行业经济活动中的应用，但也鲜明地突出了媒介产品消费者的特殊性——主要包括受众、广告业主，以及社会整体。这说明媒介产品、媒体机构和传媒行业的生产消费活动既有普通物质产品特征，也有许多尚未被经济学理论充分揭示的重要特征和规律，需要专业的媒介经济学者基于经济理论和媒介理论基础进行深入研究：传媒经济学既借助经济学理论系统分析媒介生产、交易和消费规律，从而提高媒介生产和资源配置的效率，更好地满足受众的信息舆论需求；也基于新闻传播学理论对信息内容生产传播现象进行深入研究，解释经济概念无法准确分析的传播现象，解决市场机制无法完全解决的传播问题。

（二）传媒管理学概述

1. 管理和管理学

管理是为了实现组织的共同目标，在特定时空中，对组织成员在目标活动中的行为进行协调的过程。各种组织机构的管理工作千差万别，管理学以各种管理工作中普遍适用的原理和方法为研究对象，各种社会组织也需要特殊的管理原理和方法来解决特殊的问题，由此形成了不同门类的管理学。②管理者则是在一个组织中直接督导他人工作，使组织目标得以达成的那群人。管理意味着协调整个部门的工作，其涉及部门之间乃至组织之外个人之间的工作协调。③

2. 西方管理理论的发展

管理理论比较系统的建立是在19世纪末20世纪初，这个阶段所形成的管理理论被称为

---

① 罗伯特·G.皮卡德：《媒介经济学：概念与问题》，冯建三译，台湾远流出版公司，1994年，第9页。
② 周三多、陈传明、刘子馨等：《管理学——原理与方法（第七版）》，复旦大学出版社，2018年，第7、23页。
③ 斯蒂芬P.罗宾斯、戴维A.德森佐、玛丽·库尔特：《管理学——原理与实践》，毛蕴诗主译，机械工业出版社，2015年，第5页。

古典管理理论或科学管理理论;第二次世界大战前后,管理理论进入现代管理理论阶段。[①]

科学管理理论的创始人是美国的弗雷德里克·泰勒,他于1911年出版了《科学管理原理》。他提出的管理原理主要有:为每项工作开发科学的操作方法,制定科学的工艺规程和劳动时间定额;科学地选择和培训工人,废除师傅带徒弟的落后制度;采用计件工资制度,实现按劳分配;把管理与劳动分离,管理者制订计划,劳动者执行计划,管理者与劳动者要密切配合,以保证按规定的科学程序完成所有工作。泰勒的管理原理形成了现实中的重大管理改革,使生产效率提高了两三倍。但泰勒把人看作纯粹的"经济人",忽视了企业成员间的交往和工人的感情、态度等社会因素对生产效率的影响。

法国管理学界亨利·法约尔的组织管理理论在很大程度上弥补了泰勒制科学管理的局限,其代表作是1925年出版的《一般管理与工业管理》。法约尔认为管理活动具有计划、组织、指挥、协调、控制这五大职能;提出了管理人员解决问题时应遵循的14条原则,即劳动分工,权力与责任相当,员工遵守纪律,员工接受一位上级命令、不能多头领导,组织统一行动方向,个人服从整体,报酬公平合理,集权管理,管理等级链有序,人与物位置有序,管理者公平、友善地对待下属,人员任期和替补规则稳定,鼓励员工执行计划时发挥主动性和创新精神,促进团队精神、营造团队氛围。

第二次世界大战之后,特别是20世纪50—70年代,世界经济、政治格局发生极大变化,劳资矛盾尖锐,企业规模扩大,技术更新加速,职工结构和文化程度发生巨大变化。这种形势要求企业管理突出决策、管理工具现代化、调动人的积极性,因此出现了不少新的管理思想和学派,主要有行为科学学派、管理科学学派、决策理论学派、经验主义学派、企业再造理论等。

行为科学是一门研究人类行为规律的科学,它在管理领域的发展从人群关系理论开始。人群关系理论的代表人物是埃尔顿·梅奥,他参加了1927—1932年在霍桑工厂进行的"霍桑实验",提出了与科学管理理论不同的观点:企业的职工是"社会人",而不是只为追求经济利益而进行活动的"经济人";满足工人的社会欲望、提高工人的士气,是提高企业生产效率的关键;企业中实际上存在一种正式机构之外的非正式组织,也就是职工在共同工作中形成的人群关系,他们具有共同情感,也就自然形成要求个人服从的行为准则或惯例,这也是影响企业生产效率的重要因素;企业应采用新型领导方法,包括组织好集体工作、提高士气、促进协作、使员工与领导真诚持久合作等方法。

行为科学学派主要理论包括亚伯拉罕·马斯洛的需要层次理论、弗雷德里克·赫茨伯格的双因素理论、道格拉斯·麦格雷戈的X理论和Y理论、威廉·大内的Z理论等。马斯洛是美国著名社会心理学家,他认为人的需要取决于他已经得到了什么、尚缺少什么,只有尚未满足的需要才能够影响行为;某一层次的需要得到满足后,另一个层次的需要才会出现。马斯洛将需要分为生理需要、安全需要、归属需要、尊重需要、自我实现需要这五个层次。美国心理学家赫茨伯格在1959年提出了工作激励的双因素理论,把激励因素划分为使员工感到满意的工作内在激励因素和使员工感到不满意的工作环境与工作关系方面的保健因素,并认

[①] 周三多、陈传明、刘子馨等:《管理学——原理与方法(第七版)》,复旦大学出版社,2018年,第41-64页。

为保健因素属于员工完成工作的基本条件，包括行政管理、监督、同事关系、工资、工作安全、个人生活等十项内容，当保健因素低到一定程度时就会引发员工不满；激励因素则包括工作成就感、受到重视、提升、个人发展可能性、责任等六项内容，可以对工作起到明显的激励作用。美国麻省理工学院教授麦格雷戈于1957年首次提出X理论和Y理论，X理论认为人有好逸恶劳特性，一般人都胸无大志，不喜欢有创造性的困难工作，因此必须对员工进行强制、监督、指挥以及惩罚、威胁；Y理论则相反，认为人并不懒惰，正常情况下人们愿意承担责任，热衷于发挥自己的才能和创造性。美国的乔伊·洛尔斯和约翰·莫尔斯在X理论和Y理论的基础上提出了超Y理论，认为不同的单位、工作和员工素质适合采用不同的管理方式。1981年，美国加州大学管理学院教授大内在研究日本企业管理经验后提出了Z理论，认为企业管理当局和员工的利益是一致的，两者的积极性可融为一体，具体包括长期雇佣、上下结合制定决策、上下关系融洽、全面培训职工、长期考核等观点。

管理科学学派的主导思想是使用先进的数理方法及管理手段，使生产得到最科学合理的组织，获得最佳经济效益，而较少考虑人的行为因素。管理科学学派理论与泰勒的管理理论属于同一思想体系，但有新的发展。管理科学理论以经济效益的好坏作为评价标准，要求行动方案以最小的消耗实现最大的经济效益；使衡量各项活动效果的标准定量化，摒弃单凭经验和直觉确定经营目标与方针的做法；依靠计算机进行各项复杂决策，方案选择定量化，强调使用先进的科学理论和管理方法，如系统论、信息论、控制论、运筹学、概率论等数学方法及数学模型。管理科学的重要特点是将数学模型广泛应用于经营管理，通过数学模型表现运行系统，实现量化决策。系统管理理论则把企业看作有机联系的整体，认为企业系统既包括物资和技术设备这些"硬件"，也包括人、财、任务、信息等"软件"，并主张通过数学方法、计算机手段和行为科学等方法研究系统的动态变化。

决策理论学派以统计学和行为科学为基础，力图在管理领域对复杂方案进行明确的、合理的、迅速的选择。该学派做出突出贡献的是美国卡内基梅隆大学教授赫伯特·西蒙。决策理论学派认为，管理就是决策，包括目标及其计划决策、组织决策、控制决策等内容；决策分为经常性发生的程序性决策以及对复杂而重要问题的非程序性决策。

经验主义学派以向西方大企业的经理提供管理企业的成功经验和科学方法为目标，以大企业管理经验为主要研究对象，将这种经验概括化和理论化。该学派包括许多管理学界、企业高级管理人员和咨询人员，主要代表有彼得·德鲁克、欧内斯特·戴尔等。德鲁克认为，作为企业主要管理者的经理，第一项任务是创造一个"生产的统一体"，使统一体的生产力大于其组成部分之和，使企业各种资源，特别是人力资源得到充分发挥；第二项任务是制定决策或采取行动时，必须统筹考虑企业长远利益和眼前利益。德鲁克强调使员工得到成长和发展，提出通过目标管理方法调动员工参与企业管理的积极性。

根据美国麻省理工学院教授迈克尔·哈默和詹姆斯·钱皮的观点，企业再造就是为了飞跃性地改善成本、质量、服务、速度等方面的现代企业运营基准，对工作流程进行根本性重新思考和彻底改革。其实施过程主要包括：对原有流程进行全面的功能和效率分析，发现目前流程中各活动单元及其组合方式上存在的问题；改进相关单元的活动方式或单元间组合方式,设计流程改进的方案;制订与流程改进相配套的组织结构、人力资源配置和业务规范等改进计划,形成系统的企业再造方案;实施组织流程改进方案,并在实施过程中根据经营背景的变化组织企业流程的持续改善。

从上述系列西方管理理论及其变迁中,我们可以发现企业管理优化资源配置、提高生产效率的根本追求,也可以发现管理学家在不同时代条件下,对不同性质企业中的员工价值、员工协作方式认识的深化。新媒体机构与传统制造企业在性质和管理方式上毫无疑问有着本质差别,但提高机构生产效率、体现员工价值、创新机构协作方式,却是其改善管理的不懈追求。各种管理理论能够为新媒体机构相关管理实践提供重大启示。

3. 管理的职能

各界对管理活动的基本职能有许多不同表达,最常见的提法是计划、组织、领导、控制。基于管理理论发展和当代管理实践,我们认为决策、组织、领导、控制、创新这五种职能是一切管理活动最基本的职能。[①]

(1)决策

"凡事预则立,不预则废",组织中各个层次的管理者都必须对所负责的经营管理活动进行预先计划,即制定目标并确定达成这些目标所必需的行动步骤;在具有高度不确定性的市场经营管理活动中,经营管理计划的核心往往是决策,即对资源配置、协作方案和行动过程的分析、判断和选择。其中,高层管理者负责制定总体目标和战略,所有层次管理者都必须为其工作团队制订经营计划,服务于组织共同目标的实现。总体目标制定是一个基于外部环境和内部条件的决策过程,各个层次的管理者在制订支配和协调其所负责部分资源的计划时,也必须进行相应决策。决策是制订计划和修订计划的前提,而计划是实施决策的保证。

(2)组织

管理的组织职能,就是根据工作的要求与人员的特点设计岗位,通过授权和分工,将合适的人员安排在适当的岗位上,用制度规定成员的职责和相互关系,使整个组织协调地运转。组织目标决定着组织结构的具体形式和特点,而组织的工作状况又在很大程度上决定着组织机构的工作效率和活力。每一项计划的执行、业务的开展,都要做大量组织工作,让更多的人充分发挥自己的能力,并产生大于个体分离或简单组合的效果,在实现组织共同目标的同时,实现个人价值。任何社会组织是否有自适应机制、自组织机制、自激励机制和自约束机制,在很大程度上也取决于该组织结构的状态。

(3)领导

管理的领导职能,就是指导组织成员的行为,通过沟通增强成员的相互理解,统一成员的认识和行动,激励成员自觉地为实现组织目标而努力。组织机构目标的实现有赖于全体成员的协作,但是配备在组织机构各个岗位上的人员个人目标并不等同于组织目标,个体之

[①] 周三多、陈传明、刘子馨等:《管理学——原理与方法(第七版)》,复旦大学出版社,2018年,第9页。

间也存在需求、偏好、性格、素质、价值观、工作职责和掌握信息量等方面的差异,成员个体在互相协作过程中很可能产生各种矛盾和冲突,因此需要有权威的管理者领导、指导成员的行为。管理的领导职能既是一门科学,也是一门艺术,对于社会功能强、产品个性化程度高的传媒内容生产而言更是如此。

(4) 控制

管理的控制职能,就是使组织的实践活动符合计划。计划是控制的标准。人们在执行计划的过程中,由于受到各种内部和外部因素的干扰,实践活动常常偏离原来计划。为了保证组织目标计划的实现,管理就需要有控制职能。管理者既要采取相关预防措施避免事态失控,又要及时获得计划执行情况的信息,并将有关信息与计划进行比较,发现问题、分析原因、及时纠偏。新媒体制作中的采访、创意等过程具有较强的不确定性,热点新闻事件报道也有可能引发相应舆情,这都需要新媒体经营管理者及时掌控应对。

(5) 创新

很多管理理论都没有把创新列为基本管理职能,但是近年来由于科技快速发展,社会经济活动空前活跃,市场需求瞬息万变,社会关系也日益复杂,企业整体发展格局和管理者日常工作几乎每天都会遇到新情况、新问题,需要根据问题进行经营管理创新,所以产品创新、目标创新、技术创新、制度创新、组织机构创新等成为企业经营管理的基本职能。传播技术革命不仅带来了专业媒体机构自身内容制作、传播形态等业务的创新挑战,也带来了各种社会经济主体以半专业或业余传媒机构身份参与各种场景的传媒创新。创新由此成为新媒体经营管理的基本职能。

为了实现上述管理职能,管理者可以结合组织结构特征,灵活采用法律方法、行政方法、经济方法、教育方法、技术方法来实施管理。

4. 传媒管理学

传媒管理学作为研究传媒机构管理原理和方法的学科,主要是管理学理论体系在传媒机构管理中的具体应用,也是管理学、经济学、营销学、传播学、新闻学、组织行为学等学科理论的交叉应用。目前的传媒管理学理论体系,多以管理的计划以及决策、组织、领导、控制这几类管理基本职能为框架,涵盖媒体生产制作、广告经营、市场营销、财务管理以及报刊、广播电视、新媒体等具体业务管理内容。本书作为系统介绍新媒体经营管理理论和实践的教材,同样以新媒体管理基本职能和具体业务分析为主体,在此基础上,还用独立章节介绍了"垂直业务管理"和"平台型媒体与自媒体管理"这两部分显著不同于传统媒体的新媒体管理内容。

媒体机构管理与普通商业机构管理相比,在社会资源配置和内部协作生产方面具有许多共性,但是也具有一定的特殊性,世界各国对传媒产业通常比普通产业有更多的特殊要求。我国对传媒产业更是鲜明地提出了社会效益优先、社会效益和经济效益相统一的要求。从管理理论看,这是政府规制为媒体机构设置了特定的经营管理目标,影响着机构内部的管理决策;这也为媒体机构设置了特定的经营管理外部环境,对新媒体机构经营管理者带来不同的机遇和挑战。本书在"新媒体市场交易原理""市场失灵与新媒体规制"两章中侧重介绍经营管理的市场原理,其他章节则详细介绍新媒体的管理原理和具体方法。

新媒体经营管理显然还需要经济学、管理学之外的许多其他理论,尤其是新闻传播理论。只有理解新闻传播学相关经典理论和前沿理论,才能深刻理解新媒体传播规律和传播影响,理解深度媒介化社会中新媒体更加深入地连接社会主体和社会协作的过程。这种深度融合和连接,正是本书着重强调的新媒体之所以"新"的本质特征,它极大地拓展了专业新媒体机构和业余新媒体机构的经营管理空间。因为本书目标读者主要是新闻传播相关专业本科生,所以这里不专门简介新闻传播理论,而是直接应用新闻传播知识来分析新媒体经营管理原理和方法。

关键词

新媒体;平台型媒体;经营管理;社会效益;经济效益;事业、企业、产业和行业;内容生产;注意力;流量;UGC、PGC和AIGC;IP;版权;平台经济;数字经济;深度媒介化;传媒经济学;传媒管理学。

复习思考题

1. 在数字智能时代,从事专业内容生产的新媒体机构面临哪些重大经营困境和机遇?平台型媒体对内容型媒体而言具有哪些竞争优势?海量自媒体对专业媒体形成了怎样的挑战与机遇?

2. 经济学理论研究的核心问题是什么?经济学理论及其发展对理解新媒体生产经营有何启示?

3. 管理的主要职能是什么?管理学理论及其发展对新媒体机构管理有何启示?

第二章 新媒体市场交易原理

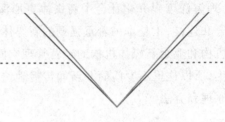

◆ 学习目标

1. 理解新媒体市场交易的复杂性；
2. 掌握新媒体供给与需求原理；
3. 了解新媒体生产与成本特征；
4. 培养市场需求分析思维。

◆ 案例导入

哔哩哔哩(以下简称B站)作为中国Z世代用户高度聚集的文化社区和视频网站，提供了番剧、动画、漫画、游戏、电影、电视剧的内容和弹幕、直播、发布等综合服务，满足了广大青年用户的内容观看、文化交流、身份归属、内容变现等各方面的需求。

2023年，B站总营收225亿元，其中广告收入64亿元，同比增长27%，成为其增值服务、广告、移动游戏、IP衍生品四大业务中增幅最大的板块。作为中国最大的年轻人社区，B站用户平均年龄为24岁左右，其中Z世代用户覆盖率达65%，日均活跃用户稳定在1亿量级，2023年用户日均使用时长为95分钟，全年日均视频播放量为43亿次，同比增长25%。截至2023年底，2.3亿用户通过了入站考试成为B站正式会员。2023年第四季度B站日均活跃UP主人数同比增长16%，其中粉丝数量超过1万人次的UP主人数同比增长30%；月均投稿量超2300万条，同比增长31%。UP主也在B站通过多样化的方式获得收入，2023年超过300万UP主通过各种变现途径在B站获得收入，同比增长30%，其中通过广告获得收入的UP主数量同比增长94%；交易带货也带来了更多机遇，"双十二"期间，UP主单场直播带货成交额超5000万元。内容付费也成为很多UP主的收入来源，2023年，超过180万UP主通过直播获得收入，超过200位UP主制作的付费课程获得100万元以上的流水,更有UP主单条充电专属视频获得近400万元的流水。① 我们从这一组B站经营数据中可以洞悉新媒体市场生产和交易的特征。

理解新媒体经营管理首先要了解市场交易的原理。因为企业经营管理主要是从市场筹集资源进行生产并在市场销售,多数新媒体产品的生产与经营也是如此;许多传统媒体之所以在经营中遇到困难,很大程度上也是因为其经营环境不再是具有垄断封闭特征的市场,而是开放竞争、变幻莫测的市场。

经过数百年的实践推动和理论演绎,经济学领域已经形成了一套完整的市场分析科学概念和理论体系,可以用来分析新媒体市场生产什么、如何生产、为谁生产等经营管理问题和社会宏观问题,运用经济学市场理论工具也能帮助新媒体管理者和研究者分析新媒体市场前沿实践的新特征和新规律。

一、新媒体市场交易的定义

(一)市场与市场交易

市场是商品交易的场所,也是买者和卖者相互作用并共同决定商品和劳务的价格以及交易数量的机制②,因此市场是商品买者和卖者及其交易行为的总和。市场的本质是自由交易和竞争,因为市场有许多买者与卖者,所以个体对市场价格的影响可以说微乎其微。

市场交易是指买者与卖者之间按照一定的货币价格进行自由自愿的交易和竞争,在交易过程中也实现了全社会产品和资源的分配。市场经济条件下,生产的目的就是实现市场交易,只有完成了交易,生产过程中的劳动、创造、增值才得以变现。所以,企业整个生产过程和经营管理都是面向市场展开的。

市场经济学认为,价格机制作用下公平竞争的市场交易能够激发市场个体生产效率,也能把资源配置到最需要它的主体手中,每个主体都为了个体的利益而进行竞争交易。价格机制就像"一只看不见的手",指挥着整个社会的生产和消费,发挥着对商品和资源的分配作用,实现全社会的生产效率和福利最大化。

(二)新媒体市场交易

根据经济学中对市场与市场交易的定义,新媒体市场可以理解为新媒体机构与用户等市场主体之间商品和劳务的生产交易关系总和。新媒体市场不仅包括新媒体产品及其买

---

① 《B站2023全年财报解读:广告业务成第一大亮点》,https://baijiahao.baidu.com/s?id=17934671091237990 34&wfr=spider&for=pc;《B站发布2023年Q4及全年财报:广告收入全年同比增长27%》,https://baijiahao.baidu.com/s?id=1792864536692047560&wfr=spider&for=pc。

② 保罗·萨缪尔森、威廉·诺德豪斯:《经济学(第18版)》,萧琛主译,人民邮电出版社,2008年,第23页。

者、卖者，即新媒体产品及其生产者、用户（买者和卖者的身份存在区别，也会出现融合），还有广告商、品牌商等各种生产、交易参与者。

新媒体商品和劳务的交易有时并不是"一手交钱，一手交货"的传统交易方式，而是有着更复杂的交易过程、交易主体和交易对象。新媒体市场交易的筹码不仅有货币价格，还有注意力、传播行为等形式。新媒体产品既可以面向大众市场、规模市场，也可以面向个性化小众市场、长尾市场。因此，新媒体市场交易形态比传统大众传媒内容产品面临的市场更加复杂，需要更加复杂的经营管理策略。许多由传统媒体转型而来的新媒体经营困境正是因为未能适应这种复杂的市场交易方式。

分析市场交易原理的基础理论工具是市场需求理论和供给理论，而生产和成本理论则是分析企业生产投入与产出、成本关系的基本理论工具。这些理论可以帮助我们理解新媒体市场交易特征和生产决策，进而优化新媒体经营管理。

二、新媒体市场的需求与供给原理

（一）新媒体市场的需求原理

面对庞大的新媒体市场以及复杂的传媒经营管理决策，需求和供给就是人们观察和分析市场最根本的"经纬线"。市场交易的过程一般是先有生产供给，之后再销售给消费者，但是市场导向的生产恰恰是针对性地面向市场需求，在信息冗余、生产过剩的新媒体市场，尤其需要准确地乃至前瞻性地把握市场需求。

1. 需求与效用

在经济学中，需求（demand）是指消费者在特定时间内按既定价格购买某种商品的意向性数量。需求通常反映了人们对某种物品客观的缺乏状态，如果没有支付能力和购买意愿则不构成市场交易意义上的需求。需求必须是既有购买意愿又有购买能力的有效需求。

和需求联系相当紧密的一个概念是效用，即消费者在消费商品或劳务时所感受到的满足程度，或是商品或劳务满足消费者欲望的能力。效用决定消费者的支付意愿。效用可以进一步细分为总效用、边际效用等。总效用是指消费者在一定时间内消费一定数量的商品或劳务所获得的总的满足程度。边际效用是指在一定时间内，消费者增加一个单位商品或劳务的消费得到的新增加的效用。边际效用往往呈递减规律，即随着消费者个人消费越来越多的某种物品，其从中得到的边际效用逐渐下降，也就是其获得的满意感、愉悦感、享受感呈下降趋势。影响效用的要素包括商品数量和商品种类。一般来说，消费商品数量越多，效用越高；消费商品种类越多，效用越高。对消费者而言，愿意为单件商品支付的价格取决于其边际效用。所以，一般来说，消费者为了实现效用最大化，会购买多种商品或劳务，当货币支出在各种商品中获得的效用相等时，就实现了消费者个人效用最大化。

新媒体满足了当下受众或用户在生活信息、生产信息，以及认知、愉悦、生活、职业、物质等各个方面的需求,给用户带来相应的效用,激发用户的支付意愿,这正是新媒体机构经营管理的基础。当然,新媒体效用情况也非常复杂。对新媒体消费者而言,边际效用多数是递减的,但有时也会是递增的。例如,一个消费者每天看的电影数量越多,他获得的边际满足感可能会越少,也就是人们所说的"看腻了",消费量增加的同时边际效用递减。但对于特别喜欢的传媒产品,消费者却会"一刷再刷",对连续剧更是会一追到底,越看越想看,此时其边际效用就呈递增趋势。

新媒体产品某些特殊的需求和效用特征直接影响着消费者行为和市场交易、企业收益。一般传媒产品消费者通常是一次性购买消费,重复消费同一个内容产品往往也不需要重复付费。例如,人们购买付费新闻就是一次买一份,可多次观看,也可以分享给家人或朋友。但是作为对特定"爱豆"有着特殊效用的粉丝来说,购买视频网站会员时,会出现一位消费者购买多份会员资格的现象。显然,粉丝如果只是观看视频内容,购买一份会员就可以;但是购买多份会员,则可以为"爱豆"多次投票,从而获得更强的身份认同、互动参与效用,具有一定程度上边际效用递增的现象。

总之,有些娱乐产品主要是满足消费者个人追求暂时快乐情绪的浅层精神需求,但有些新媒体内容则能满足消费者个人对生命意义、社会价值理解的深层需求,消费者对这些不同需求的货币和时间支付意愿通常有较大差异。所以,敏锐地洞察新媒体产品能够满足消费者哪些特定需求、带来哪些特定效用,是新媒体经营管理生产创新的关键措施之一。

2. 需求曲线和需求表

需求曲线是显示一种商品价格与需求量之间关系的曲线,指在其他条件相同时每一价格水平上消费者愿意购买的商品量的曲线。需求曲线和需求理论可谓经济学理论大厦的基础砖石,也是市场分析实践最常用的工具。

在自由竞争市场环境中,价格对需求的影响经常是决定性的。当其余条件相同时,某种商品的需求量与其价格一般呈反方向变动,即价格上升,需求量减少;价格下降,需求量增加。这种需求量与价格反向变动的规律也是市场交易的基本规律,也称需求定理。经济学中用需求曲线(如图2-1和图2-2所示,图中 P 为价格, Q 为需求量)和需求表形象地揭示这一规律。

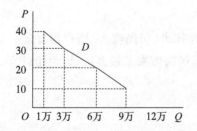

图 2-1 某种商品的价格与需求量的关系

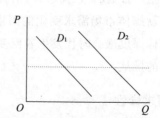

图 2-2 需求曲线及其移动

新媒体市场的需求规律更加复杂,具体可以分为两种情况:一是作为一般商品即有交易价格的传媒产品,如图书、付费新闻、电影、期刊、版权、会员内容、有线电视、广告等;二是作为免费使用甚至补贴消费者的特殊商品的传媒产品,如电视、广播,非会员网络内容,微信、微博等社交媒体服务,以及类似"看视频得现金"等业务。对于第一类实施定价的传统传媒产品,经济学的需求法则是成立的,新媒体市场也体现需求向下倾斜规律,如网络付费电影降价会增加用户付费观看数量。付费视频网站也是如此,其需求受到价格影响显著,如表2-1所示。

表 2-1 某视频网站会员价格与会员数量

视频网站包月会员价格(元)	用户数量(万人)
50	100
40	150
30	300
20	500
10	1000

对于第二类免费甚至补贴消费者的传媒产品,需求规律和交易获利的方式则更加复杂。消费者在享受免费传媒产品的过程中并没有支付货币,但是付出了注意力——在传媒产品极度冗余的条件下,注意力成为稀缺资源。注意力的主要衡量指标是时间,另外还有互动参与等指标。新媒体机构在获得用户时间,获得用户高黏度和积极互动参与的基础上,进一步开展其他获利业务。

3. 影响需求的因素

经济学理论认为,在价格不变的情况下,影响需求的因素一般包括:平均收入;人口(市场规模);相关物品价格;偏好;特殊因素(包括地理条件、预期等)。

商品价格之外的因素影响购买数量的变化被称为需求变动。当所要购买的数量在每一价格水平增加(或减少)时,我们说需求增加(或需求减少),需求曲线呈现如图2-2中从D_1到D_2的移动。在需求分析中,不能混淆需求的变化(表现为需求曲线的移动)与需求量的变化(表现在价格变化之后,需求量在同一条曲线上移动到不同的点,如图2-1所示)。

付费传媒产品、广告产品和免费网络产品的需求量,受许多复杂因素影响。广告产品需求是一种生产性、投资性需求,与消费性需求不同。

影响新媒体市场需求变化的因素有很多,如传媒技术、居民收入、用户偏好等。这些因素都在媒体深度融合时代发生着巨变,这既为新媒体机构带来了很多机遇,也给既有媒体带来了巨大的挑战。

4. 需求弹性

需求弹性是指商品需求量变动对影响因素变动的反应程度。既然价格等各种因素对需求量有如此显著的影响,那么,分析这种影响的程度即需求弹性就成为包括新媒体等各种企业经营所必不可少的理论工具之一。需求弹性可以用以下公式来计算:

$$E_D = \frac{-\Delta Q/Q}{\Delta P/P} = \frac{-\Delta Q}{\Delta P} \cdot \frac{P}{Q}$$

这里需要指出的是,通常情况下,由于商品的需求量和价格是呈反方向变动的,$\Delta Q/\Delta P$为负值,所以,为了使需求的价格弹性系数E_D取正值,以便于比较,便在公式中加上负号。[①]

例如,如果某视频网站会员价从每年100元降至每年80元,会员数量从1000万人上升到1300万人,则其需求弹性是:

$$\frac{-(1000-1300)/1000}{(100-80)/100} = \frac{0.3}{0.2} = 1.5$$

也有需求弹性极小的案例,如某超市食盐从每千克3元下降到每千克2.5元,月销量从500千克上升至505千克,则不难算出其需求弹性是0.06。

需求弹性分析中,当$E_D=0$时,需求完全无弹性,也就是需求量不随着价格的变动而变动;当$0<E_D<1$时,需求缺乏弹性,也就是需求量的变动幅度小于价格变动幅度;当$E_D=1$时,需求单位弹性,也就是需求量的变动幅度与价格变动幅度相同;当$1<E_D<\infty$,需求富有弹性,也就是需求量的变动幅度大于价格变动幅度;当$E_D=\infty$时,需求完全有弹性,也就是在既定价格下,需求量可任意变动。由此可见,不同商品的需求弹性差异很大,分析商品需求弹性对制定需求价格,从而获得最大化销售额有重要作用。需求完全无弹性和需求缺乏弹性的商品,不能通过降价提高销售总额;需求富有弹性的商品,则可以通过降价实现销售总额的提高。

新媒体产品和服务类型极其丰富,消费者特征更是多样,因此,针对不同的产品和消费者制定相应的涨价或降价、补贴策略,对新媒体经营管理十分重要。需要注意的是,大部分新媒体产品替代方案多,因此采用涨价策略需要十分慎重。

5. 新媒体市场的需求类型

当今时代,新媒体需求已经在传媒内容需求、广告需求基础上,发展出了各种细分市场的内容信息产品需求、广告产品需求、垂直产品或服务需求等。

(1) 内容信息产品需求

互联网渠道最常见的新媒体内容信息产品需求大致包括即时通信、网络视频、移动直播、网络音乐、网络新闻等。

数字报刊出版产品可进一步细分为综合类报纸/专业类报纸、全国报纸/地方报纸/社区报纸、数字期刊产品、数字图书等。

数字广播电视产品可进一步细分为数字广播电视新闻、综艺、广播剧/电视剧等。

(2) 广告产品需求

当前互联网广告产品主要包括品牌图形广告、视频贴片广告、富媒体广告、分类广告、固定文字链广告、搜索广告、电商广告、信息流广告及其他形式的广告。

传统广播电视广告产品需求依然存在,但是需求量逐年下降。传统纸质报纸广告需求

[①] 高鸿业:《西方经济学(第二版)》,中国人民大学出版社,2000年,第44页。

持续多年"断崖式"下降,纸质期刊广告需求相对稳定些,但总体还是趋于下降。

（3）垂直产品或服务需求

基于内容向用户提供的深度专业垂类新媒体产品或服务需求近年来迅速增长,如电商产品、游戏产品、教育服务产品、旅游服务产品等。

以上这些不同的新媒体需求和各种市场需求一样,需求量也有不同的衡量指标,由此可以判断行业发展空间。如,一个国家的总需求可用GDP（国内生产总值）、国民总收入来衡量;新媒体需求可用总产值、广告产值、内容产值或具体内容产品数量来衡量,这个需求总量就是新媒体经营管理决策的行业环境。例如,广告营销需求就是衡量新媒体市场需求的重要指标。2022年,中国互联网广告市场规模预计约为5088亿元,较2021年下降6.38%,市场规模近七年首次出现负增长[1],这影响了很多新媒体机构的经营决策、行动和效果。例如,2022年爱奇艺通过大幅裁员、强化自制内容等决策,在市场环境不利的情况下实现了企业历史上首次扭亏为盈。

广告营销之外的付费内容需求是新媒体重要的新增长点,付费网络视频需求和之前的付费电视需求相比,具有完全不同的特征。2009年前后,我国有140多个付费数字频道,但年收入只有十几亿元,平均每个频道年收入只有几百万元。[2]夹在新媒体和"免费电视"之间,付费数字电视的发展步履维艰,截至2024年3月,我国全国覆盖付费数字电视频道75个,省域内覆盖付费数字电视频道11个。[3]付费视频内容则是另一番增长格局,自2010年中国开启视频付费之路以来,市场一直保持高速增长态势。2016年底,中国有效视频付费用户规模已突破7500万,其中爱奇艺有效付费会员2016年突破3000万。2023年第二季度,爱奇艺日均订阅会员数达到1.112亿,同比增长13%。会员服务营收超49亿元,月度平均单会员收入（ARM）与环比均实现增长。[4]

（二）新媒体市场的供给原理

供给和需求构成了传媒市场的交易,对市场化新媒体机构而言,其经营管理的核心是面向市场生产商品与劳务并在与消费者的交易中实现自己的价值。新型主流媒体则有着政治导向、文化引领和公共服务等更加复杂的供给目标与经营管理行为。

各个时期都有传媒产品供给热点现象:传统电视时代的民生新闻受热捧,综艺节目火爆,央视广告"标王""通吃"市场;新媒体时代的网络直播及其带货风行、短视频主播走红,与区块链、元宇宙、ChatGPT等紧密相关。尽管新媒体供给决策涉及的技术、投资、生产过程更加复杂,但是市场供给行为的基本原理仍然是分析新媒体经营管理行为的重要理论。

---

[1]《2022年中国互联网广告数据报告》,https://baijiahao.baidu.com/s?id=1754896505084749457&wfr=spider&for=pc。

[2] 赵斐:《2003—2010中国数字付费电视频道发展研究》,山东大学博士论文,2011年,第83页。

[3] 国家广播电视总局:《付费频道名录》,https://www.nrta.gov.cn/col/col70/index.html。

[4]《爱奇艺布2023年第二季度财报 日均订阅会员数同比增长13%》,http://finance.people.com.cn/GB/n1/2023/0824/c1004-40063110.html。

1. 供给与收益

供给(supply)是指特定市场在一定时期内,与每一销售价格相对应,生产者愿意且能够供应出售的商品数量。供给决策是一种外部市场决策和内部决策的结合。收益是指企业以一定价格向市场销售商品得到的货币收入。总收益是企业销售商品价格乘以总的销售数量得到的全部收益。

生产者之所以愿意且能够供给某种产品,是因为出售产品能够让其在弥补生产付出之余,获得特定的收益。市场理论的假设条件之一就是,企业生产、出售产品的动机为获得经济收益。这种假设符合大多数市场化生产机构的现实,但显然也有许多机构生产不完全是为了经济收益。

新媒体生产主体就属于生产目标比较复杂的主体,不仅包括为获得经济收益而生产的民营专业生产机构,还包括为实现国家治理综合目标而生产的主流传媒,以及具有复杂生产目标的非营利性质的文化传媒组织、社会团体以及个人自媒体。但是,经济学首先讨论的是为实现盈利这一目标而生产的供给行为,在此基础上,也可以进一步放宽讨论条件,即可讨论各种新媒体生产行为。

2. 供给曲线与供给表

在自由化市场中,供给量与价格直接相关。一般来说,如果一种商品价格高,生产有利可图,供给量就会增加;反之,如果一种商品价格低,生产无利可图,供给量则会减少。其他条件不变时,一种商品价格上升,该商品供给量增加,价格与供给量的这种关系就称供给定理。[①]

经济学中常用供给表(见表2-2)和供给曲线(见图2-3和图2-4)形象地揭示价格与供给量的关系。供给曲线反映的是在其他条件不变时,某种商品的价格与厂商愿意出售商品数量关系的曲线。单个企业的供给量加总即得到市场供给量。

表2-2 某院线电影票的价格与供给量

价格(元)	供给量(万张)
10	1
20	3
30	6
40	9

价格之外的因素影响企业商品供给数量变动的现象,被称为供给变动。供给变动会带来供给曲线移动,即在市场每一价格水平上,供给数量都会增加或减少。

---

① N.格里高利·曼昆:《经济学原理(第6版)》(微观经济学分册),梁小民、梁砾译,北京大学出版社,2012年,第77页。

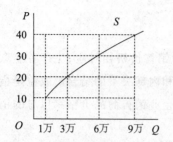

图 2-3 价格与供给量的正向关系

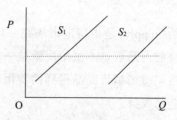

图 2-4 供给曲线及其移动

传统媒体产品生产过程中的物质属性比较强(如书刊、报纸、电影院观影服务等),这些传统媒体产品的物质资源投入与产量直接正相关,因此供给量与价格经常呈直接正相关关系;但是物质形态较弱的传媒产品销售价格与供给量则可能出现与物质形态较强产品不同的销售关系,如以数字化、网络传播为主要特征的新媒体产品在价格降低时,供给量下降得可能不那么显著。有学者认为免费的新媒体传媒产品(如短视频、微博等)的供给与用户投入时间呈正向关系。[①]用户投入时间越长的传媒产品,其生产的数量会越多,如图 2-5 所示,因此,获取用户时间通常成为新媒体供给的首要目标。

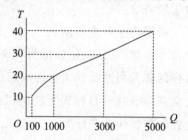

图 2-5 时间与供给量的正向关系

3. 影响供给的因素

经济学理论认为,除了价格因素外,影响供给量的因素主要有以下几种。一是技术。技术对商品生产成本影响很大,这在新媒体行业表现得非常显著;网络技术提供了海量低成本传播渠道,革命性地增加了新媒体产品供给量;数字化内容生产技术降低了传媒视听产品生产成本,增加了供给量。二是投入品价格。工资等直接投入品价格对生产成本影响很大,从而影响产品供给量;内容载体成本降低增加了内容产品供给量,从模拟信号录像带到数字信号光盘、网盘、云储存都降低了新媒体投入品价格,有利于增加供给量。三是相关物品价格。某种相关产品会影响特定商品的价格,从而影响该产品供给量。比如,电影院票价上涨会导致在线观影服务增加。四是政府政策。关税、补贴等政策会影响某种商品的供给,比如,我国纪录片和国产动漫的补贴政策就增加了此类产品供给量。五是特殊因素。各种地理条件、气候条件、市场条件都会影响商品供给,如网上消费的便利性可能影响许多商品的供给,也影响数字新媒体产品的供给。

4. 供给弹性

供给弹性是指一种商品的市场供给量对其影响因素的反应程度,其中最常见的供给弹性分析指标是供给价格弹性,它的计算方式为供给量变动的百分比除以价格变动的百分比。

---

① 刘志杰:《智媒时代的传媒经济学》,上海交通大学出版社,2021年,第40页。

和需求弹性一样,供给弹性也有大于1(富有弹性)、等于1(单位弹性)和小于1(缺乏弹性)三种情况。

"丰收悖论"是理解弹性影响收益的一个典型案例。如果某年天公作美风调雨顺,农产品产量大幅增加,很可能农民最后销售粮食得到的总收入却会下降,这是因为粮食销售价格下降,而且价格下降幅度大于它们产量增加的幅度。为什么粮食价格下降没有同比例增加粮食需求量呢?这是因为人们对食品的需求弹性比较小,即便降价人们也不会因此而大幅增加粮食消费,对于收入达到一定程度的消费者更是如此。同理,也有企业在供给产品时采用"饥饿销售"策略,人为降低供给量,制造稀缺的感觉,从而使人们愿意支付的商品价格上升,企业销售总量虽然下降,但销售总额上升。

价格歧视也是一种价格弹性的经营管理应用。价格歧视是指在提供同一种服务时,对于需求弹性不同的消费者收取不同的费用。航空公司的机票折扣就是典型的价格歧视案例。视频网站也经常对热门产品采取不同的更新时间和数量策略,并收取不同的费用,这样就能从愿意为该产品支付更高价格的消费者那里获得更高的收益。对于大制作电影来说,则通常会采用影院点映、公开放映、网络付费、网络广告、电视广告等梯级发行策略,从而充分利用价格弹性获得最大收益。

(三)新媒体市场均衡原理

市场不仅是交易的场所,还是一种调节买卖行为的交易机制。均衡是指各种力量相互作用达到一种相对平衡的状态,此时各方力量推动的运动暂时处于静止状态,此时的交易价格和数量使购买者和供应商的愿望达成一致。在市场交易中,均衡点出现在供给曲线与需求曲线的交点上,这个交点意味着暂时的均衡价格和均衡产量,市场的商品不存在短缺或过剩,这种状态也被称为市场出清。

1. 供求均衡模型

市场供给和消费的主体分别是企业和消费者,企业的行为目标是获得收益,消费者的行为目标是获得效用。在市场交易中,直接影响收益或效用的关键因素就是价格,所以市场机制也经常被称为价格竞争机制。这种供给和需求力量推动价格和产量均衡的机制可用如图2-6所示的供求平衡模型来表示。

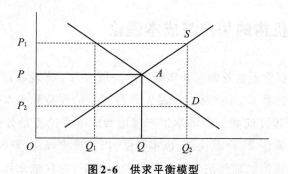

图2-6 供求平衡模型

在图 2-6 中，S 是供给曲线，D 是需求曲线，当市场产量处于供大于求的 Q_2 点时，企业往往会降价抛售产品回笼资金，同时减少新的供给，消费者需求则会增加，价格在这供需双方力量作用下将逐步降低；当市场产量处于供不应求的 Q_1 点时，企业可能会提高销售价格，消费者为了满足需求往往接受逐步提高的价格。如此反复博弈，在供求均衡点 A 上，企业和消费者可能形成均衡价格 P 和均衡产量 Q。这就是价格推动商品生产消费行为过程的基本原理。新媒体产品的供给和需求因为涉及其他社会影响、个人偏好和政府规制可能更加复杂，价格机制发挥作用的过程和影响因素更为复杂，但供求基本原理是相同的。例如，网络购物需求增长使主播带货服务供给迅猛增加，并且出现了许多个性化网购产品和主播，与此同时，也出现了因主播不当销售行为和内容表达而被"封号"的情况，但总体而言，市场需求仍然调剂乃至决定着直播带货服务供给。

2. 价格的资源分配作用

上述供求平衡模型显示了价格对供给和消费行为的调剂作用。对整个社会来说，这种价格调配形成了对商品和资源的分配作用。也就是说，社会以货币价格来分配产品和各种资源。货币越多的企业和个人能够获得越多的社会产品和资源，反之亦然。

市场经济是依靠市场供求关系，企业和消费者根据价格机制进行社会资源配置的经济模式。市场经济目前是全世界应用最为广泛的资源配置方式。计划经济则是由国家相关部门根据全社会需要和可能，以计划配额、行政命令的方式统管社会资源分配的经济模式。政府这只"看得见的手"在许多领域配置社会资源、指挥社会生产。当然，市场经济并不是像它所宣称的那样完美运行，政府干预成为世界各国分配资源的普遍模式，现实中绝大多数国家都属于通过市场和政府计划共同分配资源的混合经济。

资源配置方式对社会资源配置效率有重大影响。西方主流经济学证明，市场自发配置资源、调节经济方式能够为微观个体企业和个人带来最大的生产激励，也能带来宏观社会资源的最优配置、最大福利。但是，市场配置资源也存在显著的局限性，具体说来包括以下几点：一是对垄断性产品调节乏力；二是控制负外部性产品不力、供给正外部性产品不足；三是无法解决分配不公的问题；四是周期性强、经济波动大。党的二十大报告强调，充分发挥市场在资源配置中的决定性作用，更好发挥政府作用。在社会影响重大的新媒体市场，我们更要注重发挥市场和政府的作用。

三、新媒体机构的生产与成本理论

经营管理在很大程度上就是制定和实施生产决策。为了实现收益最大化、成本最小化，企业应该投入多少生产要素、生产多少产品？各种产量的收益和成本有什么规律？这些都是经营管理决策的原理性问题。经济学生产理论和成本理论正是分析这些问题的基本工具，涉及产量特征、要素组合、产量决策、成本特征，以及规模经济、范围经济、网络经济等概念和理论。在辨析并适当处理经济学基本假设的前提下，这些概念和理论绝大部分可以审慎地应用于新媒体生产经营管理决策,从而让人们更加深刻地理解新媒体经营管理的经济特征。这些概念和理论也是人们理解市场经济理论内在逻辑的基础。

(一)新媒体生产理论

1. 生产与生产要素

生产就是企业将生产要素投入生产转换为产出(商品或服务)的过程。新媒体投入产出的过程与传统行业生产差异很大。在媒体深度融合发展的背景下,新媒体机构不但生产信息内容和广告,而且介入物质属性商品与服务的程度大大加深,如电商服务、大数据生产、物联网生产等。

经济学理论通常分析的在生产过程中投入的重要生产要素包括以下几种:一是劳动,即人们在生产过程中所耗费的体力和脑力;二是土地,即用于生产的自然土地以及地上、地下的自然资源;三是资本,即用于投入生产过程的货币、各种投入品;四是企业家,即以自己的创新力、洞察力和统领力,发现和消除市场的不平衡性,创造交易机会和效用,为生产过程提出方向,使生产要素组织化的人。新媒体生产协作过程和使用的生产要素比传统媒体复杂得多,但生产要素仍然是分析其生产的有效概念。

企业家是刺激和发动其他一切事情的中枢,也是创新和创造性毁灭的发动者和实施者。没有企业家和企业家精神的人类经济就好比没有主角的舞台剧,不仅平淡乏味,甚至根本不可能上演。[1]新媒体用户人数为数亿乃至数十亿,用户通常不是被动的消费者,而是以不同的形式参与信息内容和大数据共创的生产者。这个生产过程的经营管理的确对创新创造提出了极高、极复杂的要求。

新媒体生产所需的各种生产要素和资源要从社会交换中获取,大致可分为有形资源、无形资源等。新媒体生产已经进入注意力极度稀缺的阶段。注意力是指人们了解、关注、处置特定事件、物品、信息的集中意向。传媒经济经常被称为"注意力经济",注意力成为生产的目标、交易的筹码,也出现了更典型的"赢家通吃"、炒作控制等现象。

2. 生产函数与产量曲线

为什么平台型新媒体颠覆了传统媒体生态?某种程度上说,这是因为其投入产出流程和规律的根本改变。生产函数是指在既定工程技术知识水平条件下,给定投入之后所能够得到的最大产出[2],它反映了在既定生产技术条件下,投入和产出之间的数量关系。生产函数的数学表达形式是 $Q=f(X_1,X_2,X_3,\cdots X_n)$。经济学分析中最常用的重要生产要素是劳动和资本,因此最常用的生产函数通常表达为 $Q=f(L,K)$,或者表达为 $Q=aL+bK$,其中 Q 代

---

[1] 《没有企业家精神的人类经济,就好像是没有主角的舞台剧》,https://mp.weixin.qq.com/s/xcPcpHbcAYyG1NZDaxFFcQ。

[2] 保罗·萨缪尔森、威廉·诺德豪斯:《经济学(第18版)》,萧琛主译,人民邮电出版社,2008年,第95页。

表产量，L代表劳动，K代表资本，a、b指相应系数。平台型新媒体机构往往投入巨额资本打造功能强大的技术平台，但是平台上的内容生产和劳动投入者是海量用户，平台可以从用户投入劳动生产过程中获利。这就从根本上改变了新媒体机构投入资本和劳动生产内容的生产函数及其收益分配方式，或者说已经形成了更加复杂的新媒体生产函数，需要拥有不同生产要素的新媒体机构进行对自己有利的分工定位，在全社会协作生产中获得自己的存在价值和发展空间，这显然对新媒体机构经营管理决策提出了更加复杂的要求。

生产函数通常还分为短期生产函数和长期生产函数，这对企业经营管理短期或长期决策具有重要启示。短期生产函数，指生产既定产品、技术条件不变、固定投入，反映一种可变投入与可能生产该产品最大产量关系的生产函数。长期生产函数，指在生产既定产品、技术条件不变，考察时间足够长时，两种或两种以上要素投入可以变动的情况下，反映生产要素与产量关系的生产函数。

产量即企业投入生产要素生产出物品的数量。从企业的生产函数出发，我们需要分析三个重要的产量概念：总产量（TP）、平均产量（AP）和边际产量（MP）。总产量表示生产出来的用实物单位衡量的产出总量。平均产量则是总产量除以总投入的单位数。边际产量是在其他投入保持不变的情况下，新增一单位的投入而多出来的产量或产出。这三个产量概念可用于衡量不同的生产经营指标。生产决策要么追求总产量最大化，要么追求平均产量最大化。相对而言，具有宣传职能的主流媒体通常比较重视总产量，其宣传必须覆盖全体受众——包括没有支付意愿和能力的受众——并达到足够大的内容规模，这样才能有效；各种产权的商业媒体一般则更重视平均产量和相应的要素投入回报率。当然，在规模效应突出的新媒体行业，行业领先企业对总产量往往十分重视。

投入生产要素与产量的关系通常用产量表和产出曲线来体现。如，某短视频内容制作机构投入劳动要素生产短视频内容的产量表如表2-3所示。

表2-3 某短视频生产投入及其产出

劳动投入量（人）	劳动总产量（条）
0	0
1	2
2	5
3	8
4	12
5	16
6	16
7	15
8	13

根据表2-3，我们很容易计算其平均产量和边际产量，从而决定生产要素是否符合企业生产目标，是否要增加或减少要素投入。根据产量表，我们可以理解经济学中非常重要的一

个规律——边际收益递减规律[①],即在其他投入不变时,随着某一投入量的增加,新增加的产出越来越少。换言之,在其他投入不变时,随着某一投入量的增加,其每一单位投入的边际产量会下降。边际收益递减规律是启发人们理解生产规律从而优化生产要素投入的重要理论。

但是,新媒体内容生产、信息集成和传播分发这几个生产过程的产出规律表现形式差异很大,所以从事内容、平台等不同业务的新媒体需要细致分析产出规律进行生产决策。平台型新媒体机构的生产函数往往处于边际收益递增区间,扩大产量的空间巨大;内容型新媒体机构在生产过程中边际收益递减区间往往来得比较快,所以需要谨慎决策内容生产数量及其要素投入数量。

根据产量表,我们可以把要素投入和产量的对应数据在坐标上构成的点连成曲线,也就得到了产量曲线(见图2-7),包括总产量曲线、边际产量曲线和平均产量曲线,从而可以直观地分析产出规律并进行生产投入决策。

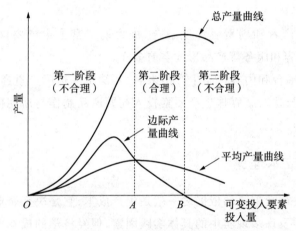

图2-7 某企业产量曲线及其要素投入阶段

企业产量曲线显示,随着可变要素投入增加,产量会经历三个阶段:第一阶段是平均产量增长的阶段,总产量增加比较快;第二阶段是平均产量开始下降至边际产量等于零的阶段,此时总产量还在缓慢增加;第三阶段是边际产量小于零的阶段,总产量开始下降。追求利益最大化的企业,一般选择在第二阶段进行生产,因为这个阶段初期平均产量最大,末期总产量最大,投入的生产要素能够获得最大产出。第三阶段显然最不合理,投入增加,产出却在减少。第一阶段因为没有充分挖掘平均产量或总产量潜能,也是不符合收益最大化目标的不合理投入阶段。

3. 生产要素最优组合

企业生产过程需要投入多种生产要素,各种生产要素如劳动和资本在一定程度上可以互相替代。在维持产量水平不变的条件下,某种生产要素增加一单位投入量与另一种要素

[①] 保罗·萨缪尔森、威廉·诺德豪斯:《经济学(第18版)》,萧琛主译,人民邮电出版社,2008年,第95页。

的投入可以减少的数量之比,被称为边际技术替代率。在两种生产要素互相替代的过程中,在维持产量不变的前提下,当一种生产要素的投入量不断增加时,每一单位这种生产要素所能替代的另一种生产要素数量递减,这一现象被称为边际技术替代率递减。既定成本条件下产量最大化,或者既定产量条件下成本最小化,或者生产要素边际替代率等于生产要素价格比时,生产要素组合达到最优。

4. 新媒体生产特征

新媒体生产也符合生产理论的规律,但是其表现与传统物质属性较强的新媒体生产差异也很大。从生产要素投入的角度看,新媒体生产具有以下特征。

首先,新媒体产品类型相较于传统媒体得到了极大拓展,资源要素类型多样,尤其是对创新资源、企业家资源需求量大。随着人工智能技术的发展,新媒体行业技术和资本对劳动乃至创意的替代能力会逐步增强,这也是理解并重塑新媒体机构生产特征和竞争优势的一个重要因素。

其次,新媒体生产者和消费者深度融合,极大地丰富了生产要素的组合方式,PGC、UGC、AIGC、垂类内容和服务等产品形式空前多样。

最后,当新媒体平台和内容产品生产出来后,其消费端边际产量递增空间很大,几乎可以供无数消费者使用,这对新媒体生产要素投入初始产品制作与后期传播营销的投入决策有重要启示。

(二)新媒体成本理论

企业经营管理决策最重要的依据之一就是生产成本,它是决定企业利润获取的直接因素。成本管理当然涉及许多现实中的具体实践因素,但经济学的成本理论对于人们理解生产的基本成本特征和盈利空间有重大意义。成本特征还会影响企业的投入选择和投资决定,甚至决定企业是否继续保持某项业务。对于成本结构特征比较特殊的新媒体而言,其成本分析与管理对生产决策尤其重要。

数字新媒体的复制边际成本近乎为零,这是新媒体的根本生产特征之一。新媒体具有巨大的市场主体低成本连接能力,从而形成新型社会生产协作系统,对新媒体自身经营以及整个社会经济体系影响重大。

1. 成本与成本构成

成本,在经济分析中是指为生产、销售产品而支付的费用。为了准确深入地理解企业生产成本,经济理论还区分了一组成本概念,即会计成本、机会成本、隐性成本、企业成本、社会成本、沉淀成本。会计成本,指的是企业为生产、销售产品,按市场价格直接支付的一切费用,它在企业会计账目上反映的是企业支付货币的记录。机会成本,指的是由于使用某一投入要素进行某一产品的生产、销售,而必须放弃这一要素用于其他项目所带来的收益。机会成本也是企业经营管理决策必须考虑的因素。隐性成本,指的是企业本身所拥有的生产要素被用于该企业生产过程,但是其价格费用没有计入企业成本中的潜在费用。企业成本,是指从生产企业的角度考虑的成本,是企业按市场价格支付的一切成本费用。社会成本,是指社会为企业的某种资源配置和使用所付出的代价。沉淀成本,是指企业已经发生且无法收回的费用。

新媒体数字内容产品的成本结构与传统物质属性较强的传媒产品成本结构差异很大,深入分析其成本构成,对于人们理解生产过程和制定经营管理决策有重要意义。总固定成本(TFC)是指在一定产量范围内,不随产量变动而变化的成本之和,如固定设备、高管人员等。总可变成本(TVC)是指随着产量变动而变动的各种成本之和,也就是总固定成本之外的成本之和,如原材料、部分劳动工资等。总成本(TC)是总固定成本与总可变成本之和。平均固定成本(AFC)、平均可变成本(AVC)、平均总成本(AC)分别指单位产出所耗费的固定成本、可变成本、成本。短期边际成本(SMC)是指在短期生产函数中,每增加一个单位产量所增加的总成本。

新媒体内容产品与平台服务的成本构成差异很大,需要在经营中根据成本特征和潜在收益谨慎决策。例如,新媒体机构是要投资建设聚合用户的传播平台,还是用其他大型平台的账号来传播内容并开展服务?各种企事业单位是否要自行开设自媒体账号进行公关营销?一般来说,开设一个自媒体账号或者App,投入固定成本并不高;搭建用户聚合的传播平台固定成本则高得多。新媒体机构投资建设这种平台是否有持续聚合大量用户并获利的潜力呢?现实中许多地方主流媒体经常纠结这个决策及运营问题。对企事业单位的公关部门而言,开设账号的固定成本可谓极低,持续生产高质量内容的可变成本相对而言并不低,但潜在收益充满不确定性,所以无效新媒体账号通常成为经营管理决策中的"鸡肋"。总之,每个新媒体机构都要根据自己的成本和收益可能性进行缜密决策。

2. 成本函数与成本曲线

企业经营管理只有把成本支出和带来收益的产量结合起来分析才能做出最优投入决策,成本函数理论能够启发企业进行相关分析。

成本函数是指在生产技术条件和生产价格既定的情况下,反映成本与产量之间依存关系的函数。在短期内,技术水平、要素的价格以及大部分要素的投入量是不能改变的,只有个别要素的投入量可以改变,这时的成本函数称为短期成本函数。在长期内,技术水平和各种投入要素及要素价格都可以变动,这时的成本函数称为长期成本函数。生产的短期、长期成本理论对新媒体经营管理的生产要素投入决策,如劳动用工数量及其工作时间的投入,设备投入以及项目的长远规划都有重要启示。合理分析新媒体成本变化特征和收益发展空间,才能获得长期的收益,提高经营管理的效率。

生产成本与产量的关系可以通过成本表和成本曲线来表示。某企业生产的短期总成本、平均成本与边际成本如表2-4所示。

表 2-4　某企业生产的短期总成本、平均成本与边际成本　　　　　　　　（单位:元）

产量	总固定成本	总可变成本	总成本	平均固定成本	平均可变成本	平均总成本	边际成本
0	1200	0	1200	—	—	—	0
1	1200	600	1800	1200	600	1800	600
2	1200	800	2000	600	400	1000	200
3	1200	900	2100	400	300	700	100
4	1200	1050	2250	300	262.5	562.5	150
5	1200	1400	2600	240	280	520	350
6	1200	2100	3300	200	350	550	700
…	…	…	…	…	…	…	…

企业的产量与成本组合,可以在坐标中描绘为成本曲线,通常如图 2-8 所示。

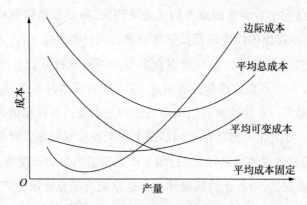

图 2-8　企业短期生产成本曲线

随着产量的增加,平均总成本会较快地下降,直至产量高到一定程度才上升,平均固定成本则是持续下降,短期边际成本也是先降后升,所以企业都希望扩大产量。短期边际成本总是和平均可变成本的最低点相交,也就说,只要市场价格高于平均总成本,企业生产就有利可图;当市场价格高于平均可变成本时,生产仍然可回收部分固定成本;当市场价格等于或低于平均可变成本时,企业继续生产则无利可图,从短期来考虑则会停产。

长期总成本曲线是指企业在生产要素均可变动的一段较长的时期中,以各种产量进行生产时的最低总成本点的轨迹集合。长期边际成本是指在一段较长的时期内,增加单位产量所增加的总成本。从长期来看,所有投入都能调整,所有成本都是可变成本,而没有固定成本。这些概念和理论能够帮助企业做出是否扩大固定投入的经营管理决策。

3. 规模经济与范围经济

数字新媒体增加产量的复制成本近乎为零,所以新媒体机构都竭力用优惠的价格乃至免费、补贴来扩大生产规模和市场份额。显然,低于成本的生产在短期内是亏本的,现实中只有资本雄厚的新媒体才能度过这种"烧钱"期,当用户增长到足够大的规模、平均成本足够低时才能进入盈利期。

规模经济是指从事单一产品生产或分配的企业,由于规模的扩大而实现的生产成本或分配成本的降低。新媒体生产传播过程中增加消费者使用产品的边际成本几乎为零,所以具有极强的规模经济特征。制作过程规模效益不显著,原因在于每个内容产品通常都是个性化创意生产的结果。尽管新媒体采用工业化流程能够适当降低制作成本,但并不能真正像工业化生产那样制作完全相同的产品。下文即将介绍的案例中奈飞的经营决策行为,就是期望提高传播消费过程规模效应的尝试。范围经济指的是一个企业同时生产多种关联产品的单位成本支出小于分别生产这些产品的成本。新媒体产品有很强的范围经济属性,因为特定的数字媒体内容素材可以通过不同的加工方式制作成图文、音频、视频等相关产品,在不同渠道进行传播销售。当下各界热议的媒介融合就是这种扩大范围经济的生产行为。学习效应也是影响成本的经济特征之一,它是指在生产过程中企业员工和经理在设计、工艺、管理等方面积累的经验,能够带来长期成本下降。

新媒体的成本结构特征及在其基础上形成的规模效益、范围经济等经济特征,在一定程度上决定了不同类型新媒体机构的盈利和发展空间。平台型新媒体企业在技术上能够达到较大规模,一般来说,只有少数大型平台企业才能生存;中小型企业只有开发出与大型平台差异化的服务才有可能获得一定的用户规模与生存发展空间。新媒体内容市场能够容纳的企业会更多,这是因为用户有多样化内容需求。与此同时,多样化需求也可能导致只有少数内容型新媒体机构可能达到很大规模。在市场需求总量下降时期,内容型新媒体机构可能需要减少内容制作数量以降低初始制作成本,同时争取扩大所生产内容的复制消费规模。

【案例2-1】

奈飞重组电影部门,减产提质

北京时间2023年3月31日,美国视频流媒体巨头奈飞(Netflix)表示正重组其电影部门,将减少电影产量。奈飞将合并制作中、小影片的部门,这一变化将导致少数人被裁,其中有两名高管会离开。奈飞近期发布的原创电影比好莱坞任何公司都多,每年制作项目超50个。但电影主管正试图减产,把精力和资源放在提高影视质量上。①

奈飞已有多部影片摘得奥斯卡桂冠,比如2023年获奥斯卡最佳国际影片奖的《西线无战事》。奈飞也有一些像《利刃出鞘2:玻璃洋葱》这种能吸引数千万人观看的电影。但更多的电影上线后没什么水花,收益不高。

此前,随着其他电影公司纷纷推出自家流媒体服务,奈飞能拿到的优质版权越来越少,奈飞负责人意识到了自产内容的重要性,所以增加了电影产量。为此,

---

① 新浪财经:《奈飞宣布将重组电影部门 目标是减产提质》,https://baijiahao.baidu.com/s?id=1761848887343219482&wfr=spider&for=pc。

该公司增加人手,设立多个部门,负责不同成本档位的电影:小成本(不高于3000万美元)、中等成本(3000万到8000万美元)、大制作(8000万美元以上)分别由三个部门负责。这些部门以相对自主的方式运作,这和奈飞分散决策的文化是一致的,高管一般有权在不与上级协商的情况下批准电影项目。

4. 新媒体生产收益和利润

市场化生产经营的最终目标是获得收益和利润,因此新媒体企业生产经营也离不开分析收益和利润。

收益是指企业销售产品所获得的货币收入。经济分析中区分了总收益、平均收益和边际收益三个概念。总收益(TR)是指企业出售一定数量产品后所得到的全部收入,它等于产品单价乘以销售数量。平均收益(AR)是指企业销售每单位产品所得到的平均收入,它等于总收益除以总产销量,也就是单位产品的市场价格。边际收益(MR)是指每增加或减少一单位的销售量所引起的总收益的变动。

利润是企业生产总收益和总成本的差额。企业在既定市场条件下,追求的是生产要素组合最优、成本最小、利润最大。微观企业生产效率高、收益有保障,宏观经济效率才有基础保障。会计利润是企业总的收益减去所有显性成本或会计成本之后的余额。如,芒果TV在其"独播战略"初期,盈利能力可能与隐性成本(湖南卫视节目通过内部模拟市场机制交由网络平台播出可能低估成本)有关,可能具有阶段性交叉补贴扶持性质。经济利润(超额利润)就是用会计利润减去正常利润。经济利润经常来自垄断、创新等因素。新媒体行业一方面竞争激烈,另一方面也常有媒体能够通过竞争优势获得经济利润。

利润动机总体比较符合企业行为假设,企业面向市场竞争的经营管理是理性、合法且充满创新创造力的寻利行为。市场机制正是以利润为动机、以价格为导向,最大限度地激励个体和企业高效生产,推动资源在全社会的高效配置,从而提高全社会的生产效率和福利水平,这就是市场交易的深层意义所在。

当然,新媒体机构在经营决策中的公益动机和社会责任比一般行业更重要,对主流媒体(无论是事业性质还是企业性质)而言尤其如此,"社会效益和经济效益统一,社会效益优先"是主流媒体的经营管理追求。

当今新媒体技术日新月异,新媒体市场的生产、成本和利润也因此发生了重大变化,从而形成新媒体市场格局的颠覆性变化。在新媒体传播领域,少数平台型媒体已经形成寡头垄断甚至接近完全垄断格局,曾经在一定范围内同时垄断渠道和内容的专业大众传媒机构的市场地位受到严重挑战,被迫寻找自身生存发展的"新赛道";在内容制作领域,制作成本、传播成本急剧降低而催生的海量自媒体严重冲击着以往专业媒体机构垄断生产内容的格局;在广告营销领域,曾经依附于优质内容的广告营销以"原生广告"的形态获得独立地位,程序化广告模式对技术要素的高要求使得曾经以内容创意为主业的媒体机构几乎完全失去了营销竞争优势,复杂多样的垂类营销业务也大大超越了传统媒体的业务范围。此外,AI

技术的渗透普及将加速改变当前的新媒体传播渠道、内容制作和广告营销的生产成本特征,对专业传媒机构和自媒体机构的生产要素投入分配等经营管理决策提出了更加复杂的新要求,同时也带来了更多的发展新机遇。

关键词

市场;需求;需求函数;需求弹性;边际效用递减;供给;供给函数;供给弹性;市场均衡;生产函数;生产要素;生产区间;边际收益递减;成本函数;短期成本;长期成本;边际成本;规模效应;范围经济;网络效应。

复习思考题

1. 结合个人媒介使用习惯,运用本章的理论工具分析使用最多的新媒体产品(如电子书、网络音乐、短视频、电子游戏等)市场需求和供给特征。

2. 当下新媒体企业需要哪些特殊的、稀缺的生产要素?尝试将各种生产要素按重要性进行排序。

3. 如何衡量一家新媒体内容制作公司面临的市场需求?

4. 如何根据市场交易原理,解释许多主流新媒体机构面临的盈利能力下降现象?如何理解主流新媒体的发展目标与发展空间?

第三章 市场失灵与新媒体规制

◆ **学习目标**

1. 理解新媒体产品的公共物品和私人物品属性；
2. 了解新媒体规制的目标、措施和变革。

◆ **案例导入**

我国娱乐媒体界的"饭圈"乱象整治

2021年6月15日起，中央网信办在全国范围内开展为期两个月的"清朗·'饭圈'乱象整治"专项行动。同年8月，中央网信办秘书局发布《关于进一步加强"饭圈"乱象治理的通知》，针对"饭圈"相关的网络节目设置、粉丝网络互动、粉丝消费、经纪公司引导和网络平台监管等行为采取了系列治理措施。

专项行动围绕明星榜单、热门话题、粉丝社群、互动评论等重点环节，全面清理"饭圈"粉丝互撕谩骂、拉踩引战、挑动对立、侮辱诽谤、造谣攻击、恶意营销等各类有害信息，重点打击以下五类"饭圈"乱象行为：一是诱导未成年人应援集资、高额消费、投票打榜等行为；二是"饭圈"粉丝互撕谩骂、拉踩引战、造谣攻击、人肉搜索、侵犯隐私等行为；三是鼓动"饭圈"粉丝攀比炫富、奢靡享乐等行为；四是以号召粉丝、雇用网络水军、"养号"形式刷量控评等行为；五是通过"蹭热点"、制造话题等形式干扰舆论，影响传播秩序行为。专项行动在不到两个月的时间内取得了显著的阶段性成果，累计清理负面有害信息15万余条，处置违规账号4000余个，关闭问题群组1300余个等。《关于进一步加强"饭圈"乱象治理的通知》则为进一步加大治理力度，压紧压实网站平台主体责任，部署了十大工作措施：取消明星艺人榜单；优化调整排行规则；严管明星经纪公司；规范粉丝群体账号；严禁呈现互撕信息；清理违规群组版块；不得诱导粉丝消费；强化节目设置管理；严控未成年人参与；规范应援集资行为。

政府职能部门启动"饭圈"整治是在粉丝"打榜倒奶"事件发生之后。当时，粉丝为了给网络综艺节目中喜欢的明星打榜投票，在购买与节目联名的品牌饮料后,雇人将27万瓶牛奶倒入沟渠。此举引发广泛关注,社会各界纷纷谴责这种浪费行为。①

从传统的印刷业到当今各种形态的新媒体,传媒产业一直借助市场获得投资和发展,也推动了全社会各种事业的发展;与此同时,传媒产业也出现了一些市场自身无法解决的问题,给社会带来了一些不良影响,如劣质内容过度供给、优质内容供给不足,媒体商业利益至上、公共利益受损等,因此传媒产业一直不同程度地受到国家规制调控。

这一方面说明市场经济有其强大的生产激励能力和资源配置效率,市场理论有其深刻的合理性;另一方面说明市场也有显著的局限性,存在市场失灵现象,人类各个历史时期都在探索有效的市场规制调控方法。传媒规制和其他产业有着同样的规制思路,即追求传媒产业发展和经济效率的提高,但同时它也追求与国家主流价值观一致的理念传播、社会思潮引领和文化身份认同,有着比一般产业更加复杂的规制目标和措施。

在前文介绍理想化的市场交易原理及其效率逻辑之后,本章将进一步介绍市场失灵的理论、真实的市场竞争格局以及政府规制相关理论,这样才能科学辩证地理解市场经济原理,才能全面系统地理解新媒体经营管理的市场竞争与协作和公共规制政策环境。

一、新媒体产品经济特征与市场失灵

现实中,市场经济展现了充分的生产活力和资源配置效率,促进了经济发展;理论上,西方主流经济学理论在严谨的完全竞争假设条件下对市场原理近乎完美的逻辑进行了充分论证。亚当·斯密开创的市场经济理论认为竞争性市场经济在完全竞争和不存在市场失灵的情况下,会促使市场用其资源尽可能多地生产有用的物品与劳务。

但是,经济学理论学者也认识到"市场失灵(market failure)经常破坏我们在讨论效率市场时所假想的那种抒情诗般的意境"②。新古典综合派的代表人物萨缪尔森和诺德豪斯指出,"在经历了两个多世纪的实践和思考之后,我们逐渐认识到这一学说的适用范围和现实的局限性。我们发现存在着市场失灵,并且市场也并不总是产生最有效率的结果。市场失灵的一种表现是垄断以及其他形式的不完全竞争。市场失灵的另一种表现是市场的外溢效应或外部性。其中,正面的外部性包括科学发现等,而负面的外部性包括环境污染等。对市场的最后一种指责是:其收入分配的后果在政治上或道义上是无法接受的。如果这些市场失灵情况中出现任何一种的话,亚当·斯密'看不见的手'的原理就会崩溃,政府就会试图干预,以弥补'看不见的手'的不足"③。

---

① 《中央网信办启动"清朗·'饭圈'乱象整治"专项行动》,https://www.cac.gov.cn/2021-06/08/c_1624735580427196.htm;《"打榜倒奶"事件惹众怒 国家网信办出手整治"饭圈"乱象》,http://k.sina.com.cn/article_3164957712_bca56c1002001ll9i.html。
② 保罗·萨缪尔森、威廉·诺德豪斯:《经济学(第18版)》,萧琛主译,人民邮电出版社,2008年,第141页。
③ 保罗·萨缪尔森、威廉·诺德豪斯:《经济学(第18版)》,萧琛主译,人民邮电出版社,2008年,第25页。

概而言之,市场失灵是指市场垄断、不完全信息、公共物品和外部性等因素导致市场机制在某些领域资源配置无效或低效,无法实现资源配置帕累托最优的情况。新媒体产品或市场具有外部性强、公共物品属性、垄断显著、信息不对称等经济特征,所以会产生新媒体市场失灵现象。

(一)新媒体产品外部性强

一个人的行为对其他人的福利产生影响,但是他既不用付出相应成本也得不到相应报酬,这种影响被称为外部性。有利、不利的外部性分别被称为正外部性、负外部性,或者分别被称为外部经济、外部不经济。市场交易之外的不付费主体福利受交易影响,不充分付费也能享受交易的好处即正外部性,没有得到补偿却要承担交易的损失即负外部性。享受正外部性的行为通常被称为"搭便车"——不支付成本但享受某种特定产品或服务。市场中具有正外部性的产品通常会出现供给不足的情况,因为生产者无法获得正外部性的收益,无法充分弥补生产支出;同理,具有负外部性的产品通常会过度供给,进而给他人和社会整体带来过多的负外部性,影响他人福利和社会整体福利。

新媒体产品恰恰就是外部性很强的产品,如新媒体新闻产品对社会的影响远远不只是付费新闻产品的价格或广告价格,歪曲事实、导向错误的新闻产品的传播会严重损害新闻当事人、同类人群乃至社会整体利益;事实准确、导向正确的新闻产品的传播也能够帮助人们认清事实,做出合理判断和行为,对相关群体和社会整体发挥积极正面的作用。新媒体文化产品也会对人们的文化价值认同和行为导向产生持续而深远的影响。新媒体互动产品还将直接影响人们的现实社会行动,产生超过相应新媒体消费交易的社会影响,形成强大的外部性。新媒体平台凭借强大的连接能力,已经成为整个社会运行的基础设施,直接影响着整个社会及其个体的行为和利益。对于外部性很强的产品而言,如果任由市场自由生产消费交易,就可能导致劣质新媒体内容的泛滥供给,使得劣币驱逐良币,优质新媒体内容供给不足,社会整体利益受到负面影响。

(二)新媒体产品有公共物品属性

经济学理论中,公共物品是指将效用扩展到他人的边际成本为零,无法排除他人参与享受(或排除成本太高)的一类物品。公共物品不具有排他性或竞争性。排他性是指可以便利地(用合理成本)阻止未付费者使用物品的性质;非排他性即很难(成本很高)阻止未付费者使用物品的性质。竞争性是指一个人对某种物品的使用会减少其他人对此物品使用机会的性质。

以上一组概念虽然表达略显拗口,读起来不像大众媒体内容那么轻松流畅,但是对于我们理解新媒体产品生产交易特征有重要启示。传统无线电视通常被当作一种典型的公共物品,因为发射范围内多一个人收听或收看内容并不用增加成本,如果有人不付费就收听或收看,也很难被发现。新媒体产品也因其外部性、非竞争性、近乎为零的边际成本等特征而具有复杂的公共物品特征。

对于公共物品属性强的产品而言,其价值不能在市场交易中得到完全体现,所以如果完全以市场机制配置资源进行生产,就会出现产品供给不足的情况。为了保障社会所需的公共物品供应,必须通过公共财政或其他公益资源进行补充供给。[①]

私人物品则是指将效用扩展到他人存在一定的边际成本,且可以较便利地排除没有付费者的一类物品。私人物品具有排他性、竞争性。私人物品通过市场交易配置资源、私人机构生产、市场交换供给的方式具有内在经济效率,能够激励足够的生产供给和消费。传媒技术的发展持续改变着传媒产品的公共物品或私人物品属性,从而改变着传媒产品的付费方式与发展模式。有线电视可以明确区分安装付费与否,安装时也需要支付一定的设备材料费用,因此排他性和竞争性大大高于传统无线电视,因此有线电视可以采用付费观看模式。数字网络视频还可以进一步通过账号密码设置来区分付费与否,具有排他性,因此供应商可以采取付费或免费方式为用户提供网络视频内容。

传媒产品通常因其非竞争性和强外部性,具有很强的公共物品属性,但有时也因排他性和相对较弱的外部性而具有较强的私人物品属性。这些属性有的体现在传播技术方面,有的体现在收益主体方面。它们以不同的方式影响着市场失灵的程度,也影响着媒体生产机构的经营管理决策和政府规制。

(三)新媒体市场垄断势力显著

许多新媒体产品具有很强的规模经济与范围经济效应,因此容易形成垄断势力,降低市场交易效率,使得市场失灵。我国一些互联网平台,如腾讯、微信、天猫、淘宝等也多次遭受反垄断诉讼。不论是国内还是国外,对互联网平台进行反垄断规制都是一大趋势。

竞争与垄断决定谁将控制市场并获得丰厚的财富,这也是经济学研究的核心。[②]市场具有经济效率的条件是市场充分竞争,反之,垄断市场会降低市场的经济效率。如果市场上出现了垄断势力,具有垄断势力的企业会利用这种势力对资源配置产生不利影响,人为地减少产量并提高价格,使社会福利遭受损失。垄断可以由技术和成本因素导致,也可能由不当竞争、控制价格等市场交易的垄断行为导致。

在传媒商品市场上,垄断势力也会加剧新闻信息供给与需求之间的矛盾。一方面,对于公众需求的优质信息,垄断者缺乏动力去改进或提升,因为优质信息虽然会有更多的需求,但也需要更高的成本,在缺乏竞争者的前提下,企业没有动力去改变现状,依然会按照自己的方式来生产;另一方面,人们对于新闻信息的需求并不是事先确定的,许多信息需求是需要引导的,在此情况下,垄断地位常常会使传媒生产者忽略受众的需求,陷于以供给为中心的经营理念无法自拔,占据大量优质资源而无法实现最优效率。[③]

[①] 易旭明:《中国电视体制的起源与转型》,《上海交通大学学报(哲学社会科学版)》,2013年第4期,第80-87、95页。

[②] 威廉·G.谢泼德、乔安娜·M.谢泼德:《产业组织经济学(第五版)》,张志奇、陈叶盛、崔书锋译,中国人民大学出版社,2007年,第1页。

[③] 刘志杰:《智媒时代的传媒经济学》,上海交通大学出版社,2021年,第230-231页。

新媒体垄断企业通过算法、大数据绘制消费者画像,设置热点话题等。在人工智能设置的命题和定制要求下,传媒生产从引领社会价值转向迎合用户需求,价值属性淡化后的传媒商品变成了快消品,弱化了传媒产业的意识形态属性,这需要引起全社会的高度警惕。垄断平台企业通过技术垄断进行文化垄断,而且垄断平台企业还可以不断收购与合并,削弱市场竞争活力,加剧内容的商业性与功利性。

有线电视、网络传输等新媒体基础设施目前还属于自然垄断产业,其主要业务具有规模经济效益,需要大规模固定资本投资,边际成本不断下降,具有网络效应。从技术上而言,电信、电力、铁路运输、航空、邮政等垄断性产业必须借助有形(物理)的或无形的网络系统,将产品或服务从生产领域转移到消费领域,最终实现消费。这些产业通常被称为网络产业。网络建成并投入使用后,对生产者而言,规模经济显著;而对需求者来说,使用者越多,所分摊的成本价格越低,同时使用者之间的联系就越方便,因此是需求方规模经济。[1]自然垄断产业通常需要通过政府规制来调控其经营行为,保障消费者利益。

(四)新媒体市场存在信息不对称

信息不对称指买者和卖者对交易产品了解的信息不对称,这影响其产品定价和交易行为。传媒产品通常是体验性产品,即使用之后才能评价产品带来的效用,消费者付费消费后才能判断是否值得购买,这也是一种信息不对称现象。

在解决信息不对称问题时,经济学家提出了信号机制与声誉机制。如果传媒生产商认为自己生产的信息是真实可信的,其中关键的信息就应当是可以核实的,并且对新闻的真实性做出承诺,使受众相信如果其中有错误,传媒企业将为此付出巨大代价。因为在智能媒体时代,信息生产变得格外容易,坚持真实公正的底线在泛滥成灾的信息海洋中尤为珍贵,提供什么样的信息,如何提供给受众可以信赖的精准信息比大量生产信息让受众自己去选择更重要。和信号机制有着类似作用的是声誉机制,任何一个新闻信息生产者都不可能只进行"一锤子买卖",都会有自己的预期。传媒企业需要建立自己的声誉,这种声誉是获得受众持续关注的基石,其激励着传媒企业不断约束自己,提供受众需要的信息。

人们在利用信息技术解决信息不对称的问题中摸索出了算法推荐机制,即根据用户以往阅读的信息来判断该用户喜欢什么类型的信息,并尝试向其推荐同类信息,通过不断的推送与点击行为指标来勾勒用户画像,从而提供精准的信息服务。但是,这种做法也会导致信息"营养不良",因为人们不能只需要某类或某几类信息,试图通过贴标签的方式给人们推送偏好式新闻并不能完全满足人们的需求。有些低劣的信息,一旦点击(即使是误点)就会被机器判断为喜欢。这种推送机制不仅会让低劣信息产品大行其道,还会严重损害受众及社会健康。[2]算法规制已经成为新媒体时代克服市场失灵最重要的议题之一。

---

[1] 王俊豪等:《中国垄断性产业结构重组分类管制与协调政策》,商务印书馆,2005年。
[2] 刘志杰:《智媒时代的传媒经济学》,上海交通大学出版社,2021年,第234页。

二、新媒体市场结构与竞争格局

市场经济能够在理论上实现社会资源最优配置和福利最大化的基本假设条件之一就是市场充分竞争。然而,现实市场大多数都不是完全竞争,而是呈现不同的市场结构和竞争格局。各种垄断都属于损害社会福利的市场失灵现象,因为垄断企业与竞争市场企业相比,供给产品价格更高、产量更小,这会导致消费者福利和社会福利净损失;垄断企业为了寻求垄断租金也会损耗社会资源,形成社会损失。当然,有时垄断也可能会产生一些补偿性效率,例如垄断企业为了获得垄断地位可能会有更大力度的研发创新。[1]

新媒体市场结构和竞争格局空前复杂,既有平台型媒体典型的寡头垄断甚至近乎完全垄断,也有海量自媒体生产近乎完全竞争的内容竞争,还有其他不同程度的垄断竞争格局。不同的市场结构意味着不同的竞争条件、利润空间和竞争行为,市场结构分析也是经济学理论体系逐步贴近现实的深化过程。市场结构分析能够启发企业在深刻理解现实竞争格局和竞争特征的基础上,做出更合理的产量、价格决策;市场结构理论也是面向现实市场制定公共政策、规制市场失灵的科学依据。当然,市场结构只是评价政府规制绩效的一部分指标,还要结合具体的经营行为来判断特定规制是否让市场产生了充分的竞争活力,或者说是否产生了不良的排斥竞争、损害效率的垄断行为。

与此同时,层出不穷的新媒体也重构了各种媒体市场边界、行业边界,形成了超越工业社会的人类社会数字经济竞争协作新形态、市场新格局。市场结构理论可以作为探索新媒体、新型数字经济市场竞争格局的基础理论工具。

(一)市场结构与市场竞争

市场结构是企业规模分布状况[2],是影响竞争和垄断的性质与程度的市场性质,包括产业集中度、进入和退出壁垒、政府规制、厂商规模等要素[3]。企业现实中的经营管理与这些要素密切相关。产业集中度表示在特定产业或市场中,卖者或买者具有怎样的相对规模结构。进入和退出壁垒是指政府规制、技术、资金等条件对企业进入或退出某市场生产和竞争所形成的壁垒。政府规制是指依据一定的规则对构成特定社会的个人和构成特定经济的经济主体活动进行限制的行为,广义的规制还包括政府为了提供公共服务和产品、实现经济增长与合理化、保障就业与公正分配等目标而采取的各种干预措施[4]。

市场竞争是指市场中的卖者、买者通过价格等手段进行竞争,力图实现自身生产、交易、

---

[1] 金碚:《产业组织经济学》,经济管理出版社,1999年,第105页。
[2] 威廉·G.谢泼德、乔安娜·M.谢泼德:《产业组织经济学(第五版)》,张志奇、陈叶盛、崔书锋译,中国人民大学出版社,2007年,第10页。
[3] 金碚:《产业组织经济学》,经济管理出版社,1999年,第8页。
[4] 植草益:《微观规制经济学》,朱绍文、胡欣欣等译校,中国发展出版社,1992年,第1-2页。

消费目标的行为。理解市场竞争是理解市场结构的核心。

现代主流经济学发展史在某种程度上而言就是论述各种条件下通过自由市场竞争来配置资源、提高全社会经济效率的历史。亚当·斯密在两个世纪以前就指出,"任何人,只要他不违反正义的法律,都有充分的自由,以自己的方式追求自己的利益,并以其劳动和资本与任何其他人或其他阶层去竞争"①;凭借市场这只"看不见的手",那些在完全竞争的经济中追求自身利益的人恰恰最能够有效地促进生产、促进公共利益。经济学家萨缪尔森和诺德豪斯则认为,"这一见解——沉浮残酷的市场竞争是提高产出和生活水平的一种强有效力量——是历史上最深刻和最有力的思想观念之一",因为价格对于生产者来说是经济稀缺性的信号,同时对于消费者来说是社会效用的标志,所以竞争性价格机制能使社会资源和技术实现商品和劳务的最佳组合。在理想的完全竞争条件下,经济会同时处于生产可能性边界和效用可能性边界上。②

人类对竞争和垄断关系的理解经历了不断深化的过程。新古典学派创始人马歇尔在肯定竞争经济效率基本作用的同时,也发现大型企业生产费用会低于小型企业,并且为了实现自身长远利益可能会降低价格③,进而把小型企业排挤出市场。于是,企业在自由竞争、追求规模经济的过程中出现了垄断,从而使经济运行缺乏原动力、企业缺乏竞争活力。这时规模经济和竞争活力就成为两难的选择,这也就是所谓的"马歇尔困境"。④1940年,美国经济学家克拉克在总结前人观点的基础上提出了"有效竞争"的概念,认为价格政策应该避免竞争过强或过弱的极端状况,采用多样化竞争手段,保证企业在追求规模经济的前提下使竞争有效。⑤在具体的市场竞争标准方面,产业组织理论哈佛学派的梅森和贝恩等经济学家创立了结构—行为—绩效(SCP)分析范式。这一范式认为,有效竞争的标准大致包括:市场上存在相当多的卖者和买者且其市场份额不足以控制市场,不存在持续性的设备过剩。史蒂芬·索斯尼克则从市场结构、企业行为、市场绩效等方面提出了有效竞争的29条标准,如不存在进入和流动的资源限制、交易者的数量符合规模经济的要求、厂商竭力引入更先进的产品和技术流程等。⑥鲍莫尔等则提出可竞争市场理论,认为进入无障碍和范围经济是有效竞争的基本条件,政府应保持市场潜在竞争。理解经济学认知市场结构和竞争格局的历史,有助于我们理解新媒体和数字经济的新结构。

(二)市场结构类型

根据不同的市场结构特征,可以将市场分为完全竞争市场、完全垄断市场,以及介于它

---

① 亚当·斯密:《国富论》,唐日松等译,华夏出版社,2005年,第494页。
② 保罗·萨缪尔森、威廉·诺德豪斯:《经济学(第18版)》,萧琛主译,人民邮电出版社,2008年,第246、251页。
③ 阿尔弗雷德·马歇尔:《经济学原理》,廉运杰译,华夏出版社,2005年,第389、391页。
④ 王俊豪:《政府管制经济学导论——基本理论及其在政府管制实践中的应用》,商务印书馆,2001年,第156页。
⑤ Clark J M.Toward a Concept of Workable Competition. American Economic Review, Vol. 6, 1940,pp.241-256.
⑥ Sosnick Stephen H. A Critique of Concepts of Workable Competition. The Quarterly Journal of Economics, Vol. 72, No.3, 1958, pp.380-423.

们之间的垄断竞争市场、寡头垄断市场。决定市场类型划分的主要因素有以下四个:市场上的企业数量;企业所生产的产品的差异程度;单个企业对市场价格的控制程度;企业进入或退出一个行业的难易程度。①

市场结构类型理论启示人们正确认识现实市场竞争格局和企业竞争、产销获利、社会福利、政府规制等。竞争引导了市场行为,梦想、贪婪、创造力、努力、自私等人类情感和行为在竞争中演变为一场生产和销售的争斗。然而,结果可能是有益的,比如实现高效、创新和公平,以及选择的自由和文化的健康发展。但是,无论是以正当手段还是不正当手段,当一家或少数企业赢得竞争时,它就控制了部分市场,并从中牟取巨额利益。市场永远是一个紧张的舞台。②

1. 完全竞争

完全竞争是指市场中有无数买者和卖者,他们交易相同的产品,每个人都是市场价格的接受者而无法直接影响价格。完全竞争市场的形成还必须具备资源完全流动性、信息完全性的条件。一般来说,这意味着充分的生产分工和自由竞争,也意味着高效率的市场。真正的完全竞争市场非常罕见,当下自媒体市场类似完全竞争市场。

完全竞争市场中的企业面临的需求曲线就是市场均衡价格水平线 P,企业只要边际成本低于 P,就可以通过扩大产量获得更大收益。理论上完全竞争市场能够以最低的成本进行生产来使消费者得到最大限度的满足,但现实中完全竞争的假设条件很难实现,企业也通常不是严格按照边际收益等于边际成本的利润最大化理论条件来安排生产的,企业往往对于自己面临的需求曲线和成本曲线的准确形状也并非很了解。③所以说,虽然理论反映了一种内在逻辑规律,但经营管理过程中需要基于理论进行更复杂和更贴近现实的决策。

2. 完全垄断

完全垄断是指某个市场上只有一个卖者,而有无数个买者,市场价格由卖者决定。这个卖者被称为垄断者。完全垄断市场的形成还必须具备以下条件:该企业生产销售的产品没有替代品;其他任何企业进入该行业都是极为困难或不可能的。完全垄断市场意味着垄断者可以高价出售产品,人为控制产量,获得垄断利润,现实中许多垄断企业通常缺乏竞争创新和优化服务的动机。完全垄断市场会导致产品产量和消费者福利降低。严格的完全垄断市场是非常罕见的。我国的有线电视市场曾经接近完全垄断,但也有无线电视形成一定替代,如今替代品更多。

3. 垄断竞争与寡头垄断

垄断竞争与寡头垄断是介于完全竞争和完全垄断之间的不完全竞争形态,是经济生活

---

① 高鸿业:《西方经济学(第2版)》,中国人民大学出版社,2000年,第209页。
② 威廉·G.谢泼德、乔安娜·M.谢泼德:《产业组织经济学(第五版)》,张志奇、陈叶盛、崔书锋译,中国人民大学出版社,2007年,第4页。
③ 高鸿业:《西方经济学(第2版)》,中国人民大学出版社,2000年,第235页。

中常见的形态,在新媒体市场也是如此。

垄断竞争是指一个产业当中有许多卖者生产差异化产品。这一市场结构与完全竞争相似,市场上有许多卖者,但任何一个卖者都没有太大的市场份额;它与完全竞争不同的是,不同企业销售的产品并不相同。差异化产品在重要的特征上表现不同,使得产品价格不同。随着拥有新差异产品的企业进入,垄断竞争行业的长期均衡点的价格高于边际成本,但是经济利润已下降为零。①

寡头的意思是"几个卖者",寡头垄断市场的特征是每个企业都可以影响市场价格。寡头产业在许多国家都相对普遍存在,特别是在制造、交通及通信等产业中。②一个市场不完全竞争的程度不只取决于企业的数量和规模,也取决于企业的行为。当市场上企业数量不多时,它们就会注意竞争对手的行为和反应。策略互动描述的就是企业的经营决策如何依赖于竞争对手的商业行为。当寡头企业积极合作时,它们就形成勾结,即几个寡头企业共同确定它们的价格或产量,共同瓜分市场,或共同制定其他生产决策。成功的勾结会使企业获得很高的报酬和满意的垄断利润。

在一些竞争最为激烈的市场,往往只有几个竞争企业。比如,在竞争激烈的航空业,一条特定航线上往往只有两三家航空公司,但它们之间仍然过一段时间就要发生一场"票价大战"。如何把寡头间的对抗和完全竞争区分开来呢?对抗包含许多提高利润和占有市场的行为,比如利用广告使需求曲线向外移动(即刺激需求)、降低价格吸引业务,以及提高产品质量或研制新的产品。完全竞争并不意味着对抗,而只是表示行业中没有哪一个企业能够直接影响市场价格。

(三)新媒体市场结构

由于规模经济、范围经济、网络效应的存在,规模大甚至具有垄断性质的企业,通常因生产成本低、技术创新实力强而拥有较高的生产效率和创新能力。新媒体市场普遍呈现很高的市场集中度,也就是说,垄断现象非常显著。从经济学基本原理来看,这将导致社会福利和市场效率下降。但是,也有研究证明传统报业市场垄断因其盈利模式反而能提升广告市场和发行市场的经济效率,也能提升报业二元市场的净效率,报业的盈利模式具有明显的福利效应;但是垄断会减少人们的信息渠道,侵蚀报业的社会责任功能。③不同媒体经济效率最优集中度也正在随技术能力提升发生巨大变化,评价具体媒体的产业集中度应参照最新理论成果及实践标准。此外,不同政策目标有时对最优集中度的评价标准也不仅仅是经济效率,还可能有不同要求。比如:西方传媒规制通常通过限定产业集中度来保证产权多元和意见多元;中国传媒规制为了保证舆论导向的一致性,则存在一定程度上限制传媒市场数量和产权多元的内在需求。

---

① 保罗·萨缪尔森、威廉·诺德豪斯:《经济学(第18版)》,萧琛主译,人民邮电出版社,2008年,第166页。
② 保罗·萨缪尔森、威廉·诺德豪斯:《经济学(第18版)》,萧琛主译,人民邮电出版社,2008年,第147页。
③ 肖赞军:《报业市场结构研究》,岳麓书社,2009年,第140、143、180页。

市场结构反映的是同类业务的竞争格局，新媒体投资与经营管理首先需要考虑的一个问题就是市场结构反映的市场竞争格局。根据第51次《中国互联网络发展状况统计报告》，截至2022年12月，我国网民规模为10.67亿，这是一个巨大的市场，其中用户最多的业务有即时通信（10.38亿）、网络视频（10.31亿，含短视频用户10.12亿）、网络购物（8.45亿）、网络新闻（7.38亿）、网络直播（7.51亿）、网络音乐（6.84亿）等。各种网络应用业务多通过App和网站渠道提供各种服务，大部分涉及内容生产和传播，都可以划入新媒体范畴。有些业务虽然暂时还没有大规模介入内容业务，但也有这种潜力。广告是新媒体最主要的盈利模式，2023年中国互联网广告市场Top4公司市场份额占全行业比例的76%，其中阿里巴巴和字节跳动（抖音）各占25%，腾讯和百度分别占14%和12%。①在聊天通信应用市场，微信、QQ的市场份额占有绝对优势，到2022年底其月活用户分别为10.09亿和7.50亿，排名居其后的通信软件陌陌、探探月活用户分别只有0.59亿、0.34亿。②在网络综合视频市场，爱奇艺、腾讯视频、芒果TV、优酷、哔哩哔哩五大平台占据近90%的市场份额③；在短视频市场，2022年位于市场份额第一梯队的抖音、快手月活跃用户分别为7.15亿、4.49亿④，其日活用户分别为4.21亿、3.47亿，用户日均使用时长分别为104分钟、125.2分钟。微信视频号的日活用户也超过4亿，但其用户日均使用时长则低得多。短视频市场第二梯队则有西瓜视频、好看视频、抖音火山版、腾讯微视等。⑤在网络新闻市场，2023年12月新闻资讯App移动设备安装排名前四位的分别是今日头条（3.26亿）、腾讯新闻（2.86亿）、新浪新闻（1.62亿）和网易新闻（0.89亿）⑥。在综合电商平台市场，2021年淘宝、天猫、京东、拼多多和苏宁易购这五大电商平台的市场份额占比超过80%，其中淘宝市场份额超过50%；在2022年直播电商市场，抖音GMV（商品交易总额）市场份额占比约为40%，快手市场份额占比约为26%，淘宝市场份额占比约为22%。⑦

总体而言，我国互联网新媒体市场结构集中度很高，同时竞争也非常激烈，在竞争中形成了比传统电视"核-粒模式"市场结构经济效率更高、接近有效竞争的"寡头竞争、双层多元"市场结构，即在高市场份额的优势新媒体集团层面形成寡头竞争，企业规模效应和范围

---

① 《2023中国互联网广告数据报告》，https://www.imz-lab.com/article.html?id=200。

② 《2022年度中国通讯社交类APP月活排行榜TOP10，谁是社交"巨头"？》，https://www.bilibili.com/read/cv21724915/。

③ 《用户规模达10.4亿！网络视听超越即时通信，成为我国第一大互联网应用》，http://www.whwx.gov.cn/xxh/hyfzyw/202304/t20230403_2179954.shtml。

④ 《2022年中国短视频行业发展报告》，https://lmtw.com/mzw/content/detail/id/227200/keyword_id/9。

⑤ 《2022年中国短视频市场竞争现状分析》，https://baijiahao.baidu.com/s?id=1751974665303834377&wfr=spider&for=pc。

⑥ 艾瑞咨询：《移动设备APP指数之月度独立设备数》，https://index.iresearch.com.cn/new/#/APP/list?cId=1&csId=1080。

⑦ 《2022年中国电商行业市场现状与竞争格局分析》，https://www.163.com/dy/article/H9BEVLET0519811T.html；《中国直播电商行业竞争格局及市场份额》，https://APP.myzaker.com/news/article.php?pk=659ce6128e9f0947b51947ac。

经济显著,消费者的网络效应也相当显著;同时这种市场结构也能对其经营形成竞争,减少垄断力量带来的社会福利损失。与此同时,在中低市场份额的海量新媒体企业层,在低准入壁垒下则形成"可竞争市场"格局,保持了全行业的竞争活力,数量庞大的新媒体机构之间竞争充分,并且对行业优势企业也形成一种竞争压力。[1]当然,此时上文所述新媒体市场失灵特征依然存在,需要通过公共规制来维护市场效率和公共利益。

三、新媒体产业规制

市场是新媒体机构经营的环境,对市场主体和产业的政府规制也是经营管理的基础环境,是理解市场所不可或缺的内容。

规制经济学产生于美国,政府规制(或称公共规制)在美国是指政府在微观层面对经济的干预。美国学者史普博认为规制是由行政机构制定并执行的直接干预市场配置机制或间接改变企业和消费供需决策的一般规则或特殊行为。规制经济学研究的是规制过程及作为其结果的市场均衡。规制过程是由被规制市场中的消费者和企业(消费者偏好和企业技术)、可利用的战略以及规则组合来界定的一种博弈。[2]如果企业没有动力去实现自身利益最大化,不能充分提高生产效率,或者企业为了自身利益最大化而突破了政府规制、损害了社会整体利益,就是规制失效或低效的表现。

日本经济学家植草益的著作《微观规制经济学》在社会上有一定的影响力,其规制理论在一定程度上反映了东亚地区国家干预力量通常比英美更强的现实,体现了这种市场模式的运行和规制特征。该书认为通常意义上的规制是指依据一定的规则对构成特定社会的个人和构成特定经济的经济主体活动进行限制的行为;而社会公共机构进行的公共规制,是由司法机关、行政机关及立法机关对私人以及经济主体行为进行的规制。现代世界各国政府都会采取相应的干预政策来促进经济持续平稳发展,其干预强度和干预方式往往因政治体制和历史文化传统而存在较大差异。

我国学者苏东水的《产业经济学》对产业规制的定义也体现了更强的干预特征和更广的外延。该书指出,产业规制是政府或社会为实现某些社会经济目标而对市场经济中的经济主体做出各种直接和间接的具有法律约束力或准法律约束力的限制、约束、规范,以及由此引出的政府或社会为督促产业经济主体活动符合这些限制、约束、规范而采取的行动和措施。[3]我国政府产业规制的社会目标、经济目标更为复杂,规制的形式更加多样。

---

[1] 易旭明:《媒体融合背景下的中国传媒产业规制转型——基于互联网媒体与电视规制效果比较的视角》,《新闻大学》,2017年第5期,第112-119、111页。

[2] 丹尼尔 F.史普博:《管制与市场》,余晖、何帆、钱家骏等译,上海人民出版社,2008年,第45-47页。该书原文将"regulation"译为"管制"。

[3] 苏东水:《产业经济学》,高等教育出版社,2000年,第376页。

（一）新媒体规制目标

政府规制的合法性来源是促进资源有效配置和实现公共利益。促进资源有效配置的逻辑是通过规制弥补市场失灵；实现公共利益就是调控市场行为对交易主体之外他人利益以及整体利益的影响。萨缪尔森和诺德豪斯指出，市场非效率从而导致市场失灵最重要的三种表现是不完全竞争（如存在垄断）、外部性和公共物品。另外，分配公平、宏观经济稳定增长也需要政府调控才能实现。[①]所以说，反垄断、促竞争以及调控外部性影响是新媒体规制关注的基本问题，为社会提供有效的公共物品也是新媒体规制的要义。

首先，新媒体规制旨在限制具有垄断地位的新媒体企业制定垄断价格、采取不正当竞争方式、违反行业管理规定、损害消费者利益等市场行为。限制垄断性企业的市场份额、维护竞争性市场结构，曾是传统媒体等产业规制的基本原则，但是因为互联网新媒体具有特殊的规模经济特征，各国对互联网新媒体限制市场份额的结构规制已经转型为对具体垄断行为的规制。美国司法部有许多对Google、Facebook、Amazon等互联网寡头的反垄断调查，看其是否滥用市场地位打压和扼杀竞争。我国对大型互联网企业垄断行为进行巨额罚款的新闻也屡见不鲜，比如，2021年我国市场监管总局依法对某企业要求商家在竞争平台"二选一"而罚款182亿元；再如，2023年中国人民银行对一些公司的各种违规经营行为进行了惩罚，罚没金额达30亿元。

其次，新媒体规制旨在限制负外部性产品供给，激励正外部性新媒体产品供给，尤其是限制违规违法以及有悖公序良俗的新媒体内容与广告制作传播，激励对社会有益的优质文化教育内容制作传播。2023年，国家广电总局持续开展网络微短剧治理工作，清理低俗有害网络微短剧35万余集（条）、2055万余分钟[②]；与此同时，国家广电总局进行了各个季度网络视听内容的推优工作，鼓励宣传阐释习近平新时代中国特色社会主义思想和党的二十大精神、对中华优秀传统文化进行创造性转化和创新性发展等八类优秀作品，内容类型包括网络纪录片、网络综艺节目、网络动画片、网络剧、网络电影、网络微短剧、网络微电影、网络直播节目、网络音频节目、短视频等。

最后，新媒体规制目标也包括通过公共政策支持、公共财政投资等措施保障公共物品性质的新媒体产品制作传播。新媒体内容与服务是社会舆论引导、社会共识凝聚、公共政策传播、公共事务讨论、公共文化传播最重要的载体，从这个意义上理解，新媒体也就是发展社会主义先进文化、广泛凝聚人民精神力量，进而为国家治理体系和治理能力现代化提供坚实支撑的国家治理公共物品。我国社会主义基本经济制度注重发挥市场配置资源的决定性作用，更好地发挥政府作用。通过新媒体内容传播引导市场预期、服务经济政策实施，也属于

---

① 保罗·萨缪尔森、威廉·诺德豪斯：《经济学（第18版）》，萧琛主译，人民邮电出版社，2008年，第31-34页。
② 《广电总局持续开展网络微短剧治理工作》，https://stock.stockstar.com/IG2023111500018806.shtml。

基本的经济服务公共物品。任由市场配置资源必然导致公共物品供给不足,没有合理进行政府规制才能保障新媒体公共物品的供给。

(二)新媒体规制措施

规制措施可分为经济性规制和社会性规制,对新媒体的规制措施也包括这两个方面。经济性规制,指的是在自然垄断和存在信息不对称的领域,为了避免资源配置低效、确保资源公平,政府机关利用法律权限,通过许可和认可等手段,对企业的进入和退出、价格、服务的数量和质量、投资、财务会计等有关行为加以规制。社会性规制是以保障劳动者和消费者的安全和健康、保护环境、防止灾害为目的,对物品和服务的质量以及为提供它们而产生的各种活动制定一定的标准,并禁止、限制特定行为的规制。[①]许多新媒体规制涉及的标准、禁令等也可以理解为对消费者个人和社会整体的文化安全、文化健康的保护。

1. 经济性规制措施

首先,政府通过准入许可制度限制不符合条件的主体进入特定新媒体市场。例如,我国对影响重大的新闻产品的采制、传播就有严格的准入许可制度,对其他不同新媒体产品和服务也制定了不同的准入许可制度。其次,政府往往通过征税或税收优惠、财政补贴、行政处罚、价格规制、产权规制等经济措施来规制特定新媒体市场行为。最后,政府通过配额制度来限制或鼓励特定新媒体机构的市场行为、产品与服务数量,其中也包括新媒体文化产品进出口配额制度。

2. 社会性规制措施

最常见的社会性规制措施就是制定各种法律法规、政策、行业规则、产品标准,来限制有悖规制目标的新媒体产品与服务。世界各国常见的社会性规制措施包括内容分级、不良内容警示、广播播放限制、文化多样性和表达多元化保护等。我国中央网信办、国家广电总局、国家新闻出版署等政府部门网站上,就公布了各种针对新媒体机构行为和新媒体产品的法律法规、政策规章。

为了推动市场供给对社会具有正外部性的新媒体产品,我国除了采取经济性规制措施,还采取了许多社会性规制措施。政府部门和行业协会每年举办的各种内容评比活动、公布优秀内容名单以倡导高社会效益内容生产,均可视为积极的社会性规制范畴。

(三)新媒体规制变革

广播电视相对报纸来说,是传播符号和传受方式有革命性创新的新媒体,以互联网和数字技术为基础、各种具体形态层出不穷的深度融合新媒体更是从根本上重新建构了世界的

[①] 植草益:《微观规制经济学》,朱绍文、胡欣欣等译校,中国发展出版社,1992年,第22、27页。

连接关系。这些改变人类交往协作的重大技术创新与各个时期相应的政治、经济、社会思潮一起推动着世界传媒规制的持续变迁。当然,世界各国具有政治和文化差异,在同样的技术条件下对传媒规制的理解和实施也有较大差异。20世纪前期的广播电视时代是传媒规制产生的时期,20世纪中期是为了维护公共利益而盛行传媒规制的时期,20世纪后期则随着互联网技术和数字技术的发展,在新自由主义思潮盛行的背景下产生了放松规制、再规制和融合规制的变迁。①

规制是广播电视盛行时期的重要政策特征,无线电特定技术下的公共服务和公共利益理念是传媒规制的内在逻辑。传媒规制的合法性源于无线电频谱作为公共资源的稀缺性,也源于无线电技术的非竞争性和非排他性。与印刷媒介不同,广播电视不能像报业那样在理论上可以任市场主体自由输入纸张和印刷资源进行生产,因为无线电频谱资源稀缺,市场自由放任地运用无线电开办电台会导致电波互相干扰,从而使得大家都无法正常使用。为了避免社会、市场互相干扰,从而有效使用有限的无线电频谱资源,政府机构不得不对企业、个人使用无线电采取一定的准入规制。世界各国普遍认定无线电频谱属于公共资源,为全民所有,政府为人民的代理人。广播电视执照获得者并不拥有无线电频谱资源,而类似公共资源信托机构;未获得这种信托资格者,则无权经营广播电视。

放松规制是20世纪70年代末开始在英美许多公共事业领域流行的政策导向。20世纪90年代数字技术在通信、传媒和计算机领域得到了广泛应用。在这些媒介融合行业,世界各国传媒准入规制、产权规制、行为规制等大幅放松;然而,社会秩序以及经济秩序本身的需要很快又推动了不同程度的再规制,在人类浩浩荡荡的数字化媒介融合、产业融合大潮中,逐步形成了追求经济效率和社会价值的融合规制。

放松规制指各国为了充分利用各种资源并通过提高竞争效率来推动数字化传媒信息产业发展,纷纷放宽市场准入条件,促进市场竞争,消除投资障碍,刺激投资增长。比如,解除电信业、有线电视业交叉禁入制度②,废除广播电视网对有线电视系统所有权的限制。市场准入改革中还建立了包含经营多种业务的融合性许可证制度,降低许可门槛,允许许可证再次交易。在曾被认为具有典型自然垄断性质的电信、有线电视领域,许多国家也在各种业务上持续推进民营化进程,体现了促进竞争、吸引投资的趋势。美国1996年《电信法》可以说是对传媒等各行业放松规制具有里程碑意义的代表性法案。正是20世纪90年代开始的放松规制促进了新媒体市场的快速繁荣发展。世界各国也越来越强调发展壮大起来的新媒体的普遍义务,主要包括各类信息传输网络对广播电视服务放开的义务、各类传输网络和服务平台为全体公民提供普遍接入的义务、商业广播电视媒体在播出内容方面承担比过去更多的社会责任和公共服务义务等。一些国家放松规制后,在判定媒体并购是否合法时,不仅要判断并购活动是否符合新规制,而且要评估并购活动是否符合公共利益,这一过程被称为再规制。

---

① 易旭明、倪琳:《国际经济思潮的变迁与中西传媒规制的转型》,《现代传播(中国传媒大学学报)》,2019年第8期,第120-125页。

② 肖赞军:《西方传媒业的融合、竞争及规制》,中国书籍出版社,2011年,第159页。

在媒介融合的历史变迁中,数字化新媒体行业的融合规制总体表现出以下三大趋势:一是从盛行规制到放松规制,进而到再规制的转型;二是从市场结构规制到市场行为规制的转型,即从传统的强调通过限制市场企业数量、维持合理的市场结构,向针对性规制企业垄断势力的垄断行为转型;三是从"分立规制"到"融合规制"、从"纵向规制"到"横向规制"的转型,即由传统广电、电信等行业分别制定规制政策转型为统一规制政策、统一规制机构,从广电、电信业务的纵向全程规制转型为按服务的传输网络、集成平台、内容制作等环节进行跨行业规制。

中国的新媒体规制政策与上述世界数字化融合规制政策变迁具有类似的特征,充分运用数字技术推动传媒产业和电信产业发展,以信息化带动了工业化;与此同时,中国的新媒体融合规制在产权规制等经济性规制和社会性规制等方面,也有与其他国家不同的具体规制原则和条款。我国在对新媒体公共服务、公共利益的理解和实现方式方面,与世界其他国家有许多共性,但也有自己的不同之处,这也是中国式现代化探索的重要组成部分。20世纪90年代美国实施以"信息高速公路"为代表的一系列政策后,中国也启动了互联网"金桥工程",在大量互联网业务上实施了比较宽松的准入政策,吸引了大量的社会资本发展信息产业,顺应了世界互联网和数字通信迅猛发展的潮流。当前,中国数字社会、数字政府和数字经济实现了长足发展,传统农业和工业也具有较高的信息化水平和整体发展水平,社会个体对数字媒体的运用也达到了较高水平,这些成就与相对传统媒体规制宽松得多的互联网新媒体规制环境直接相关。但是,中国新媒体规制与西方发达国家以及许多发展中国家有较大差异,尤其是新闻政策差异较大。中国新闻采编业务只对主流媒体开放准入,但新闻分发业务则对其他产权新媒体机构开放,广大自媒体个人用户可以在社交平台上发布法律允许的各种信息、转发各种代表自己意见的新闻信息,在很大程度上体现了国家权威价值观、社群文化建构信息和个人意见信息传播的平衡。我国对新闻业务之外的各种新媒体业务则普遍有宽松的准入规制,形成了开放竞争的市场环境。这也是各种新媒体机构以及个人自媒体进行新媒体经营的机遇,经营主体要基于宏观规制环境和市场环境,实施科学高效的微观管理来实现自己的规划目标。

◐ 关键词

市场失灵;政府失灵;外部性;公共物品;私人物品;市场结构;完全竞争市场;完全垄断市场;垄断竞争市场;寡头垄断市场;市场集中度;规制;社会规制;经济规制;放松规制;再规制。

◐ 复习思考题

1.哪些新媒体或传统媒体市场结构,分别接近完全竞争、完全垄断、垄断竞争与寡头垄断这几种基本市场结构类型？这些市场结构中的媒体面临着怎样的竞争格局？其经营管理行为具有怎样的特征？

2.新媒体机构应如何根据经济性规制和社会性规制政策，在娱乐业务中进行经营管理？

战略管理

第四章

新媒体战略管理

◆ 学习目标

1. 了解战略管理的概念、任务和过程;
2. 掌握PEST分析法、SWOT分析法和STP分析法等战略分析方法;
3. 了解战略管理的基本类型;
4. 理解经济理论在新媒体经营管理中的体现。

◆ 案例导入

阿里巴巴的电商平台媒体战略

希特等的《战略管理:竞争与全球化(概念)》一书开篇案例选的就是中国公司阿里巴巴,指出中国是世界上网民数量最多的国家,阿里巴巴则是中国位列第一的电商公司,它2014年上市时市值超过美国电商巨头亚马逊与eBay之和。阿里巴巴的天猫是类似百货商场的购物平台;淘宝则是为制造商、经销商和其他中间商提供的线上交易平台。阿里巴巴成为国外零售商打入中国市场的便捷通道。阿里巴巴的阿里支付系统成为其移动线上战略的重要组成部分。阿里巴巴还和美国消费品安全委员会合作,协助召回或严禁假冒伪劣商品,提升自己在美国消费者心中的信誉,促进阿里巴巴全球市场战略的实施。阿里巴巴还涉足线上媒体内容和流媒体服务。"阿里巴巴成功的关键就在于其战略同时着眼于中国本土市场和国际市场。"①

美国学者比较关注阿里巴巴与美国市场、全球市场的关系,但中国用户感受更深的是它自1998年底创办阿里巴巴在线B2B电商平台以来,凭借网上零售、网络支付、物流系统(菜鸟)、共享单车(哈啰单车)、阿里云等业务全面渗透进入百姓生活。媒体是提供社会连接的介质和机构,阿里巴巴因提供商业服务和商业信息,已经成为覆盖面极广的新媒体;它也收购了网络视频行业曾经的"老大"——

---

① 迈克尔·A·希特、R.杜安·爱尔兰、罗伯特·E.霍斯基森:《战略管理:竞争与全球化(概念)》,焦豪等译,机械工业出版社,2018年,第2-3页。

优酷视频,创办了阿里影业,直接生产、传播内容;近年来,阿里巴巴已经成为中国最大的广告收入获得者,而广告在很长一段时间内都是专业媒体赖以生存的经济命脉。阿里巴巴通过电商广告这种原生广告形式深刻改变了中国广告形态和传媒生态。2022年阿里巴巴广告收入2900亿元,2022财年阿里巴巴总收入为8530.62亿元,同比增长19%。①

在产品形态相对简单、竞争主体相对较少的传统媒体主导市场时期,我国媒体机构战略管理需求似乎没有那么迫切,按部就班地获取资源、尽可能生产质量较高的产品、控制传媒生产过程中的风险就是媒体管理工作的主要内容。但是,当新媒体技术推动越来越多的传媒新产品和新形态、海量内容和服务生产者进入市场时,新媒体市场具有了更大的不确定性、海量的竞争者。在这种市场环境下,新媒体机构的战略管理就因为复杂的市场竞争和潜在的发展空间,而变得不可或缺。

经营是指一个机构在变化的外部环境中适时调整自己的"目标—机构—人员"组合,确定业务活动形式、规模及方法,确保自身的生存与发展。因此,根据内外条件分析并做出战略规划安排,通常是新媒体机构经营管理的第一步。本章将较为系统地介绍新媒体战略管理的概念、理论和过程,以及战略管理常用的分析工具和常见的战略类型,以期帮助读者理解战略管理基础知识,使其能够结合案例分析新媒体战略管理实践。

一、新媒体战略管理概述

新媒体战略管理是新媒体机构在分析外部政治经济环境、行业动态和内部资源条件的基础上,制定并实施适合自身生存发展的总体目标和系统规划。战略制定要根据产业环境来进行,全球传媒产业正在意识到其发展的内部和外部环境的剧烈变化,并通过不断进行自我调整来适应这些变化。这些变化涉及生产模式的变革、竞争的日益激烈、传统受众和广告客户的不断减少、既定市场主导地位的改变以及企业发展前景的转变。②新媒体战略管理者应密切关注行业信息和市场动态,在前瞻性地制定发展战略、较为稳定系统地执行战略体系的同时,适当地对新媒体机构的运营方针、运营目标等进行调整。

主流媒体、民营媒体以及想要在市场竞争中有所作为的自媒体,都根据市场环境和自身条件进行了许多战略思考和探索。大型互联网平台和自媒体颠覆性重构了中国传媒生态。传统大众媒体纷纷推出"新媒体战略""全媒体战略",努力转型为新型主流媒体,传统媒体和新兴媒体融合发展已经是大势所趋。然而,面对内容信息和生活服务、物质生产、社会治理连接越来越紧密的新媒体业务形态和商业模式,长期以内容生产为主的专业媒体机构何去

---

① 《阿里巴巴最多 2900 亿,拼多多第二广告营收破千亿……》,http://k.sina.cn/article_1956700750_74a0e24e040012f01.html;《阿里 2022 财年营收 8530.62 亿元,海外消费者同比净增 6400 万》,https://baijiahao.baidu.com/s?id=1733891543614739191&wfr=spider&for=pc。

② 露西·昆:《传媒战略管理——从理论到实践》,高福安、王文渊译,中国广播电视出版社,2013年,第17页。

何从?一方面,各界都看到了新媒体领域巨大的传播空间和经营机遇;另一方面,大家似乎又感到非常迷茫困惑,特别是许多主流媒体经常对引导力和竞争力的关系颇感困惑。2023年各界热议"高考报志愿是否要填新闻专业",其实这也是对专业新闻媒体机构发展前景的质疑。因此,新媒体战略分析和战略管理的确是迫在眉睫的重大议题,它也是基于不断更新的数字新媒体发展实践,以战略管理的概念体系以及各种理论为分析工具,围绕社会需要和新媒体机构需要而进行的开放式、创新式的应用探索和理论探索。

(一)战略管理的概念

所谓战略,就是设计出来开发核心竞争力,获取竞争优势的一系列综合协调的承诺和行动。选择某种战略,即在不同的竞争性选择方案中决定通过哪种途径获得竞争力,决定了企业打算做什么以及不做什么。①

战略管理,则是指通过全面考虑企业所处的市场环境,以及环境中存在的机会与威胁,有效利用企业的资源、技能与技术,来完成企业发展使命、达到企业发展目标的那些决策和活动。②战略管理的本质是战略制定人对未来发展和环境因素的分析、把握、选择、匹配,以及战略的制定、执行和评估。多年来持续发展的战略管理理论一直在努力帮助人们建立分析的理论框架,探索思考的路径,筛选影响因素,但人的参与必然使战略管理工作极具个性,很难有放之四海而皆准的模式;人自身存在的一些尚未破解的奥秘(如思考模式、决策能力等),也难以彻底揭示战略管理工作成败的机理。这些问题提醒研究者不要有"毕其功于一役"的思想,实践者不要简单地照搬理论,甚至直接模仿他人的成功经验。③

正所谓"商场如战场",战略在商业市场竞争中得到了广泛应用。战略,中国古称"韬略",这在《左传》《史记》《孙子兵法》均有所论述;英文 strategy 源于希腊语 stratēgía(意指"将军的职责"),和古希腊语中"将军"的说法"στρατηγός(stratēgos)"相关④,后指指挥军队的艺术和科学。⑤战争史上通过系统、智慧且惊险的战略实施获得胜利的案例比比皆是,商业领域针对市场环境采取巧妙战略获得成功的案例更是不计其数。

新媒体领域也有经典的战略成功和失败案例。例如,阿里巴巴进军电商被认为是持续推进战略的成功案例,其先后在B2B、C2C、B2C以及网络支付、物流等领域获得巨大成功;谷歌创始人曾经向当时的互联网门户领袖雅虎公司推荐其搜索技术却被婉拒,这对雅虎公司来说显然属于战略判断失误。在ChatGPT和AI大模型火爆、国内两百多家大模型厂商

---

① 迈克尔·A·希特、R.杜安·爱尔兰、罗伯特·E.霍斯基森:《战略管理:竞争与全球化(概念)》,焦豪等译,机械工业出版社,2018年,第4页。

② 谢新洲:《媒介经营与管理》,北京大学出版社,2011年,第231页。

③ 谭力文、丁靖坤:《21世纪以来战略管理理论的前沿与演进——基于SMJ(2001—2012)文献的科学计量分析》,《南开管理评论》,2014年第4期,第84-94,106页。

④ 参见希腊词汇学习工具网站:https://www.perseus.tufts.edu/hopper/morph?l=strathgia&la=greek#lexicon;https://www.perseus.tufts.edu/hopper//morph?l=στρατηγός&la=greek#lexicon。

⑤ 邵培仁、陈兵:《媒介管理学概论》,高等教育出版社,2010年,第56页。

和高校上演"百模大战"的2023年,曾发布AI聊天机器人"小冰"的小冰公司CEO却提出"不卷大模型"[①],这种思路和战略会产生怎样的结果?虽然这个问题有待时间来回答,但是战略管理理论毫无疑问能为人们分析各种新媒体战略提供理论思路和分析工具。

(二)战略理论沿革

1.企业战略管理理论研究阶段

西方企业战略管理理论研究主要经历了三个发展阶段,即20世纪六七十年代的古典战略理论、20世纪80年代至90年代初期的竞争战略理论以及20世纪90年代中期以来的战略生态理论。[②]

(1)古典战略理论

20世纪六七十年代,企业战略管理思想获得了长足发展,形成了战略管理研究的第一次浪潮,出现了比较有影响力的三个理论学派:设计学派、计划学派和学习学派。设计学派的代表人物有钱德勒、安德鲁斯和克里斯滕森等。他们认为,战略规划是一个由意识控制的思想过程,战略规划由企业高层管理者负责,好的战略应该具有充足的弹性以适应环境的变化。1965年,计划学派领军人物安索夫提出"战略四要素说",即战略的构成要素包括产品与市场范围、增长向量、协同效应和竞争优势四个方面。他指出,应通过目标、项目、预算的层层分解保证战略实施过程的顺利进行。学习学派认为战略是通过渐进学习和自然选择形成的,其中的代表性观点有:鲍尔和伯格尔曼的突破思维定式观点,明茨伯格的自然选择形成战略观点以及维克的总结经验教训形成战略观点。

总体来看,以上三个理论学派都把企业的本质看作产品与业务的组合,以主张企业组织结构、企业战略与企业外部环境相适应为核心思想,为之后的战略管理研究奠定了基础,被称为古典战略理论。

(2)竞争战略理论

20世纪80年代至90年代初期形成了三大竞争战略理论流派:行业结构学派、核心能力学派与战略资源学派。行业结构学派即产业组织学派,代表人物是迈克尔·波特,他提出了战略定位的观点,实现了产业组织理论和企业竞争战略的创新性兼容。他认为影响产业竞争结构的五种力量决定着产业吸引力的大小,他在产业分析的基础上提出了三种可供选择的基本竞争战略,即总成本领先战略、差异化战略和目标集聚战略[③],并为实现这些战略提出了价值链分析方法,进行了进攻性和防御性战略的分析[④]。

在市场竞争形势的影响下,管理学家日益重视对企业内部条件的分析,核心能力学派也就应运而生了。它强调以企业生产、经营行为和过程中的特有能力为出发点来制定和实施

---

① 《今年再不懂这个词,你就落伍了》,https://mp.weixin.qq.com/s/ERa6NteZLY3MHWmOykY6dw。
② 陈建校:《企业战略管理理论的发展脉络与流派述评》,《学术交流》,2009年第4期,第5—79页。
③ 迈克尔·波特:《竞争战略》,陈小悦译,华夏出版社,2005年,第34页。
④ 迈克尔·波特:《竞争优势》,陈小悦译,华夏出版社,2005年,第36、447页。

企业竞争战略。该学派的代表人物普拉哈拉德和哈默尔等人认为,企业本质上是一个能力的集合体,核心能力是关键的、根本的能力。识别、培育、扩散和运用核心能力开拓市场是企业长期保持竞争优势的决定因素。

20世纪90年代初,战略资源学派逐渐成为在竞争战略研究领域占主导地位的理论流派。该学派主要代表人物柯林斯和蒙哥马利等人把对战略资源的强调作为其理论出发点,将资源定义为企业所拥有的资产和技能的总和,并把企业看作各种资源的组合,认为一个企业要获得良好的经营业绩,就必须具备有竞争力的异质资源,并把这些资源运用到竞争战略中;企业的卓越业绩最终取决于对有竞争力的稀缺资源的巧妙配置。

(3) 战略生态理论

20世纪90年代中期,产业环境的日益动态化、技术创新的加快、竞争的全球化和客户需求的多样化,使企业管理者逐渐意识到,无论是增强自己的能力,还是开拓新的市场,都需要与其他企业共同创造消费者感兴趣的新价值,必须培养以发展为导向的协作性经济群体。在这一背景下,如何通过不断创新来提升竞争力成为企业战略管理研究的新焦点。由此,战略生态理论应运而生,并呈现两大发展趋势,即商业生态系统研究和战略网络研究,它们分别把企业的利益相关者和外部生存环境作为研究对象,前者的代表人物是詹姆斯·穆尔,后者的代表人物有加里洛夫、那瑞尔、伯特等。

2. 战略管理研究高频关键词

进入21世纪以来,在经济全球化、技术创新加速的背景下,战略管理研究出现以下五类高频关键词[①]:第一类关键词研究的核心议题是公司层战略。相关研究指出,保留核心活动而将其他业务外包,通过兼并和收购将产业链的其他环节纳入企业本身,形成差异化网络结构,通过有效的治理、管理和学习获得持续竞争优势是制定公司层战略的关键。第二类关键词研究的重点是基于知识转移的国际化战略。第三类关键词关注的是产业集群和联盟战略。第四类关键词描述了战略管理中两个重要的基础理论:一是以交易成本经济学、代理理论和制度创新理论为主要内容的新制度经济学;二是资源基础论。第五类关键词试图从最根本的角度重构战略管理的理论框架,绩效是战略管理的直接目的,基于创新的动态能力可以拥有持久的竞争优势。未来社会发展中,智力资本影响世界的力量将进一步提升,战略管理理论中知识基础观对现实问题的解释性可能进一步超越产业定位说和资源基础观。通过单一的战略过程或依靠某一种战略能力实现持续竞争优势是不可能的,企业需要不断调整和改变,通过持续的动态战略谋求长期的竞争优势。

新媒体市场的技术、需求和竞争者正在经历颠覆性变革,上述各个时期的战略管理理论及其呈现的趋势,对人们认识新媒体战略管理在适应环境、培育资源、系统协作和知识创新等方面的特征有深刻启示。

---

① 谭力文、丁靖坤:《21世纪以来战略管理理论的前沿与演进——基于SMJ(2001—2012)文献的科学计量分析》,《南开管理评论》,2014年第4期,第84-94、106页。

（三）战略管理过程

新媒体战略管理是一项复杂、系统且动态的持续管理过程。从战略管理理论看，战略管理过程是企业为了获得战略竞争优势和超额利润而采取的一整套承诺、决策和行动。[①]战略管理过程充满了不确定性，需要企业经营战略管理者对其进行有计划、分阶段、有步骤的安排。[②]战略需要分解和落实，同时需要对企业的各种经营活动或业务进行有效的管理和控制。[③]战略管理总体上可以分为四个阶段，即战略分析、战略规划、战略实施和战略控制。

1. 战略分析

战略分析是指深入剖析外部环境和内部资源，认清企业所处的外部整体环境、行业环境和竞争环境，分析自己可能会选择做什么；在分析企业内部资源、能力和核心竞争力的基础上，理解自己能够做什么。战略分析是战略管理的前提，要界定企业的使命，明确成员应认可和遵循的价值观和企业文化，广泛收集战略制定所需要的各种信息，从中提取制定战略所需的各种依据。这一点可对应《孙子兵法》中的"知彼知己者，百战不殆；不知彼而知己，一胜一负；不知彼，不知己，每战必殆"。

新媒体战略分析注重外部环境和内部资源分析的整体性、动态性，明辨媒体自身应有的价值。外部环境分析的基本要素包括政策环境、经济环境和社会文化环境；内部资源分析主要涉及媒介信息资源、人力资源、财务资源、技术资源和物质资源。后文介绍环境分析工具时将对此进行详细介绍。

2. 战略规划

战略规划是综合形成企业发展宏伟蓝图和战略目标，选择系统的战略措施和具有可行性的战略方案，这是战略管理的核心。战略规划有一定的层次体系，包括企业整体层面的战略目标和具体业务层面的战略目标，还包括企业愿景下的短期、中期和长期战略目标，需要在不同阶段根据内外部条件进行适当调整。

新媒体战略规划中，近期目标规划要尽可能具体，具有较强的可操作性，而中长期目标由于涉及更多变数，可以在精确度上稍微粗略和务虚，但也必须与企业整体发展方向吻合，不应偏离媒体发展方向，也不能过于偏离现实。[④]当今社会，新媒体机构业务形态和竞争者非常多，协作生产模式大大超越了传统媒体内容生产模式，因此中长期战略规划也有较强的灵活性。

---

① 迈克尔·A·希特、R·杜安·爱尔兰、罗伯特·E·霍斯基森：《管理：竞争与全球化（概念）》，焦豪等译，机械工业出版社，2018年，第4页。
② 李文明：《企业战略管理过程之七阶段论研究》，《现代经济探讨》，2007年第7期，第29-32页。
③ 李维安、戴文涛：《公司治理、内部控制、风险管理的关系框架——基于战略管理视角》，《审计与经济研究》，2013年第4期，第3-12页。
④ 谢新洲：《媒介经营与管理》，北京大学出版社，2011年，第245页。

3. 战略实施

战略实施是企业管理团队将精心规划的战略方案有计划、分步骤、有重点地持续推进的过程。在这个过程中,高层管理者将发挥重要的指挥、组织职能,以既定的战略目标为方向,调动各种组织资源,以应对环境、竞争对手、自身组织和多方利益相关者等多方面的压力。战略实施前还需要对企业员工进行动员,争取全体员工尤其是关键执行人员的理解和支持。

战略实施主要包括以下任务:根据目标选择人才;落实预算编制;分解目标、合理分工、有序实施;集中资源保障实施。

4. 战略控制

战略控制是企业管理者在战略执行过程中对战略及其执行情况进行评价、调整和修正,以保证战略顺利实施和战略目标得以实现。评价的发起者一般来自组织内部,但也应充分借助外部力量。

战略控制主要包括以下任务:基于信息反馈系统,监控评价战略实施各阶段计划执行情况和实际效果;基于监控结果,发现实施过程及战略方案本身的不足,对战略方案进行有针对性的优化。

【案例4-1】

第一财经发展战略的规划、实施与控制探索

第一财经品牌的诞生承载了国家在21世纪发展财经媒体和上海做强财经媒体的战略愿景。第一财经有着系统的战略管理思维,但其战略实施与控制过程却充满变数,可谓洞悉中国传媒战略管理复杂性的典型案例。

第一财经有着明确的财经专业信息定位、全媒体战略规划。2003年7月,第一财经由原上海电视台财经频道和原上海东方广播电台财经频率合并为第一财经。其外部环境是我国经济快速发展,并且在加入WTO以后呈现出融入世界经济体系、持续稳定发展的趋势,上海更是我国的经济中心、金融中心、航运中心。第一财经的战略愿景是为中国广大投资者和全球华人经济圈提供实时的、严谨的、高质量的财经新闻和深度评析,战略目标是成为中国最大最强的专业财经资讯供应商。在第一财经的战略规划中,传统媒体群包括广播、电视、报纸、出版、通讯社;数字新媒体包括网站、IPTV、手机电视、短信等无线增值服务。[①]第一财经的战略规划体现了从传统财经媒体向融合财经新媒体全面转型的思路,它参照国际标准,着力开发内容生产和垂直类产品,试图尽快实现盈利模式从以广告为支撑到广告、资讯和服务并重的转型。

各界对第一财经全媒体发展战略、产业链及其品牌建设给予了高度评价,

---

① 高韵斐:《第一财经跨媒体品牌战略运作》,《中国广播电视学刊》,2006年第S1期,第40—41页。

2007年国家广电总局评估其品牌的商业价值超过168亿元。2009年SMG[上海东方传媒(集团)有限公司]制播分离改革后主推的五大板块中仍然包括第一财经,并进一步实施了全媒体融合发展战略:在传统电视方面,2010年第一财经节目"借壳"宁夏卫视上星,成立第一财经新闻社;在新媒体方面,推出了理财手机移动终端。第一财经管理高层认为,第一财经必须全面发力,成为中国最具影响力和权威性的财经新闻服务机构;基于新媒体技术的金融信息服务形成自身特色,五年内建成中国乃至全球第一的华语商业与金融资讯服务集团。①

然而,第一财经全媒体战略的实施在传统电视领域和新媒体市场都遇到了挫折。在传统电视领域,第一财经在传统电视广告尚未整体衰退的2013年就出现了罕见亏损,这其中既有自身对卫视产品定位和公关营销问题控制应对不力的原因,也有跨区域合作政策等自身不可控原因。与此同时,第一财经的网站、金融资讯终端等数字新媒体产品竞争力和盈利能力也未达到规划目标。

第一财经2015年再度深化融合转型,但金融垂类内容和服务战略规划未能充分实施,其整体发展战略也在持续探索之中。2015年,第一财经和阿里巴巴合作推出金融移动终端——"蚂蚁聚宝"App②,它是聚合了余额宝、招财宝、基金、股票的一站式移动理财平台,分别对应活期、定期、基金、股票等不同层次的理财产品与需求;其信息内容也追求财经资讯的个性化、产品化转型。为此,第一财经还配套进行了组织机构变革,进行了复杂的资本运作,与阿里巴巴进行深度股权合作。但受到相关金融政策和金融信息服务市场需求本身的限制,第一财经深化融合转型战略也未能充分实施。2020年,第一财经推出"珠峰"和"奔流"两大计划,"珠峰"计划对应的是内容影响力登顶,而"奔流"计划对应的则是商业模式创新突破。2021年,第一财经不仅新媒体业务收入保持大幅增长态势,传统的三大平台广告刊播也止跌反升,尤其是电视广告收入有较大升幅。在媒体融合的生产模式下,第一财经全局增长动力得以加强,这主要得益于其新产品、新营销、新机制的互相支撑,形成合力。③

二、新媒体战略分析工具

新媒体战略分析面对的是非常复杂的宏观政策环境和具体产业环境,也深受自身资源条件限制,是非常复杂的系统分析,通常需要借助理论分析工具来进行。PEST分析

---

① 高韵斐:《后危机时代与第一财经的战略转型》,2009第七届亚洲传媒论坛·第二届亚洲城市论坛论文集,2009年,第139-150页。

② 《蚂蚁聚宝第一财经:财经新媒体的突破性创新》,https://m.yicai.com/news/4674625.html。

③ 陈思勍:《第一财经的融媒成绩单》,《上海广播电视研究》,2022年第1期,第33-35页;《世界人工智能大会背后的"一财故事"》,https://www.douban.com/note/807542404/?_i=7440770hQPqdIX。

法、五力模型、SWOT分析法和STP分析法都是较为常用的战略环境和战略规划分析工具。

（一）PEST分析法

PEST分析法是一个常用的战略管理分析工具,它从政治(politics)、经济(economic)、社会(society)和技术(technology)四个因素入手,从总体上把握企业面临的宏观环境,并评价这些因素对企业战略目标和战略制定的影响。[①]

政治因素是指对企业经营活动具有实际和潜在影响的政治方面的因素。重要的政治变量包括基本社会制度、执政党方针政策、政府规制、政治局势等。媒体是表达政治观点、实施政治动员、传播价值观的重要工具,比一般性经济产业与政治联系更加紧密,所以政治环境及其前瞻性判断对新媒体战略管理极其重要,特别是行业准入开放程度、法律法规完善程度、内容制作传播规制等因素直接影响新媒体经营权限和战略。

经济因素是指一个国家的经济发展水平、产业结构、市场竞争格局、劳动生产率水平、资源状况、利率水平、汇率水平、通货膨胀程度、失业率、证券市场状况、居民可支配收入水平、居民消费(储蓄)倾向、未来经济走势等。从传统的广告盈利模式到媒体深度融合的多元收入模式,新媒体机构的发展空间很大程度上取决于经济环境。

社会因素是指企业所在社会中成员的人口数量、人口结构比例、生活方式、民族特征、文化传统、价值观念、宗教信仰、教育水平、风俗习惯、城市化进程、社会保障计划等。媒体是建构社会文化身份和讨论社会公共事务的渠道,媒体内容需求偏好与社会环境因素联系紧密。

技术因素是指技术水平、技术体制、技术政策、技术基础设施、技术创新能力、技术应用能力等。从机械印刷的报业、电子发射的广播电视到互联网传播的各种数字新媒体形态,本质上都是由传播技术进步推动的。技术对新媒体生产的可能性及其成本影响重大,技术带来的新媒体使用效果及其便利性也直接影响受众的需求。

【案例4-2】

盛大网络及其"家庭娱乐战略"[②]

上海盛大网络发展有限公司(以下简称盛大网络)曾被称为21世纪初互联网"战国七雄"之一,其董事长陈天桥2004年是胡润IT富豪榜首富。2005年,凭借网络游戏迅猛发展的盛大网络高调宣讲、营销其"家庭娱乐战略",投入巨资研发生产电视机顶盒"盛大盒子",规划向当时最重要的传媒渠道——电视机——渗透互

[①] 李红:《中美互联网企业商业模式创新比较研究》,中国科学院大学管理科学与工程博士论文,2016年。

[②] 《盛大盒子:还原一个价值十亿美金的教训》,https://tech.sina.com.cn/it/csj/blog/2013-05-10/1056/1378032553/52231ba90101mz9x.shtml;《流媒体网:盛大这一年》,https://lmtw.com/mzw/content/detail/id/25512/keyword_id/-1;《复盘盛大游戏的"一生":曾帮助陈天桥称为首富,却也曾二度被抛弃》,https://www.tmtpost.com/2475491.html;《电视盒子磕磕绊绊中发展"山寨"内容绕过平台监管》,http://media.people.com.cn/n/2013/1113/c370912-23524328-2.html。

联网内容。这个战略以"盛大盒子"为核心,在电视上供应的内容也不局限于网络游戏,还包括新闻、股票、电影等内容,同时涉及音乐、广告、预付费和电子商务等业务,这也被外界归纳为"IPTV战略"。但是,上千人的团队花一年左右的时间研发出的"盛大盒子"售价高达每台6850元,技术上也不够成熟,在试点城市义乌一个月只销售了20台。于是,盛大网络终止了"盒子计划",仅保留了"易宝"这个"灵魂产品",价格也降至每台400多元,并且用盛大网络强大的销售体系和各种合作捆绑销售进行了强势营销,"用遥控器上网,盛大易宝"这个广告连续一个月占据了中央电视台不少频道的黄金档期。但是,经销商的"热脸"却并未激发消费者的热情,虽然出货量以百万台计,但这些产品只是在渠道周转,并没有到最终消费者手中。未等盛大网络继续调整盒子,2006年4月国家广电总局发文《广电总局关于叫停IPTV的通知》,点名盛大盒子存在牌照和版权违规问题。进入2007年,"盛大盒子"逐渐销声匿迹,盛大网络耗资近十亿美元向互联网家庭娱乐转型的战略计划也"寿终正寝"。

  盛大网络家庭娱乐战略的实质是内容和服务的战略转型,盛大网络想从一个单一的大型游戏供应商变成一个集成大型游戏、休闲游戏、电影、音乐以及其他互动内容的综合供应商。这种内容的改变会带来用户构成的变化——由20岁左右的年轻人变成7岁到70岁的主力大众;上网场所会由网吧变成家庭客厅;显示终端由电脑屏幕放大到电视机屏幕;商业模式由订阅费扩展到广告加增值服务收费。总之,盛大网络的战略是要从十亿量级的电视用户身上而非只从一亿量级的网络用户身上发掘价值。然而,盛大网络的新战略始终没有得到有关管理部门的认可,信息产业部电信研究院交流中心原主任陈育平曾表示虽然正在进行IPTV试点,但IPTV牌照未来只会发给那些全国广告收入排名前5的电视台。

  业内评论认为,在放弃"盛大盒子"后,盛大网络对"易宝"这个"灵魂产品"的战术安排非常巧妙,这也说明盛大网络仍对"家庭娱乐战略"十分重视。然而,新一轮的战略仍没有改变矛盾的本质:无论是大如DVD的盒子还是小到遥控器的"易宝",盛大网络发展战略的背后仍是其花大力气大价钱整合的内容(报道显示这期间盛大网络投资约4.5亿美元收购各种内容)。而这正触动了我国内容集成传播敏感的政策神经。从市场角度看,单单靠盛大网络一己之力很难改变用户的消费习惯。另外,当时我国宽带网络普及程度并不高,网络资源运营同样有很高的政策审批门槛。为什么盛大网络不以"现金牛"游戏业务为核心战略目标呢?报道显示,当时社会批评其游戏是导致青少年沉溺网游的罪魁祸首,甚至将"陈天桥"等同于网游,而作为精英的企业家追求更高的社会价值和社会认同是其根本原因。总之,从后来许多电视盒子以及智能电视的发展形势来看,盛大网络的"家庭娱乐战略"虽然大趋势是对的,但网络评论认为当时的政策环境、技术环境、经济环境、社会环境以及后来的结果表明这个战略的确是过于超前的。

(二)五力模型

五力模型是迈克尔·波特于20世纪80年代初提出的竞争战略分析工具,它认为行业中存在决定竞争规模和程度的五种力量,这五种力量综合影响着产业的吸引力以及现有企业的竞争战略决策。这五种力量分别是同行业现有竞争者的竞争能力、潜在竞争者进入的能力、替代品的替代能力、供方的讨价还价能力、买方的讨价还价能力。

产业竞争五力模型如图4-1所示。

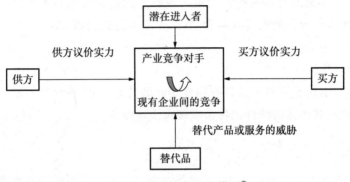

图4-1 产业竞争五力模型[①]

1.产业竞争对手

产业竞争对手是指在一个行业内为增加市场占有率而进行竞争的现有企业。企业可在价格和非价格等方面进行竞争[②],竞争分析通常包括分析竞争对手数量、竞争手段、竞争程度和竞争效应。行业内企业竞争力越强,就越有利于占据市场份额,提高价格优势,从而赚取利润。

行业内现有竞争者的竞争力主要受行业的成长阶段、退出障碍、产品差异性和沉没成本等因素影响。[③]行业的成长阶段影响竞争压力,行业成长性越高,行业内的竞争压力就相对越小,此时竞争者的议价能力就越弱。行业的退出障碍越大,企业退出行业市场的难度和压力就越大,就越能提高一部分企业生存的坚持度,也会增强竞争对手的议价能力。行业的产品差异性越小,竞争对手的议价能力就越强;相反,产品差异性越大,竞争对手的议价能力就越弱。行业的沉没成本越大,则企业竞争对手的议价能力就越强,企业自身的议价能力就越弱。

---

① 迈克尔·波特:《竞争战略》,陈小悦译,华夏出版社,2005年,第4页。
② 杨青松、李明生:《论波特五力模型及其补充》,《长沙铁道学院学报(社会科学版)》,2005年第4期,第95-96、108页。
③ 张璐:《波特五力模型理论研究与思考》,《品牌(下半月)》,2015年第6期,第345页。

2. 潜在进入者

影响潜在进入者的市场要素通常有必要资金量、沉没成本、产品差异性、价格、退出壁垒等。潜在进入者能够在两个方面减少现有企业的利润：一是进入者会瓜分原有市场份额获得一些业务；二是进入者减少了市场集中度，从而激发现有企业间的竞争，减少价格-成本差。[①]

潜在进入者的议价能力高低的关键影响因素是行业的进入壁垒。行业的进入壁垒是指新进入某行业的企业需要承担的额外成本，而该成本是现有企业不需要承担的，如规模经济、产品差异化、大额的资金需求等都可能成为行业的进入壁垒。因此，行业的进入壁垒越高，潜在进入者加入该行业的难度就越大，其议价能力也就越弱。

3. 替代品

替代品是指与本行业原有产品具有同样功能的其他产品，替代品也能争夺业务，加强现有企业之间的竞争，替代品的性价比将影响现有市场竞争。

4. 买方

买方的竞争力体现为其议价实力，指客户在购买过程中对价格的谈判优势和能力，这种谈判议价能力可以减少销售者的利润。买方议价实力通常表现在价格、服务等方面。

5. 供方

供方的竞争力也体现为其交易中的议价实力，即投入要素的供应者在价格谈判中的优势地位和赚取利润的能力。产品具有不可替代性或者说垄断性的供应者具有强大的议价实力。

总体来说，五力模型是对一个产业盈利能力和吸引力的静态扫描，可以有效分析企业面临的竞争环境，能说明该产业中的企业平均盈利空间。该模型认为企业战略的核心在于选择正确的行业以及行业中最具吸引力的竞争位置。

在内容极度冗余的新媒体环境中，能够聚拢内容生产和消费的传播平台显然是"通吃"买家和卖家的有力竞争者，新媒体机构都意识到了平台的重要性和盈利能力，甚至有人认为只有平台型媒体才能赢得未来。当下，能够吸引最多用户、获得最多广告收入和综合收入的媒体均为大型互联网新媒体平台。平台具有的规模效应和网络效应决定了只有少数机构才能聚合数量众多的用户从而获得巨大的垄断性竞争优势；并且，目前绝大多数媒体机构都是以生产内容为主业的，人们甚至将内容等同于媒体。那么，对于未能成为强势平台型媒体的大量新媒体机构而言，究竟应如何制定自己的战略目标并付诸实施呢？这显然是一个复杂多变的经营实践问题，新媒体机构要基于自身内部资源和外部环境的情况综合进行决策、探索。

[①] 杨青松、李明生：《论波特五力模型及其补充》，《长沙铁道学院学报（社会科学版）》，2005年第4期，第95-96、108页。

(三) SWOT分析法

SWOT分析法是一种综合考虑企业内部条件和外部环境的各种因素,进行系统评价,从而选择最佳经营战略和竞争策略的方法。SWOT分析法最早由美国旧金山大学韦里克教授于20世纪80年代初提出。长期以来,它在包括新媒体在内的各个行业战略规划和市场竞争分析中有着广泛的应用。

1. SWOT分析法的内涵

SWOT分析法中的"S"是指企业内部的优势(strengths),"W"是指企业内部的劣势(weaknesses),"O"是指企业外部环境的机会(opportunities),"T"是指企业外部环境的威胁(threats)。SWOT分析法的指导思想就是在全面把握企业内部优劣势与外部环境的机会和威胁的基础上,制定符合企业未来发展的战略,发挥优势、避开劣势,利用机会、化解威胁。机会和威胁是外部环境对组织的发展直接有影响的有利和不利因素,它们是客观因素,一般归属于相对宏观的如经济、政治、社会等范畴;优势和劣势是组织在发展中自身存在的积极和消极因素,它们是主观因素,一般归属于相对微观的如管理、经营、人力资源等范畴。

具体来说,企业的竞争优势是指其超越竞争对手的能力或其所特有的能提高自身竞争力的东西。企业的竞争优势可以来自以下几个方面:一是技术技能优势,如独特的生产技术、低成本生产方法、领先的革新能力、雄厚的技术实力、完善的质量控制体系、丰富的营销经验、上乘的客户服务、卓越的大规模采购技能等;二是有形资产优势,如先进的生产流水线、现代化车间和设备、丰富的自然资源储存、吸引人的不动产地点、充足的资金、完备的资料信息等;三是无形资产优势,如优秀的品牌形象、良好的商业信用、积极进取的企业文化等;四是人力资源优势,如关键领域拥有专长的职员、积极上进的职员、很强的组织学习能力、丰富的经验等;五是组织体系优势,如高质量的控制体系、完善的信息管理系统、忠诚的客户群、强大的融资能力等;六是竞争能力优势,如产品开发周期短、强大的经销商网络、与供应商良好的伙伴关系、对市场环境变化的灵敏反应、市场份额的领导地位等。

企业的竞争劣势是指企业缺少某方面的能力或在某方面做得不好,或指某种会使企业处于劣势的条件。可能导致企业竞争劣势的因素有:缺乏具有竞争力的技能技术;缺乏有竞争力的有形资产、无形资产、人力资源、组织资产;关键领域的竞争力正在丧失。

企业面临的潜在机会对于企业发展战略具有重大影响。企业管理者应当确认每一个机会,评估每一个机会的成长和利润前景,把握那些可与企业财务和组织资源匹配、能够使企业获得最大竞争优势的最佳机会。潜在的发展机会可能源于:客户群的扩大趋势或产品细分市场;技能技术向新产品新业务转移,为更大的客户群服务;前向或后向整合;市场进入壁垒降低;获得购并竞争对手的能力;市场需求增长强劲,可快速扩张;出现向其他地理区域扩张,扩大市场份额的机会。

危及企业的外部威胁是指企业外部存在的某些对企业的盈利能力和市场地位构成威胁的因素。企业管理者应当及时确认对企业未来利益构成威胁的因素,对其进行评估并采取相应的战略行动来抵消或减轻它们所产生的影响。企业面临的外部威胁可能是:出现即将进入市场的强大的竞争对手;替代品抢占企业销售额;主要产品市场增长率下降;汇率和外贸政策的不利变动;人口特征、社会消费方式的不利变动;客户或供应商的谈判能力提高;市场需求减少;容易受到经济萧条和业务周期的冲击。

2. SWOT分析法的步骤与决策矩阵[①]

企业战略规划中使用SWOT分析法的步骤如图4-2所示。

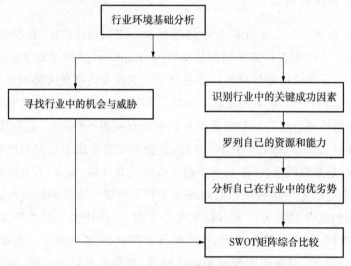

图4-2　SWOT分析法的步骤

完成行业环境基础分析之后,就可以将内外部环境因素列成矩阵进行综合比较,进而制订相应的行动计划。制订行动计划的基本思路是"发挥优势、避开劣势、利用机会、化解威胁;考虑过去、立足当前、战略前瞻、着眼未来"。制订行动计划时,要利用系统理论的分析方法,将各种环境因素进行匹配组合,可以列出企业能选择的各种对策。SWOT分析决策矩阵如表4-1所示。

表4-1　SWOT分析决策矩阵

	S	W
O	SO	WO
T	ST	WT

SO(最大-最大对策):企业利用外部环境中出现的有利于自己的机会,找出自身条件中最具优势的部分,将二者结合起来,整合资源,将优势发挥到极致。这将使企业的生存和发展进入良性循环,是一种推动企业持续发展的增长性战略。

WO(最小-最大对策):企业利用外部环境中的机会弥补自身劣势,消除导致自身劣势的

[①] 屠忠俊:《现代传媒经营与管理》,华中科技大学出版社,2011年,第105页。

各项弊端,这经常是企业制定扭转型战略的思维。

ST(最大-最小对策):企业面临威胁,但自身有一定优势,可利用这种优势规避或减轻威胁,这经常是从多种业务中寻找发展机会的多种经营战略思维。

WT(最小-最小对策):企业处于竞争劣势,遭受威胁,应尽量消除劣势,谨慎规避风险,努力维持生存,这属于防御型企业战略。

总之,SWOT分析法是具有战略管理哲理的分析方法,内部资源和能力因素与外部环境要素的分析、匹配,体现了战略管理的基本内在逻辑。建立更具普遍适用性的战略管理理论逻辑框架应注意结合大数据时代特点,更全面地将内外因素纳入分析过程,更关注动态性,更好地留下能够容纳产业特点、企业特色和高管个性的分析"接口"。①

SWOT分析法在新媒体行业管理中运用广泛。东方明珠新媒体股份有限公司(以下简称东方明珠)制定"BesTV+流媒体视频平台"全媒体战略的基础条件包括:国家推进媒体深度融合、新媒体市场持续快速扩大的战略机遇;东方明珠所拥有的打通视频、电商、文旅等产品及服务的融合媒体平台优势,以及全牌照运营、全渠道流量入口、线上线下协同互动等优势;东方明珠在战略管理中越来越重视应对宏观经济波动、文化监管政策变动、文娱市场深度竞争加剧、技术升级挑战加剧、人才流失等系统性风险带来的挑战。著名的CBS公司(哥伦比亚广播公司)更是对自身进行了系统的SWOT分析,认为其优势在于拥有雄厚的资本,且能够通过多个平台进行组合投资;其机遇在于美国广告市场不断扩大,整体传媒娱乐市场前景良好,电子书市场也在增长;但是其劣势在于企业运营聚焦于美国本土地域,内容传输对第三方平台依赖较强;其面临的威胁在于市场竞争过于激烈、消费者偏好和品位变化快、传媒产业盗版现象比较严重。

(四) STP分析法

在市场竞争激烈、经营不确定性增强的市场背景下,企业只有对市场进行全面深入的分析才能理解市场趋势和消费者需求,进而确定自己的长远发展战略。STP分析法也成为常见的战略管理分析工具。

理论上而言,无数新媒体产品可以便捷地触达海量受众中的每一位,受众也能轻易接触任意新媒体产品,因此只有准确进行市场细分、选择和定位,才能降低不确定性,使新媒体企业资源利用和生产营销有更强的针对性。

STP理论是美国营销学家菲利浦·科特勒在前人市场细分概念基础上进一步完善而成的营销战略理论。STP中的字母分别指市场细分(segmentation)、目标市场(targeting)和市场定位(positioning),它们是战略营销的核心内容。企业要在市场细分的基础上,确定自己的目标市场,最后把产品或服务定位于目标市场的确定位置。

---

① 谭力文、丁靖坤:《21世纪以来战略管理理论的前沿与演进——基于SMJ(2001—2012)文献的科学计量分析》,《南开管理评论》,2014年第4期,第84-94、106页。

市场细分是按照一定的分类标准把传媒市场分割为若干个在选定标准上具有同质性的受众群体组成的分市场,并将其中的一个或少数几个确定为自己的目标市场。没有哪一种单独的方法能够细分市场,营销人员不得不尝试不同的细分市场变量,以期找到能够概括市场结构的最好方式。市场细分可以运用的几个主要变量是:地理细分、人口统计细分、心理细分和行为细分。市场细分可以帮助企业确定目标市场、发现市场机会、确定经营方向,从而增强应变能力,扩大在特定细分市场的份额。有效的市场细分应注意遵循可测量性、可到达性、可持续性、差异性和可执行性。①

目标市场是指企业在市场细分的基础上,根据市场规模及其成长性、竞争对手状况和企业自身目标与资源,决定选择性进入的部分目标细分市场。针对目标市场,企业可以选择无差异营销(针对大众市场)、差异化营销(针对细分市场)、集中性营销(针对利基市场)或微观营销(针对更具体的本土化或个性化市场)战略。无差异营销战略是指企业可能决定忽视细分市场差异,仅推出一种产品来服务整个市场。这种战略适合产品同质、容量大的市场。差异化营销战略是指企业决定同时经营几个细分市场,为每个细分市场分别设计不同的产品,提供相应的营销服务,针对性满足多个细分市场目标受众需求。集中性营销战略是指企业以一个细分市场为目标,集中力量,进行专业化生产和经营。微观营销战略是企业调整产品或营销活动去迎合具体消费者和当地消费者的口味,进行个性化营销和本土化营销。

市场定位是企业根据目标市场的竞争状况、自身条件及战略目标,确定产品在目标市场的位置、形象,突出自身的功能、属性。它实质上是确定并塑造与竞争产品相比自身产品在消费者心目中的特征、地位和形象的过程。定位是各种产品在竞争市场触达消费者所不可或缺的策略,作为"市场营销学有史以来最重要的理论概念"②,定位在传媒市场也得到了广泛应用。定位理论的提出者Al Ries(艾·里斯)和Jack Trout(杰克·特劳特)强调定位是产品在潜在消费者心目中塑造的形象③,强调潜在消费者的财务收益、便利性和心理利益等收益和价值④,认为经营者只有为其他主体创造价值才能实现自己的价值。

新媒体机构在制定自己的战略目标时,通常需要结合自身使命和资源条件,综合利用各种战略理论工具进行分析,找到自己的相对优势和突破方向,集中资源进行高效生产和有针对性的营销传播。面对竞争对手,核心竞争力不同的新媒体机构可采取碰撞定位、闪避定位或重新定位等方式,制定对自身而言最优的发展战略。

---

① 加里·阿姆斯特朗、菲利普·科特勒、王永贵:《市场营销学(第12版全球版,中国版)》,中国人民大学出版社,2017年,第171、179页。

② 《有史以来对营销影响深远的观念》,https://finance.sina.cn/zl/2019-09-16/zl-iicezzrq6067642.d.html?from=wap。

③ Al Ries、Jack Trout. Positioning: The Battle for Your Mind. McGraw-Hill, Inc., 1981:2.

④ 李飞、刘茜:《市场定位战略的综合模型研究》,《南开管理评论》,2004年第5期,第39-43页。

三、新媒体战略管理类型

分析企业的内外部环境是为了发现适用于企业的战略。战略管理理论中有一些基本战略类型和战略管理系统,可以为新媒体机构的战略管理提供有益的参考和借鉴。

(一)战略管理基本类型

竞争战略是采取进攻性或防守性行动,在产业中占据有利地位,妥善处理竞争中的"五力",获得超常的投资收益。不同的企业可采用不同的战略,并且最佳战略都是企业所处具体情况的独特产物。但是,我们也可以从迈克尔·波特提出的影响深远的竞争战略理论中归纳出三种提供成功机会的基本战略[1]。

1. 总成本领先战略

总成本领先战略是企业赢得市场竞争的常用战略,它要求企业积极地建设达到有效规模的生产设施,在经验基础上全力降低成本,加强对成本与管理费用的控制,最大限度地减少研究、开发、服务、推销、广告等方面的成本费用,从而使企业获得高于产业平均水平的收益。实现总成本领先,通常要求企业具备较大的相对市场份额或有其他优势(如良好的原材料供应等)。尽管质量、服务以及其他方面也不容忽视,但贯穿整个战略的主题是使自身成本低于竞争对手。

新媒体机构运用总成本领先战略的效果比较复杂:在数字内容生产环节,很难像制造业那样通过降低生产成本来获得价格竞争优势,而是需要在创意环节投入较多资源,并配合巧妙的营销,以覆盖最大范围的用户,从而充分利用数字产品传播边际成本约等于零的经济特征,把总成本摊薄;但是在物质性较强的产品和服务环节,如硬件生产销售与人工服务环节,降低成本则能增强价格竞争优势、扩大市场份额。

2. 差异化战略

另一种赢得竞争的基本战略是将企业提供的产品或服务差异化,形成一些在全产业范围内具有独特性的东西。差异化战略可以体现在很多方面,如设计和品牌形象、技术特点、外观特点、客户服务、经销网络及其他方面的独特性。最理想的情况是企业同时在几个方面标新立异。差异化战略并不意味着企业完全忽略成本,只是此时成本不是企业的首要战略目标。

差异化战略利用客户对品牌的忠诚度以及由此产生的价格敏感性下降使企业得以避开竞争,它也可以让企业在不降低成本的情况下增加利润。当然,差异化活动总是成本高昂,有时差异化优势会与占领更大的市场份额相矛盾。

---

[1] 迈克尔·波特:《竞争战略》,陈小悦译,华夏出版社,2005年,第34页。

新媒体消费者的需求丰富、差异很大,这就为差异化战略的实施提供了很大的空间,差异化产品在内容生产中占有相当重要的地位。

3. 目标聚集战略

目标聚集战略是指企业把战略重点集中于特定消费群体、某系列的特定品种或特定地理区域市场。与总成本领先战略与差异化战略都要求在全产业范围内实现目标不同,目标聚集战略是企业围绕某一特定目标而设立的,企业制定的每一项职能性方针都要考虑这一特定目标。实施这一战略的前提是:企业能够以更高的效率、更好的效果为某一狭窄的战略对象服务,从而超过在更广阔的范围内的竞争对手。企业或者通过较好地满足特定对象的需要,实现了差异化;或者是在为这一对象服务时,实现了低成本;或者二者兼得,从而在其狭窄的市场目标中获得了一种或两种优势。目标聚集战略适用于消费者差异显著的细分市场,适用于资源有限但在特定领域有比较优势的企业。

目标聚集有利于企业在竞争激烈的新媒体市场中,保持自身独特的定位并吸引特定用户,这比盲目扩大产品种类更有利于企业持续生存发展。豆瓣可谓运用目标聚集战略的典型之一。作为2005年就创办的网络社区,豆瓣长期聚焦读书、电影、音乐分享交流,虽然没有像热门互联网产品那样获得高商业变现,但在该领域始终保持着较大的影响力。哔哩哔哩也属于运用目标聚集战略的典型,但它围绕核心目标的谨慎拓展也卓有成效。哔哩哔哩始终聚焦青年群体喜爱的二次元文化,其内容从最初的动画、漫画和游戏,逐步拓展到了更多娱乐与新番连载,再到音乐区、舞蹈区和鬼畜区,并进一步衍生出时尚区、生活区、国创区、美食区、知识区、汽车区、运动区与动物区等一级分区和二级分区,已经成为中国"Z世代"高度聚集的文化社区和视频平台,它也可以说是青年群体的综合娱乐社交视频平台。

(二)战略管理系统

战略管理理论认为企业战略通常分为三个层次,即公司层战略、业务层战略和职能层战略。职能层战略是职能部门为实现业务层战略而服务的,而业务层战略是为实现公司层战略而服务的。战略的三个层次必须同步化、协调化,这就是企业战略的层次性(又称系统性)的含义。①

管理实践中,公司层战略可以理解为总体战略,而业务层战略和职能层战略在实践中有时难以截然区分而被统称为运营战略。追求持续成长的大型新媒体机构一般都有系统的总体战略和运营战略。

1. 总体战略

总体战略是企业高层管理者从企业整体层面根据外部环境和自身资源,就企业总体愿

---

① 杜兰英、石永东、杨春方:《基于项目群视角的战略管理层次观》,《科技进步与对策》,2007年第12期,第109-111页。

景和目标、价值观、业务领域做出总体决策与布局,尤其是通过管理一系列不同业务来获得不同细分市场的竞争优势。

总体战略主要分为成长战略与防御战略两种。成长战略可分为密集成长战略、一体化成长战略和多元化成长战略。①密集成长战略是企业专注某一项业务,通过把该项优势业务做到极致、获得更大的市场份额而成长。一体化成长战略是分步骤完成的、更为复杂的战略,企业要先把一个领域做精,然后向前向后进行业务延伸。多元化成长战略指企业通过发展多元业务获得成长,成功的多元化成长战略使企业收入来自不同业务,可以降低企业获利的不确定性。防御战略包括四种,即收获战略、转向战略、放弃战略和清算战略。采用收获战略的企业为使其所投入的资源在短期内获得最大收益,会尽可能地压缩成本和投资额,采用榨油式方法,在短时间内获取更多利润。转向战略也称收缩战略或重组战略,出于扭亏增盈等目的,企业以减少成本与资产的方式重组企业。放弃战略也称剥离战略,是指通过清理、变卖某些战略业务单元,帮助企业剥离不盈利、现金流量大或经考察不相适配的业务。清算战略是指企业遇到全面威胁时通过将全部资产分块出售等方式来提取其资产价值,从而尽可能多地回收资产。

近年来,媒体领域常见的总体战略有集团化战略、信息化战略等。集团化战略即整合媒介机构、扩张优势业务、提升媒介集团整体竞争力的战略。集团化战略的作用在于通过整合、重构、优化资源配置,提升受众覆盖率与到达率,通过并购和联盟形成规模效应。并购类型包括横向、纵向和混合并购几种。信息化战略是指利用现代信息技术,引进现代管理理念,深刻变革企业经营方式、组织结构、管理流程,实施企业生产、财务、管理和服务的信息化,达到提高效益、降低成本目的的管理战略。

2. 运营战略

如果说总体战略是企业发展的纲领和方向,那么运营战略则集中体现了总体战略在实施层面的操作行为,它决定了企业在业务层面的盈利水平。运营战略涉及企业各个业务部门和单元,多由某项业务的直接负责人负责决策与实施,由上一层次管理者进行审核与监督,以此保证运营战略与总体战略大目标协调一致。②例如,财务战略就应配合总体战略各阶段需要,在核心竞争力形成阶段采取集中财务战略,在核心竞争力成长阶段采取扩张财务战略,在核心竞争力成熟阶段采取稳健财务战略,在核心竞争力衰退阶段采取防御财务战略。③总体战略包括品牌营销战略、生产作业战略、研究和开发战略、人力资源战略、财务管理战略、激励机制战略等具体运营战略。

传统电视与新媒体融合发展的战略转型也成为行业最为关心的战略议题之一,这涉及内容生产、传播模式和竞争策略等方面。在内容生产方面,传统电视内容生产转型的最终目标是打造以视听互动为核心,融网络新媒体特色、电视特色于一体的立体化生产平台;在传

---

① 张锐:《影视管理学》,中国国际广播出版社,2023年,第37页。
② 谢新洲:《媒介经营与管理》,北京大学出版社,2011年,第259页。
③ 汤永君:《基于核心竞争力的企业财务战略管理研究》,《中国管理信息化》,2010年第23期,第9-11页。

播模式方面,传统电视的转型目标就是从"一对多"的单向传播、单一形态传播,向"多对多"的渠道立体化传播、充分满足用户互动需求的交互式传播转变;在竞争策略方面,传统电视的转型目标是从单一品牌、单一产品向全媒体、全产业链的竞争格局转变,力争打通产业链的上下游,以视频优势谋求竞争优势。[1]湖南广播影视集团有限公司是我国新型主流媒体集团中战略管理的典型,其不仅有效规划实施了成长型总体战略目标,也实施了多项内容、渠道、技术、组织和多种垂类新媒体产品的运营战略,推进"五项融合"实施路径,塑造了主流新媒体集团的大模样,保持了内容创新、融合传播的绝对领先地位,在广电行业全面亏损的情况下,稳住了经营大盘并保持了市场头部竞争优势。[2]

(三)其他战略类型

新媒体行业技术变革和市场变迁迅速,有许多兼具理论和实践价值的战略类型能够为新媒体机构管理提供启迪。比如,强调创新创造的"蓝海战略"和强调自身能力的核心能力战略均属此列。

1."蓝海战略"

欧洲工商管理学院的钱·金和勒妮·莫博涅教授在《蓝海战略——超越产业竞争,开创全新市场》一书中将市场分为"红海"与"蓝海"。"红海"是一种市场竞争者采用的战略雷同,市场趋于饱和,平均利润率极低的行业,企业在其中进行着一场"你死我活"的搏斗,互相之间是一场零和博弈(甚至是负和博弈);而"蓝海"则指未被开发的行业,其中竞争对手很少,平均利润率很高,能为企业带来迅速而高效的价值增长。[3]避开市场竞争激烈的"红海",另辟蹊径开创需求广阔的"蓝海"是一种有效的战略。

分析"蓝海战略"的四大步骤是"剔除—减少—增加—创造",即剔除行业中被认为理所当然但实际已不再具有价值的元素,减少产品或服务的过度设计元素,增加产品某些行业标准以上的元素,创造某些行业从未提供过的价值元素。通过剔除、减少两个步骤可以降低成本,通过增加和创造两个步骤可以增加价值,在降低成本的基础上为消费者提供更大的价值。

企业制定"蓝海战略"需要遵循以下六大原则:重建市场边界;关注全局而非数字;超越现有需求;遵循合理的战略顺序;克服关键组织障碍;将战略执行变成战略的一部分。[4]

"蓝海战略"的价值创新不是产品创新、技术创新,也不是资源配置创新、组织创新或制度创新,而是一种集成创新;它不拘泥于某个要素的创新,不局限于本行业的规则,不只为满

---

[1] 黎斌:《传统电视与新媒体融合发展的转型战略分析》,《电视研究》,2011年第5期,16-19页。
[2] 《张华立:芒果TV三年内要建成全国第一的长视频平台》,https://mp.weixin.qq.com/s/oqKBQBZNadhVAOmuGBlc-Q。
[3] 许婷、陈礼标、程书萍:《蓝海战略的价值创新内涵及案例分析》,《科学学与科学技术管理》,2007年第7期,第54-58页。
[4] W.钱·金,勒妮·莫博涅:《蓝海战略——超越产业竞争,开创全新市场》,吉宓译,商务印书馆,2005年,第53-203页。

足现有消费者的需求而生产或服务;而是要求企业重塑行业规则,甚至是创造一种前所未有的行业,开发一系列消费需求。同时我们也可以看到,"蓝海战略"是以战略行动为分析单位的,随着其他企业的跟随加入,"蓝海"也会慢慢变成"红海",于是行动也要随之改变,战略行动也要一步步升级。[1]

2. 核心能力战略

核心能力战略是指企业依靠自己独特的资源,培育出不同于其他企业的关键优势能力,并围绕优势能力进行企业管理的发展战略。这种优势能力对内是一种核心能力,对外则是一种核心竞争力。

核心能力是组织中的积累性学识,特别是关于如何协调不同的生产技能和有机结合多种技术流的学识,是蕴含于一个企业生产与经营环节之中的具有明显优势的技术和技能的集合体,是在限定的企业战略空间中使企业比竞争对手的行为更有效的能力。它能使企业的一项或多项业务达到一流水平,使企业产出独特的产品,甚至在某一领域获得垄断优势。在平时,核心能力一般表现为学识(即企业知识)的形式,如特有的企业文化、技术与专利、规程与程序、规章制度与机制、经验与价值理念等。它们需要不断地创新、改进和积累,以不断实现更高的组织活动效率。[2]

关键词

战略管理;战略分析;战略选择;战略实施;战略控制;PEST分析法;五力模型;SWOT分析法;STP理论;总体战略;运营战略;成本领先战略;差异化战略;目标聚集战略;"蓝海战略";核心能力战略。

复习思考题

1. 战略管理理论经历了哪些发展阶段?这种理论变迁对当今新媒体战略管理有何启示?
2. 战略管理过程主要包括哪些环节?新媒体技术升级很快且涉及复杂的协作对象,这对新媒体机构战略管理提出了怎样的要求?
3. 选择典型的新媒体机构案例,运用合适的分析工具,深入分析其战略管理特征。

---

[1] 许婷、陈礼标、程书萍:《蓝海战略的价值创新内涵及案例分析》,《科学学与科学技术管理》,2007年第7期,第54-58页。

[2] 朱怀意、陈建新:《论通用竞争战略与核心能力战略的同一性》,《软科学》,2002年第2期,第29-31、35页。

第五章

新媒体商业模式管理

◆ 学习目标

1. 了解商业模式的内涵与要素；
2. 培养新媒体商业模式分析和创新能力；
3. 理解深度媒介化社会商业模式的内在逻辑。

◆ 案例导入

抖音公司：移动短视频内容、社交、电商、广告的"全能黑马"

抖音有限公司（原字节跳动有限公司，以下简称抖音公司）是彻底颠覆专业媒体内容生产与广告经营方式的典型案例。作为一家私人控股公司，抖音公司很少公布财务数据，但各大媒体以及第三方咨询机构对其用户、营收及其类型模式等经营数据密切关注。①

抖音公司的业务首先扎根于中国国内，拥有庞大的用户群和广泛的影响力。艾瑞咨询数据显示，2024年3月抖音App装机数量9.5亿台，超过短视频装机排名第二的应用104.54%；2023年6月抖音用户人均单日使用时长109.1分钟；QuestMobile数据显示，截至2023年9月，抖音平台以7.43亿的月活量在国内各大短视频平台中独占鳌头。在广告收入方面，2023年抖音广告占国内互联网广告市场份额的29.1%，居国内各大互联网媒体之首；在电商收入方面，2023年1~10月，抖音电商已完成接近2万亿元的GMV（商品交易总额），同比增速接近60%。2022年抖音百万商户、千万生活服务达人共创超11亿个探店视频，获用户989亿个点赞。

---

① 《QuestMobile2023年新媒体生态洞察》，https://www.tmtpost.com/6799426.html；《增幅转正，AI赋能：2023中国互联网公司广告收入榜单解析》，https://baijiahao.baidu.com/s?id=1795927617130968048&wfr=spider&for=pc；《消息称字节跳动2023年全球营收1200亿美元，含美国160亿美元》，https://baijiahao.baidu.com/s?id=1793729982813719695&wfr=spider&for=pc；《"围剿"TikTok：美国和字节还有哪些胜负手》，https://baijiahao.baidu.com/s?id=1797451851699267869&wfr=spider&for=pc。

据IT之家消息，英国《金融时报》报道抖音在TikTok"爆炸式增长"的推动下，2023年营收达到1200亿美元，同比增长约40%，其中在美国的营收约为160亿美元。TikTok的美国用户约有1.7亿，每位用户平均每天花费58分钟刷TikTok，40%的美国用户将TikTok视为日常新闻信息来源，62%的美国年轻人使用TikTok。2023年，TikTok以4700万次的下载量居美国社交媒体应用下载榜首，Facebook和Instagram分别以3500万和3400万的下载量位居第二和第三。2022年，TikTok月活量为14亿，据估算2023年年底TikTok全球活跃用户约为18亿。电商广告是TikTok的主要广告收入来源，2023年上半年全球TikTok广告分布为：电商广告77.9%，应用广告15.3%，游戏广告6.8%。抖音营收增长也离不开电商业务的贡献，2023年TikTok电商东南亚GMV超130亿美元，其中印尼突破40亿美元，泰国市场35亿美元左右。

抖音公司并不生产内容，但是它聚集了海量UGC（用户生成内容），也获得了媒体最为倚重的收入来源——广告，对专业媒体机构的生产和盈利方式构成颠覆性挑战，同时推动了整个传媒行业对商业模式的探索。

传统专业媒体的主要经营模式是制作并销售专业内容，进而销售广告获得收入；但是在数字时代，这种经营方式及其内容生产、广告销售的市场竞争力严重弱化。各种各样的新媒体内容和服务及其相应的收益方式应运而生，生产流程和生产主体发生了颠覆性变革，海量媒介产品提供者涌入市场，满足了用户各种内容需求以及其他产品和服务需求。

深度融合的媒体生态中，传媒生产者和消费者之间的边界逐步消失，内容传播和物质流通、服务供给深度融合，整个新媒体生产协作与交换过程出现了各种新的可能性，新媒体机构获取生产收益的方式也变得越来越多样。这不仅仅是新技术带来新产品的现象，而且是数字化新媒体生产和盈利模式完全颠覆了传统媒体生产格局的现象，可谓典型的商业模式颠覆式创新。在2023年3月召开的中国新闻史学会传媒经济与管理专业委员会学术年会上，传媒经济"新赛道"成为关键词，学界和业界人士聚焦媒体的新业务、新资源、新收益、新动能、新模式。

新媒体的传播、连接和沟通功能强大。作为一种社会生产协作的基础设施，它也改变了各行各业的信息传播、生产协作和销售交易模式，传媒行业和其他行业在融合中产生了大量新业务，这既是传媒行业面临的机遇，也是许多行业在数字社会重构商业模式的契机；当然，对历来以内容生产为主的传媒行业而言，要创新并超越内容生产、培养新型生产能力和商业模式也是一种巨大的挑战。

商业模式理论关注企业的价值生产、传递、变现，从需求定位、业务系统、资源筹集、收入变现等层面展开企业经营管理分析，其在深层次上触及交易成本理论，分析不同模式中商业主体之间交易协作的成本与收益，提供了分析新媒体商业模式类型选择与流程再造的理论工具，从而利于新媒体机构更深入地理解商业生态，更好地管理新媒体商业模式。本章将介绍商业模式理论内涵和构成要素，分析新媒体商业模式创新路径，并探讨这种商业模式变革的内在逻辑。

一、商业模式理论概述

商业模式理论是20世纪90年代随着互联网在商业领域逐步普及而快速兴起的一种管理理论，它并不是仅仅关注技术、产品或盈利，而是关注整个生产协作与交易系统，有助于人们鲜明而深刻地理解互联网重构信息时代"新经济"的本质特征。当然，经济学、管理学界早就认识到了商业模式所包含的生产交换体系整体性更新迭代的深刻意义。早在20世纪前期，著名经济学家熊彼特就指出价格和产出的竞争并不重要，重要的是来自新商业、新技术、新供应源的新的商业模式竞争。20世纪中后期，被誉为"管理学之父"的德鲁克提出，现代企业之间的竞争，不是不同产品之间的竞争，而是商业模式之间的竞争。这一观点得到了广泛认可。

（一）商业模式研究概况

虽然"商业模式"一词最早于1957年出现在论文正文中，于1960年出现在论文的题目和摘要中，但是其正式作为一个独立领域引起研究者的广泛关注却是1999年以后的事情。国外商业模式研究迅速增长，到21世纪初，商业模式已经成为学术期刊、报纸，甚至人们日常谈话中出现频率相当高的热门术语之一。商业模式的概念本质、体系构成、评估手段和创新变革都成为备受关注的议题。国外相关研究取得了很多成果，但"这些研究都还很不成熟，并且尚未形成一种能够得到普遍认可的权威理论"，"有大量的理论空白需要填补"[①]。互联网的应用实践推动着商业模式的概念探讨和理论研究。一开始，商业模式常被用于刻画描述以网络为基础的电子商务型企业是如何获取收益的，而后由于互联网改写了基本的经济规则，改变了人们的日常行为与生活，使新的公司形态及战略成为可能，所以越来越多的企业实践者开始关注在不确定的环境下什么是可能的。自此，不仅是企业家、风险投资顾问、技术人员等商业人士经常使用"商业模式"一词，学界研究人员也开始关注与商业模式相关的理论问题，有关研究成果呈"井喷"态势。

商业模式创新并不是考虑如何打压或消灭对手，而是考虑怎样发现顾客、服务顾客和维系顾客，以便有效发现价值、挖掘价值和创造价值。商业模式创新不同于以往的技术创新，其不仅涉及各要素的创新，更涉及各要素之间关系的创新。商业模式创新对很多企业的生产和发展起决定性作用，尤其对于那些存续时间较长的企业而言，保持自身商业模式活力、适时寻求商业模式创新是一项长期的持续性任务，是其重塑和保持竞争优势的关键。

尽管学者们对商业模式创新的内涵、特征、表达模型及路径建构等方面的理解存在差异，但他们在"商业模式创新是围绕'如何为顾客和企业自身创造价值'进行的"这一核心理念上达成了共识。理论界普遍认同商业模式创新涉及洞察价值提出价值主张、运营模式创

---

① 原磊：《国外商业模式理论研究评介》，《外国经济与管理》，2007年第10期，第17-25页。

造价值、营销模式传递价值、盈利模式获取价值这四个环节①,而市场的本质正是价值的生产和交易。

传媒商业模式研究分析了由传统"二次售卖"模式主导到互联网新媒体多种商业模式创新的拓展。"二次售卖"模式,即传媒产业中存在内容市场和受众市场双边市场,在内容市场把信息内容产品卖给消费者,在受众市场把消费者注意力卖给广告主。"现代传媒经济运作的关键在于它的第二次'售卖'"②。"二次售卖"模式明确了传媒广告商业模式的微观机制:信息内容的传播不但能吸引人们的注意力,而且会对人们的社会认知、社会行为产生影响,进而转化变现。③互联网的应用使传媒产业的经营管理模式、产品形态、组织机构、盈利模式等发生了深层次的变化,媒介融合、产业合作、关系、价值、用户等因素都成为传媒商业模式研究的重点。媒介经营正发生趋势性转变,媒介生产方式"从自足全能到开放多元"④,变得更加重视用户参与媒介生产,重视优化盈利组合,在创造性建构人、财、物、信息之间有价值的组合关系过程中,实现了信息流、资金流、物流的"三流"合一,形成了新型媒介产业链。相关研究认为,随着技术与市场成为传媒商业模式变革的主导因素,我国传媒业现有商业模式可分为基本商业模式、关联商业模式与跨界商业模式三类;就其创新来说,应遵循社群经济、平台经济、粉丝经济、长尾经济与数据经济的路径。⑤

(二)商业模式定义辨析

面对互联网带来的商业经营种种新现象,人们从不同角度对商业模式进行了定义,体现了对商业模式的不同理解和应用。

许多定义强调商业模式的本质在于价值创造与交换,强调商业模式是组织创造价值的核心逻辑,认为商业模式是一个通过一系列业务过程创造价值的商务系统,它涉及商业活动参与者之间的价值交换,是企业创新的焦点和企业为自己、供应商、合作伙伴及客户创造价值的决定性来源,指出企业依据特定商业模式使用其资源、超越竞争者和向客户提供更大的价值。总之,商业模式被定义为一个描述客户价值主张、价值创造和价值获取等活动连接的架构。⑥

有的定义则更加直接地强调商业模式的关键在于运营和盈利模式。比如,王波和彭亚利认为,对商业模式可以有两种理解:一是经营性商业模式,即企业的运营机制;二是战略性商业模式,即一个企业在动态环境中怎样改变自身以达到持续盈利的目的。⑦再如,美国北卡罗莱纳州立大学迈克尔·拉帕教授认为商业模式是一种能够为企业带来收益的模式,规定

---

① 冯雪飞:《商业模式创新与顾客价值主张:理论、模型与实证》,经济管理出版社,2016年,第4-5页。
② 喻国明:《影响力经济——对传媒产业本质的一种诠释》,《现代传播》,2003年第1期,第1-3页。
③ 于正凯:《价值与关系:网络媒体商业模式研究》,复旦大学博士学位论文,2013年。
④ 喻国明:《媒介经营逻辑的趋势性转变》,《新闻与写作》,2011年第3期,第57-60页。
⑤ 张辉锋、翟旭瑾:《中国传媒业商业模式类别及创新路径》,《中国出版》,2019年第6期,第3-6页。
⑥ 魏江、刘洋、应瑛:《商业模式内涵与研究框架建构》,《科研管理》,2012年第5期,第107-114页。
⑦ 王波、彭亚利:《重思商业模式》,《IT经理世界》,2002年第6期,第86-87页。

了企业在价值链中的位置并指导其如何赚钱。

有的定义侧重商业模式的整体组合和系统特征,认为商业模式是企业定位和目标,以及为满足客户需要而采取的一系列整体的战略组合。任何企业创造价值的过程都是或大或小的系统工程,要进行商业模式分析必须对企业商业活动的内在机理予以系统解释。[①]瑞士的亚历山大·奥斯特瓦德认为商业模式描述了企业提供给客户群的价值,以及企业和其伙伴网络所组成的体系结构,这个体系结构致力于创造、营销和送达这个价值。罗珉等认为,商业模式是一个组织在明确外部假设条件、内部资源和能力的前提下,用于整合组织本身、客户、供应链伙伴、员工、股东或利益相关者来获取超额利润的一种战略创新意图和可实现的结构体系以及制度安排的集合。[②]总之,商业模式是一个系统,它由不同部分、各部分之间的联系及其互动机制组成,是企业为客户提供价值,同时又能和其他参与者分享利益的组合体系。

(三)交易结构

魏炜等将商业模式定义为企业与其利益相关者的交易结构,他们提出了商业模式六要素模型,其中的六要素为定位、业务系统、关键资源能力、盈利模式、现金流结构和企业价值。该定义和构成要素不仅关注企业内部,也关注企业之外的商业生态系统,强调打破企业边界,分析企业所处生态系统中各个交易活动在价值创造方面存在的问题和提升的机会,根据交易结构的设计重构焦点企业。[③]

这个定义比较适合用来分析当下网络连接能力空前强大的市场交易环境下的商业模式管理。互联网时代市场各种交易可能性大大增加,降低成本、提高效率的可能性也在增加;与此同时,交易不确定性也因为更多机会、更多变化的出现而提高。如何合理选择焦点企业不同层次的协作对象并设计业务系统、分配利益关系?交易结构商业模式理论对业务系统、定位、盈利模式、关键资源能力等要素的分析框架比较适用于企业分析自身的交易结构与商业模式。这种交易结构视角的商业模式定义,具有新制度学派的企业理论、管理学派的企业资源能力理论、公司治理中的利益相关者理论基础,有利于将具体分析导向深入研究。如果把企业看作一系列经济契约的集合,那么不管是企业内部的独立部门、供货商、加盟商、直营店、客户、投资人等,都有自己的权利配置诉求。企业的存在本质上是组合、平衡了多方利益相关者的权利配置诉求并因此缔结各种契约的结果。这种交易结构分析视角为企业商业模式管理创新提供了广阔的空间。

二、商业模式构成要素

企业的商业模式是价值生产、传递、实现的过程,是"互联网+"时代众多利益相关者的交易结构。分析商业模式要素既是理论建构的必要条件,也是管理实践的抓手。

---

① 程愚、孙建国:《商业模式的理论模型:要素及其关系》,《中国工业经济》,2013年第1期,第141-153页。
② 罗珉、曾涛、周思伟:《企业商业模式创新:基于租金理论的解释》,《中国工业经济》,2005年第7期,第73-81页。
③ 魏炜、李飞、朱武祥:《商业模式学原理》,北京大学出版社,2020年,第9页。

(一)商业模式要素分析概述

商业模式要素的组成结构可分为两种基本类型:一是横向列举式,即要素间是横向列举关系,彼此重要性相似,每个要素表示企业的某个独立方面,但它们必须共同发挥作用;二是网状式,即模式的基本要素从纵向层次或另一视角综合考虑,要素间联系密切,形成层级或网格,作为一个系统在企业中发挥作用。不论哪种组合形式,要素间都要具有较强的逻辑关系,体现出商业模式的系统性和整体性。[①]

依据不同角度的定义和研究对象、研究背景的差异,不同学者提出的商业模式构成要素也不尽相同。Osterwalder(奥斯特瓦德)在回顾商业模式研究文献的基础上提出了九要素模型,其九要素包括核心能力、资源配置、价值主张、分销渠道、目标顾客、伙伴关系、客户关系、成本结构和盈利模式[②],这九大要素也被称为商业模式管理实践的"画布"。原磊从"远—中—近"三个层次考察商业模式要素,提出了"3-4-8"构成体系,其中:"3"代表联系界面,包括顾客价值、伙伴价值、企业价值;"4"代表构成单元,包括价值主张、价值网络、价值维护、价值实现;"8"代表组成因素,包括目标顾客、价值内容、网络形态、业务定位、伙伴关系、隔绝机制、收入模式、成本管理。[③]罗珉和李亮宇着重分析的商业模式关键要素包括社群、平台、跨界、资源聚合和产品设计,认为互联网时代的商业模式是在充满不确定性且边界模糊的互联网环境下,供需双方形成社群平台,以实现其隔离机制来维护组织稳定和实现连接红利的模式群。[④]祁明德等对1996年至2015年有关商业模式的文献进行科学统计和收敛分析,得出价值、收入、顾客等10个高频关键词,进一步分析后共获得收入模式、价值创造、市场模式等19个构成要素高频词。[⑤]

(二)交易结构商业模式要素

如前文所述,利益相关者的交易结构商业模式理论认为,商业模式组成关键要素包括定位、业务系统、关键资源能力、盈利模式、现金流结构和企业价值(见图5-1)。其核心概念是业务系统,强调整个交易结构的构型、交易方的角色和关系。[⑥]

[①] 王伟毅、李乾文:《创业视角下的商业模式研究》,《外国经济与管理》,2005年第11期,第32-40、48页。

[②] Osterwalder A. The Business Model Ontology a Proposition in a Design Science Approach. Universite de Lausanne, 2004.

[③] 原磊:《商业模式体系重构》,《中国工业经济》,2007年第6期,第70-79页。

[④] 罗珉、李亮宇:《互联网时代的商业模式创新:价值创造视角》,《中国工业经济》,2015年第1期,第95-107页。

[⑤] 祁明德、解瑞、罗美娟等:《基于定义分类视角的商业模式构成要素研究述评》,《科技创业月刊》,2018年第6期,第1-7页。

[⑥] 魏炜、朱武祥:《发现商业模式》,机械工业出版社,2019年,第12页。

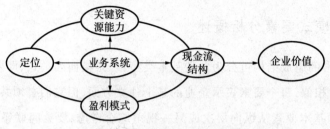

图 5-1 商业模式六要素模型

1. 定位

定位,就是分析企业应该做什么,它决定了企业提供什么特征的产品和服务来实现客户的价值。商业模式中的定位还包括企业满足各个利益相关者需求的方式。这里所说的利益相关者,实质是广义的客户,包括内部客户(员工)、外部客户(供应商、消费者、服务提供商、直接客户、间接客户)、类内部客户(特许经营门店、外包服务、外协加工等)等。从交易结构角度看,定位的核心是满足利益相关者需求的具体方式。比如,同样是满足消费者喝豆浆的需求,可以是开连锁店卖豆浆,也可以是卖豆浆机让消费者自己操作,还可以是开社区体验店现磨现卖等,这就是定位的差异。

在商业模式定位中,选择不做什么与选择做什么同样重要,这也关系到企业如何建构业务系统、确定盈利模式、分布资源能力、设计现金流结构等商业模式体系中的其他部分。

2. 业务系统

业务系统指企业达成定位所需要的业务环节、各个合作伙伴扮演的角色、利益相关者以及交易的方式和内容。业务系统由构型、角色与关系三部分组成。构型指利益相关者及其连接方式所形成的网络拓扑结构;角色指拥有资源能力即拥有具体实力的利益相关者;关系指利益相关者之间的治理关系,主要描述控制权和剩余索取权等权利在利益相关者之间如何配置。这三方面的不同配置会影响整个业务系统的价值增值能力。

我们可以从价值链和合作伙伴的角色两个层面来理解业务系统的构造。业务系统是商业模式的核心,高效运营的业务系统不仅是企业赢得竞争优势的必要条件,也有可能成为企业竞争优势本身。一个高效的业务系统需要根据企业的定位,识别相关的活动并将其整合为一个系统,然后再根据企业的资源能力分配利益相关者的角色,确定与企业相关价值链活动的关系和结构。围绕企业定位所建立起来的这样一个内外部各方利益相关者相互合作的业务系统将形成一个价值网络。该价值网络明确了客户、供应商和其他合作伙伴在影响企业通过商业模式获得价值的过程中所扮演的角色。

3. 关键资源能力

关键资源能力是支撑交易结构所必需的重要资源和能力。企业要实现自己规划的业务系统,就必须掌握和使用一整套复杂的有形资源与无形资产、技术与能力。不同的商业模式要求企业具备不同的关键资源能力,同类商业模式业绩的差异主要源于关键资源能力水平的不同。比如,同样是开餐馆,高档餐厅、连锁快餐和送餐的关键资源能力一定是不同的:高档餐厅以环境、菜品单价和质量等取胜;连锁快餐追求标准化和快速复制化;送餐业务则将中央厨房的管理和运营作为改进效率的重点。

4. 盈利模式

盈利模式包括盈利的来源(收支来源)和计价方式(收支方式),指企业获得收入、分配成本、赚取利润的模式。盈利模式也是企业利益相关者之间利益分配格局中企业利益的表现。一个产品的盈利来源可以有多种。例如,文艺作品经营,可以直接从观众身上赚取演出费,也可以销售版权、植入广告收费、授权开发衍生品等。计价的方式也有很多,可以按时间收费,也可以按价值收费、按消费资格收费等。例如,游戏产品就有销售光碟(按消费资格收费)、点卡(按时间收费)、道具(按价值收费)等计价方式。

5. 现金流结构

现金流结构是指企业现金流入和现金流出的结构,以及相应的现金流在时间序列上的分布形态。现金流结构是企业经营过程中产生的现金收入扣除现金支出后的状况,其贴现值反映了采用特定商业模式的企业的投资价值。好的现金流结构能够实现早期投入较少、后期持续稳定的较高回报。

相同的盈利模式可以对应不同的现金流结构。比如,同样是付费传媒内容消费,可以按年度付费,也可以按季度、月度付费。一般来说,提前付费周期越长,企业越能提前筹集资金进行后期生产。众筹是网络时代在内容生产领域兴起的一种募集投资方式,许多有内容创意但缺乏资金的内容项目可以通过众筹获得资金。《大圣归来》的89位众筹参与者共为影片筹集了780万元,当票房超过5亿元之后,投资回报率已经高达400%,预计可获得本息3000万元。[①]《流浪地球2》的周边衍生品众筹链接仅上线1分钟,就完成了10万元的众筹目标,最后所筹金额超过1.2亿元。[②]

6. 企业价值

企业价值是商业模式的落脚点,评判商业模式优劣的最终标准就是企业价值的高低。对于上市公司而言,价值直接表现为股票市值,也可以用企业关键资源能力的效率来衡量。当然,对于新媒体企业来说,价值评判的标准则应综合社会价值标准和经济价值标准。"社会效益和经济效益统一,社会效益优先"是我国发展文化产业的基本原则。

不同的企业自身及其能调动的资源能力是有限的,因此,企业涉足的市场(包括客户和产品)和商业模式是一个有限可选集,从中找到市场空间最大、利益相关者交易结构乘数作用最大的组合,可以实现价值空间最大化。当然,根据这六大要素分析企业商业模式也不是

---

① 《〈西游记之大圣归来〉:众筹者的杰作》,https://www.mct.gov.cn/whzx/bnsj/whcys/201510/t20151029_760063.html。

② 《〈流浪地球2〉周边产品众筹超1.2亿 电影衍生品的生意为何如此火爆?》,https://baijiahao.baidu.com/s?id=1757239667072988 0741&wfr=spider&for=pc。

一蹴而就的工作,不同的交易结构需要的关键资源能力不同。随着消费者价值需求的变动、企业资源的变化等,商业模式也必须进行结构化创新。

三、新媒体商业模式创新

新媒体商业模式创新是一个非常复杂的综合过程。传媒经济学领域著名学者罗伯特·皮卡特认为,商业模式涉及商业构想、潜在基础、交易行为和资金流,要重视对其他商业参与者(合作伙伴)的利益描述。[①]依据商业模式的概念及要素,本书认为可以重点从价值定位、业务系统、资源获取和收入模式等方面分析新媒体商业模式创新。

(一)价值定位创新

特定的新媒体机构应面向哪些目标用户?为目标用户提供怎样的不可替代的产品和服务,满足用户哪些价值需求?承担不同社会责任、拥有不同资源条件的新媒体面临不同的定位选择。在由海量新媒体产品、生产者、消费者组成的新媒体市场,交易条件通常随传媒技术等因素发生重大变化,这种定位选择的可能性和可行性十分复杂,甚至十分艰难。辨识特定用户并洞察其需求不仅是企业短期的业务选择,更是企业认识自身功能价值的过程,是新媒体机构进行商业模式创新的起点。

主流新媒体机构一方面具有舆论导向和价值引领的社会功能,另一方面其产品也在媒体市场竞争中接受用户的筛选。这种重大价值引领任务和空前的市场竞争压力,要求主流新媒体必须深入细致地进行基本价值定位、细分价值定位,这样才能集中资源实现自身综合目标。各种商业性质的新媒体和自媒体机构也必须在遵守国家法律法规和公序良俗的前提下,根据自身资源和市场需求进行合理的价值定位,这样战略目标才有实现的可能性。

面对社会价值引领的要求和用户各种传媒需要、海量内容竞争,主流新媒体机构将进行价值结构的定位创新:核心层(第一层)价值是建构国家权威共识,第二层价值是传播社会关系信息,第三层价值是提供消费内容产品。这三个层面的价值分别对应满足用户共识与秩序、归属与关系、致用与娱乐的需要。首先,主流新媒体机构价值结构的核心层是建构国家共识价值和社会基本秩序。就具体产品来说,则表现为生产承载国家主流意识形态和全国性权威政策方针、重要舆论导向的移动终端视听产品和图文产品。主流新媒体机构应准确到位、生动形象乃至艺术地传播人民真正需要的核心价值。这不仅是政治需要,也是社会每个人进行意义建构和幸福生活所必需的价值引领需要。在碎片化、多元化、虚拟社会与现实利益构成复杂关系的数字时代,整个社会充满不确定性,这种社会共识是个人存在意义建构所不可或缺的根基。其次,主流新媒体机构价值结构的第二层是制作传播反映政策实践、社会生活的新闻和文艺、社教视听内容,为民众提供公共信息、社会信息和互动参与集合,引导形成地方文化产品和社区文化认同,提供舆论监督、参政议政渠道,提供社会关系信息。主流新媒体机构价值结构的第三层,是生产满足民众实用、娱乐、消费需要的商业性传媒产品,

---

[①] 罗伯特·皮卡特:《传媒管理学导论》,韩骏伟、常永新等译,人民邮电出版社,2006年,第23页。

包括大量消费信息、娱乐内容、综合服务、生产生活垂直服务,以及为企业提供的品牌传播、整合营销、社交营销、电商营销服务。当然,这三层价值并非截然分离的,主流新媒体机构应把真正满足人民需要的理念贯穿于各种内容生产和运营实践。

主流新媒体机构价值定位创新的另一个视角,是资源条件和宣传任务不同的主流新媒体机构进行差异化定位——大致可分为基础型、拓展型和增强型三种。资源相对短缺的主流新媒体机构可定位于核心层的国家共识舆论引导和第二层的基本地方政策传播、社会新闻传播;资源条件相对较好的主流新媒体机构可拓展较多的地方政务、社会新闻和公共服务传播,建构地方性传媒社群和文化认同,适当生产商业性传媒产品和服务;实力较强的主流新媒体机构则可做出增强型定位,在核心层价值方面生产能够发挥舆论引导、共识建构作用的精品力作,在社会关系层生产丰富多样的新闻、社教、文艺内容产品,在商业消费层则生产娱乐、消费内容商品和服务,并与社会机构进行竞争协作,为社会提供高质量传媒商品,体现主流媒体价值引领性。实力雄厚、资源丰富的增强型主流新媒体机构应直面市场竞争,建成具有强大内容生产和分发能力的平台型主流新媒体,并提供全矩阵视听产品与服务。

(二)业务系统创新

为了满足消费者需求、实现消费者和企业自身的价值,新媒体机构应该设计怎样的产品和服务?设计怎样的业务系统和内部业务生产流程?设计怎样的外部协作生产流程?新媒体生产消费早已超越专业分工的产销模式,各类生产主体在各个生产环节协作成为提高生产效率、降低生产成本、增加生产收益的基本模式。各个环节、各种要素的创新都可能带来意想不到的收益,创新空间广阔。

例如,在市场上大获成功的短视频平台正是围绕短视频产品与服务这个关键业务,创新重组了复杂的"制作—传播—使用—变现"的业务交易系统,便利地连接了众多利益主体,开发了潜力巨大的长尾市场,满足了用户的差异化需求,并给予各业务利益主体"各得其所"的机会。①短视频平台业务交易结构模型如图5-2所示。

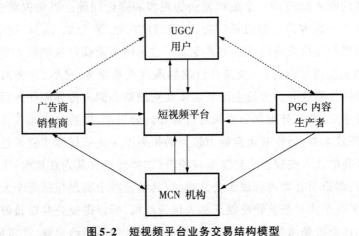

图5-2 短视频平台业务交易结构模型

---

① 倪琳、黄熠:《"全景连接":我国短视频平台的商业模式解析》,《新闻爱好者》,2021年第9期,第54-56页。

(三）资源获取创新

特定的产品和服务及特定的业务生产流程，都需要相应的核心资源。核心资源的判断和获取对商业模式的有效执行具有非常关键的作用。无论是由传统媒体转型而来的主流媒体，还是以互联网技术、市场运营能力见长的互联网"大厂"，培育、应用核心资源都是其商业模式创新的关键环节。

常用的确定核心资源的方法有两种：一种是顺延法，即以现有核心资源为核心建构其商业模式，通过已有资源寻找可以进行价值交易的利益相关者，建构和完善业务系统；另一种是逆推法（或称重构法），即全面审视原有资源能力能否适应新的商业模式发展要求，舍弃不合适的资源，重构或培养不具备却有需要的关键资源能力。

目前中国市场占有率最高的两个短视频平台（快手和抖音）正是通过合理的顺延法或逆推法来建构自身商业模式的。快手属于核心资源能力顺延拓展类型，它围绕价值定位顺延利用现有图片处理技术资源和对互动社区市场的洞察能力，建构了相应匹配的商业模式，并且随着业务需要培育了智能推送新资源，这成为其成功连接下沉市场的关键资源能力。抖音则是通过逆推法重构核心资源能力，与快手逐步顺延拓展其核心资源不尽相同，抖音是基于已有核心智能算法推送技术资源，利用强大的金融能力收购Musical.ly公司来重构核心音乐资源，高效连接海量高黏度、注重体验感的音乐用户，进而实现综合短视频业务跨越式发展，抖音也由制作传播工具模式升级为音乐垂直内容模式，进而演化为音乐社交综合生态。

（四）收入模式创新

目前来看，广告收入、电商销售、内容付费、版权交易、衍生品开发、服务增值等方式是新媒体机构的主要收入模式，大大突破了传统媒体"二次销售"的单一盈利模式，形成了多元的收入变现方式。这也对传统媒体商业模式的定位和业务等全面创新提出了更高要求。

主流新媒体的收入模式是一个更加复杂的现实和理论问题。以短视频业务为例，各界熟知的短视频收入变现方式一般包括广告、付费、打赏、电商、分成、版权、流量补贴等，但多数主流新媒体短视频却很难通过这些方式变现。这是因为能获得这些收入变现的内容和服务主要是娱乐和实用消费内容，以及高性价比的垂直消费服务，显然，这类消费内容与服务并不是主流新媒体主营业务。大量主流新媒体在完成核心的宣传导向任务后并没有多少资源运营商业消费业务；即使分配部分资源进行商业内容生产，多数也很难获得较高的市场回报，只有少数资源较丰富、制作和运营能力较强的拓展型主流新媒体才能通过商业性消费内容和服务获得较高的收入变现。从经济学理论看，这种现象有其内在逻辑：主流新媒体核心定位的共识建构、舆论引导类内容属于公共物品，其价值在于实现包括每个人利益在内的社会公共利益；但多数个体对公共物品缺乏私人付费动机，所以需要公共财政资助的公益事业体制保障供给。任由市场体制生产分配会导致此类公共物品供给短缺，严重损害公共利益。娱乐、消费等内容则属于经济学意义上的私人物品，即私人享受其好处，私人付费动机更强，通过私人机构生产和付费交易的市场交易体制更能激发市场活力、提高生产效率。准公共物品介于公共物品和私人物品之间,其供给通常需要将公益事业体制和市场交易体制相结合,兼顾公益性和效率性。所以,主流新媒体短视频的价值定位是以共识建构、社会关系类公益内容为主导,部分生产并从价值导向上引领各种社会主体协作生产商业消费类短视频内容。这也是对"充分发挥市场在资源配置中的决定性作用,更好发挥政府作用"理念的一种体现。

【案例5-1】

听花岛商业模式管理

近年来一直处于传媒行业风口的微短剧在2024年迎来一个新契机。2024年11月6日,中国网络视听协会发布的《中国微短剧行业发展白皮书(2024)》提到,据行业机构预估,2024年我国微短剧市场规模将达504.4亿元,同比增长34.90%,将超过中国内地电影全年总票房收入。[①]微短剧厂牌听花岛作为这个风口的典型案例,其价值定位及商业模式管理创新备受关注。

和绝大多数微短剧一样,听花岛出品的微短剧也主打"爽剧"价值定位,凭借超快节奏抓住观众注意力,设置持续的"爽点"以满足用户快感需求。微短剧之"爽"和以前的爽文、爽剧之"爽"一脉相承,实际上是在虚拟人物身上实现的自我满足与自我投射,是现实焦虑难以平息的文化抵抗,是社会环境的映射。其中一部具有代表性的作品便是《我在八零年代当后妈》,该剧剧情紧凑且每集都充满冲突和"爽点"。例如,剧中女主司念穿越回20世纪80年代后,面对各种挑战和困难,通过智慧和勇气一一化解,这种"打怪升级"的剧情设计让观众感到非常过瘾;女主人设也非常符合现代女性的独立和智慧个性,她的复仇剧情让观众感到非常解气,她面对各种反派时的机智勇敢,"素质不详,遇强则强"等"怼人"经典台词给观众以超级爽感。该剧在2024年春节前后推出,上线当日就冲上榜单第二,单日充值过2000万元,大年初四冲上抖音短剧热力榜榜首。2024年8月上线的短剧《闪婚老伴是豪门》也以典型的霸总配方、"爽翻"的剧情、贴合中老年人的生活情节,让人越看越"上头",上线仅半个月,抖音话题总量破25亿,端原生播放量破5亿。[②]

内容只是微短剧商业模式的一部分,听花岛的整个业务也是典型的微短剧协作系统。有媒体指出,"爆款产品的编剧、制作、投流、营销每一步都不能踏错",资本运作、业务协作、资源整合、变现方式等构成了高效的商业模式管理。听花岛厂牌与北京十月初五传媒有限公司及银色大地厂牌的实际掌控者都是咪蒙团队,其内部有着完整的人才培养体系,编剧、导演、制片人、后期等均为独家签约,以保证

[①] 中国网络视听协会:《〈中国微短剧行业发展白皮书(2024)〉发布八大主要发现》,http://www.cnsa.cn/art/2024/11/6/art_1955_45923.html.

[②] 《短剧的钱不好赚了,但咪蒙还在"旋风吸金"?》,https://www.jiemian.com/article/11800561.html.

短剧制作方具有规模化爆款能力。其业务流程高度标准化、高度流程化、高度体系化;在非标准环节也尽量追求标准化、流程化,提高内容从想法到产出的一致性。听花岛的两个长期合作平台——掌玩网络和点众科技对其投流支出非常慷慨。短剧的全产业链中,投流成本占到了80%左右,例如《我在八零年代当后妈》充值额过亿,但制作方最终分得的实际收入(非净利润)为五六百万元。①而且,往往剧越火爆,投流的周期就越长。艾瑞咨询研究报告指出,当前短视频平台逐渐形成三种主要的微短剧模式:精品化厂牌剧/品牌总冠剧,情景剧/剧情类短视频,端原生付费剧。听花岛厂牌的掌控者咪蒙可以说涉猎短剧所有的商业模式,《闪婚老伴是豪门》采用的就是端原生付费剧模式,即在抖音、快手等平台直接创立短剧账号,用户可以直接在上面付费观看短剧。技术、市场、政策等因素,推动着微短剧媒体不断进行商业模式管理创新。

四、深度媒介化社会的新媒体商业模式逻辑

(一)互联网重构了商业交易渠道

互联网凭借强大的信息传播、用户连接能力,形成新型社群、平台,带来更多跨界协作,使各行各业重构了商业交易渠道,这成为颠覆各行各业商业模式的基础,也成为新媒体机构自身变革商业模式的基础。

社群是指聚集在一起拥有共同价值观的社会单位,它们有的存在于具体的地域,有的存在于虚拟的网络。社群逻辑就如消费者主导的C2B商业形态,品牌与消费者之间的关系由单向价值传递过渡到厂商与消费者的双向价值协同。在社群的影响下,传播被赋予了价值互动的新内涵,很大程度上改变了商业交易方向。

以前平台主要是指计算机的操作环境;后来平台被引入经济领域,出现了产品平台、技术平台、商业平台等;如今管理学的平台指的是商业模式中的重要一环,是企业借以沟通社群中的现有粉丝和潜在粉丝的工具。平台提供了让供需双方互动的机会,加强了信息流动,降低了受众搜索有用信息的成本,为双方进行价值交换、完成价值创造提供了场所。

跨界指跨越行业、领域进行合作,也称跨界协作,它满足了互联网模糊原有边界、创造新价值的需求,通过跨越不同的领域、行业乃至文化、意识形态而碰撞出新的事物。跨界协作使得很多曾经不相干甚至不兼容的元素联系在一起,产生新的价值。比如,当年"索尼"还沉浸在数码成像技术领先的喜悦中时,兼具通信和摄影功能的手机产品——"诺基亚"成为数码产品市场中的佼佼者,也成为成功的跨界者——当然,之后智能手机跨界提供的服务又使诺基亚手机彻底被抛弃。再如,中国移动、中国电信和中国联通在移动通信市场"打斗"多

---

① 《杭州微短剧大会开幕,短剧厂牌听花岛"让短剧有深度,更有温度"》,https://sx.ifeng.com/c/8eKst4iKdFK。

年,最后突然发现动了它们"奶酪"的竟然是腾讯的微信,微信成为移动通信的跨界者。如果从深层次分析,我们不难发现互联网提供了无边界存在的可能性。从产业层次看,虚拟经济与实体经济的融合、平台型生态系统商业模式的发展,使得更多的产业边界变得模糊,产业无边界的情况比比皆是。从厂商组织层面看,随着专业分工的日益精细,虚拟化组织大量出现,厂商组织跨越边界成为可能。从知识结构层面看,互联网使信息不对称情况大为好转,跨界人才开始出现。跨界合作不仅能提高产品对环境的适应能力,延长产品寿命,更重要的是能在战略上将竞争关系转化为合作关系,这能降低企业产品进入市场的成本。跨界需要各行业产品交易、组织机构、协作生产等信息的沟通,新媒体为此提供了全新的沟通协作方式,能促进全新的商业模式的形成。[①]

数字媒介连接了社会大多数个体用户,使得多样化网络与实体社群在信息连接中得以形成协作,更多的精神与物质交换信息得以连接,从而形成深度媒介化社会。深度媒介化,是我们社会各个元素通过数字媒体及其潜在的基础设施,形成复杂关系的高级阶段[②],物理场所与虚拟空间开始相互交错,越来越多的实践活动可以在物理场所之外完成[③]。在改变时间、跨越空间的互动协作中,社会形成了个体与群体、信息与物质的新型关系,因此每个个体都有了更为丰富的公共层面、群体层面和个体层面的精神与物质需求。当新媒体具有满足各种精神与物质需求的技术潜能时,新媒体生产经营的产品服务、业务流程、盈利方式和价值实现方式都得到了极大的拓展,新的商业模式也就应运而生。

(二) 新媒体拓展交易对象与主体

互联网重构传播连接渠道,意味着新媒体市场交易的对象和主体得以拓展,个性化的交易对象——产品与服务——得以实现全网规模化交易,小众化产品也因网络的长尾效应得以交易。新媒体连接的各个生产者和消费者之间存在非常复杂的利益关系、交换关系、协作关系,这是理解新媒体商业模式创新的一个重要视角。

为什么人们会选择网上购物?为什么媒体机构和自媒体用户大大拓展了网络购物和直播带货业务?从经济学角度看,这是因为新媒体带来了产品和服务信息沟通成本下降,交易成本下降,从而使得这些业务成为可能,媒体机构和自媒体商业模式也得以创新。反之,不能充分利用新媒体技术降低交易成本的机构,则容易在市场竞争中被淘汰。媒介是人体的延伸,媒介的本质是提供人与人、群体与群体的连接,更广、更深的连接则带来了更多的交易对象——从信息、内容到物质产品、服务等都可以更便捷地通过新媒体进行交易,也带来了不同产品与服务价值的协作、生产、传播、交易、消费,即形成了不同的商业模式。

新媒体商业模式是一种以个性化传播为基础、以高度差异化的受众为对象、有效提供传

---

① 罗珉、李亮宇:《互联网时代的商业模式创新:价值创造视角》,《中国工业经济》,2015年第1期,第95-107页。
② Andreas Hepp. Deep mediatization. Routledge of Taylor & Francis Group, 2020:5.
③ 施蒂格·夏瓦、刘君、范伊馨:《媒介化:社会变迁中媒介的角色》,《山西大学学报(哲学社会科学版)》,2015年第5期,第59-69页。

播价值的方式①,其价值创造与实现克服了传统经济"一买一卖"的直接性和以"单打独斗"为主的简单性,而具有产业广泛合作、业务弹性关联、技术深度介入所形成的复杂性,因此互联网时代下的商业模式是网络、传媒与经济的结合体。② 人际传播、组织传播、大众传播和网络传播,是不同传播技术条件下的特定传播模式。传播模式对商业交换模式、社会组织模式的影响虽然不是"技术决定论",但存在"物质决定意识"的根本性物质作用。媒介发展具有"人性化"趋势,即满足人性全方位的自然感受、交换延伸的趋势。③ 由此看来,人类新媒体传播的维度——时间与空间,信息与物质,精神与能量——也得到了全方位的拓展。这些维度在人际传播、组织传播、大众传播和网络传播中表现不同,但都在数字新媒体传播实践中产生了许多传媒业务新类型和新商业模式。

交易渠道、交易主体、交易对象的变化意味着交易结构的彻底重构,也就是商业模式的根本重构,可以降低交易成本,扩大交易范围,扩大生产协作流程,从而提高整体经济福利和精神交往范围,这就是新媒体商业模式拓展的内在精神与物质逻辑。

关键词

商业模式;交易成本;交易结构;价值定位;业务系统;核心资源;盈利模式;商业模式创新;跨界协作。

复习思考题

1. 如何理解商业模式管理和商业模式理论的内涵?为什么进入互联网时代后商业模式创新实践和商业模式理论研究迅速增长?

2. 企业商业模式管理及其创新可以从哪些要素着手?不同性质和拥有不同资源的企业进行商业模式创新可能有哪些不同的侧重点?

3. 专业媒体历来以内容生产为主,其在媒介深度融合的数字时代面临哪些机遇与挑战?

4. 具有更加复杂的传播功能的主流媒体商业模式管理有何特征?从大众传播模式到数字传播模式演化的过程中,主流媒体商业模式管理面临哪些重大变革?

---

① 张金海、林翔:《网络媒体商业模式的构建》,《现代传播(中国传媒大学学报)》,2012年第8期,第92-96页。
② 于正凯:《值与关系:网络媒体商业模式研究》,复旦大学博士学位论文,2013年。
③ 保罗·莱文森:《人类历程回放:媒介进化论》,邬建中译,西南师范大学出版社,2017年。

业务管理

第六章

新媒体内容业务管理

◆ 学习目标

1. 熟悉新媒体内容业务的类型；
2. 了解新媒体内容生产流程管理；
3. 探索新媒体业务创新路径。

◆ 案例导入

各类新媒体的优质内容生产

各种规模的专业新媒体和海量自媒体都可以生产优质内容，各种形态的内容产品以其创造性的媒体符号、丰富的社会信息、立体的社会功能体现着新媒体内容生产的价值。

中央广播电视总台近年来制作了《典籍里的中国》《中国诗词大会》《国家宝藏》《经典咏流传》等系列文化综艺节目，以高远的立意、权威的嘉宾、精美的制作和互动的仪式，成为雅俗共赏的佳作，在传统电视和新媒体渠道都获得了很高的关注。以《国家宝藏》节目为例，前三季豆瓣评分分别为 9.0 分、9.1 分和 9.1 分，超过 14 万人参与节目评价；哔哩哔哩用户对这三季节目分别给出 9.8 分、9.8 分、9.6 分的评分，播放量超 1.3 亿，弹幕数量超过 260 万条。这系列优质文化综艺节目传播了人与自然"天人合一"、人与社会"贵和尚中"、人自身"修齐治平"等文化价值，为大众在多元化、碎片化的空间建构身份认同提供了不可或缺的文化资源。

湖南广播电视台作为传统电视和网络视频"双栖明星"，以较强的内容创新性和可看性而著称，这也是其经营成功的基础。《你好，星期六》《大侦探》《歌手》《新闻大求真》等节目内容，都获得很高的专业评价和极大的市场份额；《冰河忠魂》等节目因主题重大、制作专业和反响良好获得中国新闻奖一等奖；《岳麓书院》等作品荣获中国广播电视大奖。

地市级媒体云南保山市广播电视台制作了《我在 1 号界碑升国旗》等原创网络视听优秀节目。湖北省鹤峰县融媒体中心也以优质节目连续三年斩获中国新闻奖。

自媒体用户也能凭借自己的优势制作优质内容。例如,哔哩哔哩网站UP主"老师好,我叫何同学"粉丝过千万,其视频《有多快？5G在日常使用中的真实体验》播放量在哔哩哔哩网站破3000万,全网过亿,被《人民日报》、新华社、央视转发推荐。

通过高效的业务管理生产具有竞争力的新媒体产品和服务,是新媒体机构在分析市场、规划战略和商业模式后必须切实开展的生产活动。各种新媒体产品和服务的生产业务,也是新媒体机构创造价值的本质活动。

内容业务曾经是传统媒体机构最为核心的业务甚至是其全部业务,广告业务在很长一段时间内都是传媒市场最主要的收入来源,当下的数字媒体则产生了更多深入满足社会需求的垂直业务。因此,本书将新媒体机构的业务分为内容业务、广告业务和垂直业务三大类进行分析,其中,内容业务仍然是新媒体机构最为核心的业务,其他两类业务在不同程度上围绕内容业务展开。内容传播对政治、社会和文化价值观的重大影响在很大程度上是传媒产业不同于一般经济性产业的根本原因。

一、新媒体内容业务概述

新媒体内容业务主要围绕生产新媒体内容产品、提供内容服务展开。人们使用新媒体主要是关注其内容,被丰富的媒体内容吸引,许多工具性新媒体信息也有拓展相关内容的巨大潜力。媒体之所以能够成为社会公共议题讨论的空间,成为社会身份认同建构的载体,从根本上说还是因为媒体提供的内容凝聚着社会建构的信息。

（一）新媒体内容生产的概念

内容通常泛指各种事物所包含的实质性信息、含义和价值。就传媒内容而言,内容一般指图书、报纸、杂志、广播等传统媒体以及各种数字媒体载体上出现的可以吸引受众注意力的文字、图片、视频、音频等符号及其所指信息、含义和价值。内容概念的主要意义在于容纳之物,也含有技术平台上承载的信息的概念,指为了满足特定需求的信息组合[①];内容也指能够便利并安全地进行共享和利用的信息资产。媒体融合时代,人们所生产的内容不仅是传统意义上的信息内容产品,还包括信息服务;不是单向传播,而是交互传播。伴随着媒介形式的多样化和技术创新,新媒体内容的形态也日渐丰富。

新媒体内容生产,是指新媒体机构利用人力资源、工具设备对信息材料和符号进行创造性加工生产的过程。新媒体内容生产通常包括传统媒体内容生产的各项任务,即组织、协调参与传媒产品制作的各部门、各工种的媒体从业人员,使用相关设备对特定的信息材料进行生产加工,以期高质量、高效率、低消耗、低成本地完成传媒产品的制作,通常覆盖"采、写、

---

① 赵子忠:《内容产业论:数字新媒体的核心》,中国传媒大学出版社,2005年,第10页。

编、评、管"等任务。新媒体内容生产还包括更复杂的技术应用、业务流程,以及更广泛的主体协作。传统媒体内容生产是一个单向、线性的传播过程,受众反馈较微弱。新媒体时代的内容生产则更加重视传者与受者双向互动的过程。目前市场上的内容生产模式以UGC(用户生成内容)、PGC(专业生产内容)和PUGC(专业用户生产内容)为主,当UGC日益专业化,并组建粉丝社群时,就变成CGC(消费者生产内容)[①],CGC生产具有共通性和个体差异性,在Web3.0时代具有巨大的生产和传播潜能。AIGC(人工智能生成内容)已成为各界关注的热点,人机协同生产日渐普遍,协同过程中人应该高于机器的价值判断,平衡好人文精神与机器效率的关系,用人的价值观引领机器生产。[②]2023年初以来,ChatGPT等人工智能技术快速发展,这在为经济社会发展带来新机遇的同时,也产生了传播虚假信息、侵害知识产权等问题。2024年2月,文生视频模型Sora发布,人工智能生产视频内容再次引起高度关注。国内多家电视台纷纷成立人工智能工作室,中央广播电视总台还播出了首部国产文生视频AI系列动画片《千秋诗颂》。

(二)新媒体内容产品类型

新媒体内容业务千姿百态,我们可以从传播符号和内容性质两个维度对其进行适当划分。按照传播符号,新媒体内容主要可以分为图文内容和视听内容;按照内容性质,新媒体内容可以分为新闻内容、影视内容、综艺内容、专题内容等。此外,按照内容消费群体知识层次的不同,还可以将新媒体产品分为大众产品和精英产品。[③]

按照媒介载体形态,图文内容可以进一步分为数字报纸、数字期刊、数字图书及其纸质版产品、网络图文页面等;视听内容主要包括音频内容和视频内容,其中音频内容包括网络广播、音频平台内容等,视频内容包括数字电视、数字电影,以及网络视频、移动短视频、移动直播等。大量专业机构和海量自媒体用户都在运用各种设备制作各种内容,并通过各种网络渠道进行传播。

短视频是网民使用最多的内容类型,2022年12月,用户日均使用短视频时长超过2.2小时。短视频内容题材广泛,传播影响力大。2021年中央广播电视总台发布的短视频《美不行待客之道,中方严正回应!》,"你们没有资格在中国的面前说,你们从实力的地位出发同中国谈话"这样简洁而震撼的外交现场新闻视频引起了世界范围内的高度关注,央视频发布仅1小时,单平台播放量即达到4000万,全网总播放量超23亿次,燃爆国内国际舆论场。2023年春节期间,视频《习近平视频连线社会福利院:一定要让老人们有个幸福的晚年》时长只有1

---

① 杜智涛、徐敬宏:《从需求到体验:用户在线知识付费行为的影响因素》,《新闻与传播研究》,2018年第10期,第18-39页。
② 彭兰:《智媒化:未来媒体浪潮——新媒体发展趋势报告(2016)》,《国际新闻界》,2016年第11期,第6-24页。
③ 谢新洲:《媒介经营与管理》,北京大学出版社,2011年,第58页。

分12秒,却获得点赞204.0万、评论8.8万、总收藏8.3万,平均互动率4.71%[1];融合时尚、娱乐、互动、文化、节庆元素的短视频《生僻字也能绕口令,央视boys放大招——〈跟着我念字正腔圆〉,带你梦回课堂》,高居央视新闻春节期间点赞排行榜之首;根据《流浪地球2》《狂飙》和《满江红》等热门影视作品进行再加工的系列短视频二次传播也获得了极大的关注。

【案例6-1】

"央视新闻"入驻B站创新主流媒体内容生产传播模式

"央视新闻"账号以丰富的内容形态表现和主体互动传播,探索了主流电视媒体内容在青年用户聚集的哔哩哔哩网站(以下简称B站)有效融合传播的新路径。[2]

"央视新闻"入驻B站后的融媒体内容生产突破了单一的新闻形态限制,以Vlog的形式报道新闻,以亚文化风格的漫画形式丰富新闻内容,立足于主流文化和价值观,通过亚文化重塑主流文化,一改以往枯燥单一的形式,以青年喜爱的方式传递主流文化。"央视新闻"B站账号从原本的PGC向多元化的PUGC转型,打破了单一僵化的内容生产模式。在创新的过程中,"央视新闻"立足于其专业性和在内容生产上的优势,联合B站UP主、其他官方媒体,打造多元化的融媒体内容产品。

"央视新闻"B站账号与其他账号主体的互动也体现了融合传播的价值引领作用。2020年,在外交部针对"防弹少年团获得'范弗利特奖'的获奖感言"事件做出回应后,"央视新闻"B站账号针对此次事件,积极与B站UP主"饼叔看天下"联动,尝试从不同角度解读此次事件,从正面引导青年群体。"央视新闻"以B站UP主的视角录制竖屏短视频,将B站的亚文化语言与硬核历史知识相结合,以亲切的口吻向青年群众科普"范弗利特"是谁,什么是"范弗利特奖"及"范弗利特弹药量",同时向青年群众普及了相关历史战役如朝鲜战争、上甘岭战役的知识,以严肃却不刻板的文案,在口语化的表达中,向青年群体科普了惨痛的历史事实及中国志愿军的伟大。

【案例6-2】

如何策划制作视角新、传播巧、拉满正能量的广电短视频?[3]

在媒体融合纵深发展的当下,广电媒体围绕重要节点、事件、主题,推出了一系列有亮点、有特色、传播广的短视频产品。比如,北京广播电视台制作的短视频

---

[1] 飞瓜数据:https://dy.feigua.cn/Member#/staticpage/video-detail?awemeId=7189959583597612346&dateCode=20230118&ts=1675476816&sign=7b82ac681d752077621 1567341281952。

[2] 刘丹丹:《〈央视新闻〉入驻B站的融媒体内容生产研究》,安徽大学硕士学位论文,2021年。

[3] 《广电短视频:视角新、传播巧、能量值拉满》,https://mp.weixin.qq.com/s/ZZNO8M2UX8-h7loUmKu-3w。

《准备回家！太空"出差三人组"开始打包收拾》引发了受众热切的"接站准备"，大家一边看着"出差三人组"如何打扫"房间"、收拾"行李"，一边留言"等待凯旋""欢迎回家"。再如，成都广播电视台"好看成都"以成都大运会为主题的一段国风音乐短视频《大运最成都》，在24小时内达到了超2亿次的播放量。

每逢重要事件、时间节点，短视频发布已成融合传播的"标配"。2022年北京冬奥会闭幕式上，2008年奥运会五环和2022年火炬同框的瞬间让人难忘。央视频制作短视频《"双奥之城"上演"时空穿越"》，放大"时空交错"的观感，引发观众热议。冬奥会期间，央视频还推出了《第一视角感受"雪游龙"的速度感，这可不能错过！》等短视频，对8K＋VR沉浸式观赛等赛事转播技术进行介绍；《单板滑雪男子跳台决赛苏翊鸣成功夺冠！祝贺！》等短视频既实时传递了赛况，展现了中国运动员的风采，也让许多妙趣横生的解说词"破圈"传播。

（三）新媒体内容生产特征

虽然很多内容生产是自发生产或创作的过程，但从新媒体经营管理的角度来看，我们还需要考虑内容产品的经济特征。

首先，大量新媒体内容产品和传统媒体产品一样，是具有很强的政治属性、社会属性的公共物品，从经济特征来说就是外部性很强。所以，新媒体机构尤其是主流新媒体机构内容生产过程中必须有很强的政治导向和社会功能意识，公共部门和公共规制对新媒体产品的干预程度相对于普通产品而言会更高。

其次，新媒体内容产品有时具有很强的私人物品属性，即个人获得效用显著且具有付费意愿，具有排他性和竞争性。此类内容产品通过市场机制配置资源进行生产具有更高的经济效率，这也为新媒体经营管理提供了广阔的空间。

再次，新媒体内容产品原创内容价值高、成本高，但是内容形态多样、复制成本近乎为零，简单加工改造成本很低，所以规模经济与范围经济显著，优质内容IP转化为各种内容产品的空间很大。

又次，新媒体内容产品是体验性产品，消费者效用评价个性强，消费不确定性强，因此生产风险较高。

最后，新媒体内容生产者与用户互动性强，内容信息与其他物质产品、社会服务结合紧密，各种社会主体参与生产的形式也非常丰富，这对新媒体提出了更高的协作创新要求。

【案例6-3】

腾讯系网文、影视、动漫、短剧内容生态

腾讯旗下的阅文集团（股票代码：0772.HK）成立于2015年3月，是一家以网络文学为基础，进行IP培育与开发的综合性文化产业集团，企业使命是"让好故事生生不息"。阅文集团旗下拥有QQ阅读、起点中文网、新丽传媒等知名品牌，覆盖超

过200种的内容品类。阅文集团已成功推出了《庆余年》《琅琊榜》《赘婿》《鬼吹灯》等热门IP，据其改编的动漫、影视、游戏等产品也在市场上备受欢迎，打造了网络文学、影视、动漫等产业深度融合的内容生态。①

从2023年12月起，阅文集团在短剧投资和内容生态方面进一步积极布局，斥巨资收购了腾讯动漫的核心资产，包括其App平台、作品知识产权、相关权利、动画及影视项目等，旨在扩充阅文集团短剧内容IP库，并打造相关影视作品。阅文集团注重AI对内容行业的影响力，以四大事业部架构重塑业务流程，期望通过强化内容和平台联动，提高IP的挖掘和生产效率，提升制造爆款的成功率。阅文集团与腾讯集团在短剧项目发行和云服务等方面深化合作，特别是在短剧发行方面，预计2023至2025年，双方合作的短剧项目数量将分别达到40个、100个和160个。

据媒体报道，腾讯集团看中了短剧市场的"大蛋糕"，正在加大短剧投资力度。不但阅文集团将推出"奇迹短剧"平台，微信亦提供短剧聚合界面，腾讯微视也在2024年初联合QQ短视频和腾讯内容开放平台，开始大规模地投资短剧。抢先占领短剧风口的腾讯视频，已经获得了不小的收益。腾讯视频于2023年推出的微短剧《招惹》在累计分账金额上突破了2000万元，创造了短剧分账的最高纪录；另一部短剧《盲心千金》也取得了1700万元的分账成绩。2024年2月，腾讯微视携手QQ短视频和腾讯内容开放平台，共同发起了短剧招募计划，寻找优质的短剧创作者。招募对象包括影视公司、短剧MCN、影视制作机构以及个人创作者。该计划提供了多种合作方式，如流量激励和收益激励等。根据短剧的内容质量和热度，单部短剧最高可获得1000万的流量支持。此外，上传了版权短剧内容的创作者将享有每万次播放30~50元的基础播放收益。这也是自腾讯微视于2021年推出"火星计划"后，再度"加码"内容扶持的重要举措。

二、新媒体内容业务流程

（一）新媒体内容业务流程概述

总体而言，内容业务流程就是内容素材和信息资源采集、加工处理，并制作成相应传播

---

① 《关于我们》，https://www.yuewen.com/；《阅文发布新使命愿景，基于网络文学发力IP生态链》，https://gr.cri.cn/20210603/5896551f-e574-cba2-434b-ee5ce3effbd8.html；《阅文集团拟6亿元收购腾讯动漫相关资产：丰富上游头部IP储备》，https://m.thepaper.cn/newsDetail_forward_25618361；《追赶抖音快手，腾讯系多款产品加码短剧》，https://m.thepaper.cn/newsDetail_forward_26478647。

载体内容产品的生产传播过程。新媒体机构在不同程度上介入了图文内容和视听内容的业务流程,这也是各种内容业务的基础形态。

1. 图文内容业务流程

一般而言,新媒体图文内容业务的生产流程主要包括以下几步:第一,根据政策需要和市场需求确定数字报纸等图文内容的选题、报道要点和实施步骤,并准备资料;第二,实施采访,现场采集并通过各种渠道收集相关文字、图片、视听素材,进行内容写作和各种传媒符号的创作;第三,编辑审稿,核对事实,修饰文字;第四,编辑排版,视觉设计,制作标题;第五,审查内容,发布推送。

经营多种新媒体业务的报业机构仍是当今重要的内容生产机构,它主要开展数字报纸、图文网页、移动端图文产品等数字内容业务。传统纸质报纸市场消费虽然近年来大幅下降,但仍然有较高的产量,它的策划、采写、编辑、审核、排版等流程和数字报纸类似,但除此之外,还有更复杂的发排小样、发排大样、付印等业务流程。

图文新闻内容生产管理工作,主要体现在新闻线索收集、提高新闻采访质量、优化新闻材料传输、提高写作与编辑质量等方面。传统报纸的内容生产还涉及复杂的印务管理工作。印刷、广告、发行是传统报业的三大经济支柱。印刷的基本要求是周期短,复制质量高,这对印刷质量管理提出了很高的要求。传统报纸印刷也是资源消耗很大的环节,成本管理是报纸生产的重要工作。对数字报纸机构的各种新媒体终端生产传播而言,内容制作完成并非工作的结束,运用各种社交媒体平台进行内容推送,关注用户反馈并进行合理互动是内容生产管理必不可少的工作。

2. 视听内容业务流程

视听内容主要包括视频内容和音频内容,这两类内容通常都包括录播和直播两大流程。

(1) 视频内容业务流程

视频内容主要包括数字电视节目和网络视频,其内容业务的生产流程通常包括以下几步。第一,前期策划构思。这一阶段主要是确定要制作节目的选题和类型,明确节目受众特征,分析节目可能获得的关注度和社会效益、经济效益,决定节目风格以及播出时段,配备人员、组建团队,筹集经费并进行财务预算,准备各种所需物资设备,进行前期资料收集,联系采访拍摄对象,进行前期沟通采访,制订采访拍摄计划,必要时写出详细的分镜头脚本。第二,采访、拍摄、录制。具体包括现场交流、采访、拍摄、录音,以及收集节目信息素材等。有些节目需要提前做好现场舞美、人员准备,进行排练和带机彩排,之后才正式录制。第三,编辑合成制作。这一阶段的工作包括撰稿、配音、声音画面编辑、加工、合成、配音、配乐、字幕、特效制作等。第四,视频节目审查,主要是审查把关内容是否符合相关法律法规政策,节目时长和声像质量是否达标。第五,节目播出/推送。单个节目要按照电视栏目、频道风格或网络平台要求编排串联后播出或推送,并进行合理的推广。传统广播电视以线性播出方式呈现,各档节目的播出时间通常是每天或每周周期性固定安排,而新媒体时代,每天多次推送内容,尤其是热点新闻事件。这个制作过程的前两步通常被称为前期阶段,后三步通常被称为后期阶段。

制播分离体制下购买节目内容也是常见的获取内容的方式,即由刊播机构从其他机构购买而非本机构制作。采购节目的流程通常为:看试片—比价—购片—审核—宣传—播出—监看—评估。

(2) 音频内容业务流程

音频内容传播的渠道主要是广播电台和各种音频平台。音频内容业务的生产流程主要包括以下几步:第一,选题设计(策划);第二,收集信息、前期采访、正式采访、录音;第三,撰稿、录音、后期制作;第四,各环节的审查;第五,节目内容在广播电台播出或在音频平台推送。

音频内容直播流程通常为:内容策划—收集信息—前期采访—直播设计—内容审查—直播传送。

在媒介深度融合的背景下,新媒体内容生产有了更多用户深入互动、各方协作生产和多渠道融合传播的特征,新媒体机构要根据传播目标和效率原则来合理安排内容生产流程。

【案例6-4】
电视剧《人民的名义》的生产过程[①]

2017年,反腐题材电视剧《人民的名义》热播,成为轰动一时的传媒现象。事实上该剧的策划、融资、创作、拍摄等过程也充满悬念,对媒体机构内容业务有很多启示。

一、策划、协调

2014年,最高人民检察院影视中心专职副主任范子文"三顾周庐",邀请著名政治小说作家周梅森创作一部能够反映社会现实和当下形势的反腐题材电视剧本。周梅森回顾以往政治题材作品审查、修改的经历后,拒绝了第一次邀请。带着周梅森的顾虑,范子文找到时任国家广电总局电视剧司负责人,该负责人表示可以写,但要从反腐的角度切入,是反腐而不是展示腐败。其指导思想是:反腐、倡廉、正能量。2014年11月,范子文第三次找周梅森谈反腐剧的创作,周梅森却说"只吃饭,不谈剧"。饭桌上,同席的检察官谈论了他们办案的感受,"他(周梅森)就来情绪了,激动之后就说这个事可以干"。

---

① 《人民的名义:如何把副国级官员作为幕后"老虎"》,http://news.sina.com.cn/c/nd/2017-04-06/doc-ifyeayzu6876039.shtml。

二、剧本创作

2015年3月,周梅森正式动笔创作。一周后,拿出了两集剧本。为了解官员落马后的真实状态,在最高检的安排下,周梅森在江苏省浦口监狱与落马官员举行了两次小型座谈会。为了写出一部当代中国的"官场现形记",他思考各行各业的人物心理,试图洞察腐败、懒政、拉帮结派和权力纠纷背后的逻辑,并体会百姓的切肤之痛。

三、导演到位

周梅森在浦口监狱座谈的时候,正在香港的李路听说了这件事,他当机立断,从香港飞到南京,跟周梅森表示,希望可以担任这部剧的导演。李路一直很关注现实题材的影视作品,认为周梅森的剧本恰逢其时。

四、剧本讨论

原中国作协党组书记翟泰丰看了剧本后认为应该写得再深一点、再高一点,把政治生态写出来。经过多方慎重探讨,编剧最终选择了"只闻其声,不见其人"的副国级官员作为幕后终极"老虎";剧本写完20集,有关部门专门为此召开了研讨会;剧本初稿完成,国家广电总局电视剧司提出要增加倡廉的内容。耗时7个月,剧本最终创作完成。整个写作期间,周梅森和范子文每5集沟通一次。

五、融资

电视剧开拍后,1亿元的总投资还差2000万元,总制片人李路甚至决定如果投资一直没到位就抵押自己的房子。最初,李路尝试联系很多大型国企投资都被拒,最终决定投资的五家小型民企都是李路的朋友,也都是第一次拍摄电视剧,资金终于在开拍十几天后全部到位。早在李路介入该剧之前,范子文就曾经尝试联系一家大型电视台接洽这个项目,但"压根没见到人,对方说算了,反腐剧风险太大"。

六、播出机构落实

开拍后不久,湖南卫视到剧组考察,六七个人左右的团队一共来了三次。和其他电视台认为该剧播出风险太大不同,"他们的嗅觉和李路一样灵敏,拍板决策程序也很快""他们很有诚意,(他们的)热情感动了我们"。

七、拍摄创作

导演对剧本从影像化的角度,进行了全方位的深度打磨:加入温情元素;挖掘人物多面性和复杂性;运用美剧电影化的镜头语言和写实主义拍摄手法;精心打磨细节;全剧均采用同期声而非后期配音。

八、送审

审查的过程比预期得顺利。他们本来做好了删掉5集、改1000次的心理准备,但最终只有几十处的内容需要修改,国家广电总局电视剧司对此剧做出高度评价:"我们非常敬佩主创对十八大以来中国社会生活的感知,对发展脉搏的把握,对时代重大问题的回答","剧中腐败势力非常猖獗,形势非常严峻,但看的过程中,每一集都有正面的力量,光明压制黑暗。从这部剧中,我们看到了人性的温暖,看到了正义的力量,看到了光明和希望"。

九、结果:形成现象级爆款剧

2017年4月18日,在省级卫视黄金剧场电视剧收视率排行榜上,《人民的名义》以收视率5.061%、市场份额16.7%遥遥领先,高出第二名4倍以上。开播当日第一集的实际收看人数,包含网络平台在内,高达3.5亿人次。截至《人民的名义》播出到第八集,其豆瓣评分接近9分,这在国产剧中实属罕见。

(二) 新媒体内容生产管理

传统媒体内容生产管理是围绕其特定传播媒介特征展开的,新媒体内容制作和传播渠道已经没有了基本技术门槛,各种新媒体机构都在运用各种数字技术制作内容,并通过网络渠道传播内容。于是,新媒体内容生产管理的重点在于提高每个环节的管理质量,拓展每个环节的增值空间。

1. 内容策划环节

内容策划环节的管理重点,是基于当下政治、经济、社会、文化环境和具体传媒消费热点,分析并面向目标用户的潜在价值需求,根据新媒体自身定位和资源条件,选择可能获得用户关注、满足用户需求的题材,对内容进行创造性设计,规划高效率、低成本的制作推送方案,其中包括与各个利益相关者的协作生产。

策划是创作生产者对未来所要开展的活动进行提前筹划的一种理性行为和思维活动。节目策划过程是一个有着内在联系的不可分割的整体。它是由制作理念的策划(定位、选题、构成)、制作过程的策划(采拍、制作、合成)、传播方式的策划(包装、宣传、时机)、节目播出效果的评析等构成的一项系统工程。广义的策划活动其实从市场调查的阶段就已经开始了,包括集体策划、样本研究等工作。电视节目策划为电视节目的生产和运作提供新思路、新方案,提升节目的原创性和竞争力。① 完整的策划也应包括内容相关资料收集、前期采访、内容设计、方案设计与优化等工作。

2. 内容采集环节

内容采集环节的管理重点在于落实执行策划方案,并应对采集过程中出现的各种变化,采访、摄录、收集各种内容信息素材。内容采集现场通常会出现各种问题,也可能出现可供

---

① 李冬梅:《网络时代中国电视真人秀节目的内容生产与营销创新》,山东大学博士学位论文,2010年,第115页。

创作、发挥的机遇因素,内容生产管理需要保证基本方案得以执行,同时激发内容生产的创造性。

内容采集环节是新闻、专题等纪实类内容至关重要的生产环节。专业媒体机构的新闻专题信息采集者是记者,其主要任务是为媒体采写新闻专题报道,基本的活动方式是采访与写作。有研究认为,记者之"记",就是做采访记录,它是新闻报道的"大厦之基";记者以"记"为本,没有记,就没有报道可言,它从根本上体现着记者的专业根基和职业精神。[①]采集记录内容信息素材,既可以通过文字方式进行,也可以通过录音、录像等设备进行。新闻和专题现实活动现场通常比较复杂,有些活动环节转瞬即逝,这对内容采集者辨别并及时采集记录有价值的内容信息素材提出了很高的要求,很多时候还需要内容采集者积极互动、探寻、挖掘有价值的内容信息素材。

表演性质的影视内容和综艺内容也需要缜密且具有创造性的内容采集工作。这些内容表演往往需要做非常精细的前期舞美和道服化工作,现场表演也通常具有艺术的灵动性和不可复制性,内容素材采集过程如果不够高效,就可能导致前期工作的浪费,也可能错失采集记录现场表演创作的最佳时机。

3. 内容制作环节

内容制作环节的管理重点是基于内容产品的整体定位,对内容素材进行新媒体符号的二次创作,这是一个艺术加工的过程,也具有很高的制作技术含量,需要良好的设备和充裕的人工投入。图文内容制作涉及创造性很强的写作、编辑、排版和视觉创意等工作,视听内容的后期加工制作更加复杂,通常包括写作、编辑、配乐、字幕设计和特效制作等。内容制作环节管理需要协调各个工种的高效合作,也需要配备各种设备、保障各种工作条件,同时营造利于生成创意和进行创作的工作氛围。

4. 内容推广环节

制作完成的初始版本的新媒体内容并不能直接到达用户,这些精心制作的内容产品只有在传播渠道进行营销推广之后才可能到达最大范围的用户,此时,投入较高成本制作的初始产品才可能进行大规模的扩散、交易、使用,进而在用户对内容产品的重复消费中,摊薄内容产品的平均制作成本,实现收益最大化。新媒体内容复制成本即产品消费的边际成本近乎为零,因此内容推广环节是新媒体机构扩大经营总收入的重要环节。内容推广的重点是针对目标用户设计传播矩阵和引流路径。

5. 互动反馈环节

在信息高度冗余的传媒环境下,新媒体机构应高效及时地进行用户互动反馈管理,这样

[①] 《采访本上没东西,你注定就是个"穷记者"!》,https://mp.weixin.qq.com/s/sP7rVBD4ab-A7PWE-plRQA。

才能准确了解用户需求、持续吸引用户、提高用户黏度、提高传播价值和经营价值。

内容生产者与用户进行互动反馈也是一个关系维护的过程。传媒行业生产已经从"内容为王"演化为"关系为王"。"内容为王"是传媒业广为人知的从业理念之一,在信息资源稀缺、信息传播以单向线性为主的时代,内容生产过程是信息定向采集、传媒机构专业生产,媒体可以凭借内容直接向用户或广告主收费,"内容为王"理念有其存在的整体环境。但是,随着新媒体技术不断赋权受众采集制作内容,用户参与式、互动式的内容生产越来越普遍,用户的体验和感受、媒体和用户的关系对媒体经营来说日益重要。Web2.0重要的特征之一是其致力于促进人与人关系的营造,而不是停留在人和内容的关系这一层面上。[1]

三、内容生产控制管理

内容生产创意性、个性很强,加上新媒体内容与服务具有很强的互动性,所以生产过程的不确定性也很强。因此,控制各种不利因素,稳定推进内容生产、提高生产效率是内容生产管理的重要任务,尤其是对生产团队与流程、内容质量和技术标准进行有效控制管理。

(一)对生产团队与流程的协调控制

新媒体机构的图文和视听内容制作通常由许多或大或小的团队完成,内容制作流程及推广推送、互动反馈及内容经营变现工作,都涉及团队内外部的各种协作,同时这些协作对象的工作也通常涉及更多的协作系统,因此新媒体机构必须有效协调控制众多协同生产主体,包括协调各种信息沟通、业务衔接和实质性利益,否则内容生产业务流程就无法顺利开展。

(二)对内容质量和技术标准的管理控制

新媒体内容生产过程中,需要根据专业标准对内容信息、创意创新、技术标准、生产进度等进行监督检查,以发现问题并及时调整。

以新媒体视听内容产品制作为例,它的制作质量和技术标准就有很强的专业性。专业广播电视节目质量评价体系通常包括内容和技术两方面的指标[2],这些指标对各种新媒体音频视频产品质量控制管理同样具有参考价值。电视节目质量评价体系如表6-1所示。广播节目质量评价体系如表6-2所示。

---

[1] Shayne Bowman、Chris Willis、欧阳俊杰:《参与式新闻的兴起》,《中华文化论坛》,2009年第S1期,第310-316页。
[2] 向志强等:《中国传媒产品质量评估报告》,新华出版社,2012年,第104页。

表6-1 电视节目质量评价体系

电视新闻	内容指标										技术指标								
				价值性			语言表达				主持人			视觉效果			声音效果		
	时效性	重要性	真实性	引导教育	批评监督	阐释启迪	通俗易懂	准确度	主题表现	报道特色	普通话	误读率	语速	画面质量	镜头运用	剪辑效果	音质	音乐	声音与契合度

电视剧	内容指标											技术指标						
	题材		主题		剧情				人物		对白内容（含旁白）	视觉效果				声音效果		
	独特性	创新性	主题表现	思想性	故事情节	节奏	冲突与悬念	细节处理	演技	演员阵容		画面质量	镜头运用	剪辑效果	形象塑造	配音	音乐	声音与契合度

电视纪录片	内容指标									技术指标						
	题材		主题		剧情			对白、旁白	真实性	视觉效果			声音效果			—
	独特性	创新性	主题表现	思想性	节奏	冲突与悬念	细节处理			画面质量	镜头运用	剪辑效果	配音	音乐	声音与契合度	—

电视综艺	内容指标								技术指标													
	贴近性	丰富性		娱乐性			教育性		主持人				视觉效果				声音效果		节目形式		节目完整性	
		环节设置	嘉宾阵容	主题娱乐性	悬念与惊喜	趣味性	知识性	导向性	知名度	风格与节目契合度	反应灵敏程度	误读率	场景布置	道具	画面质量	后期画面剪辑	音响与节目契合度	声音质量	创新	适宜	各环节与主题联系	各环节的连贯度

表 6-2　广播节目质量评价体系

广播新闻	内容指标					技术指标			
	时效性	真实性	准确性	重要性	信息量	播音员	音效	节目形式	节目完整
广播评论	真实	深度	角度	时效	—	评论员、播音员	音效	节目形式	节目完整
广播音乐	选曲	编排	—	—	—	主持/播音技巧	音效	节目形式	节目完整
广播服务	贴近性	专业度	全面性	指导性	—	播音员	音效	节目形式	节目完整
广播综艺	贴近性	丰富性	娱乐性	教育性	—	播音员	音效	节目形式	节目完整

不同传播场景和不同类型的新媒体产品质量标准也存在细微的差别。以新闻内容质量管理为例,有研究者认为新媒体时代"新闻价值五要素"正在重新排序。在传统新闻生产模式中,除了真实性这个不容置疑的第一选择标准,时效性、重要性、接近性、显著性、趣味性都是公认的判断新闻价值的要素。在这个评判系统中,重要性、显著性优先于接近性和趣味性。但是新媒体时代下,这种实践标准发生了一定的变化,接近性、趣味性日益重要;新媒体新闻发布的时效性比传统媒体有了更高的要求,实践中对新闻时效和质量也经常有更细微的权衡。

(三)内容社会影响的评估与把关

新媒体内容传播与使用不仅是个人问题,许多内容还会对社会整体产生重要影响,内容生产的过程需要及时评估潜在社会影响。如果内容传播后已经产生了不良的社会影响,新媒体机构要及时消除不良影响,也可以寻找机会进一步制作相关内容,扩大新媒体机构的正向社会影响,提高新媒体机构的经济收益。

(四)内容生产成本管理控制

新媒体内容生产需要投入较多的内容创作人员、技术人员、后勤保障人员以及大量技术设备,生产成本投入往往比较高,因此常被称为"资本密集行业""人才密集行业"。合理控制成本也成为新媒体内容生产管理的重要任务。

新媒体内容生产成本主要体现在资金成本(利息)、技术成本、人力成本等方面。其中,人力成本通常是最重要的部分。

四、内容产品创新管理

内容产品创新是新媒体机构最常见、最迫切的管理任务之一,创新理论和实践备受关注。有关创新理论的论述始于20世纪初。经济学家约瑟夫·熊彼特在其1912年出版的《经济发展理论》》一书中首次使用了"创新理论"这一经济分析框架来解释经济发展。他认为创新是企业家对生产要素进行全新组合,即建立一种新的生产函数,而创新活动就是经济活动本身存在的某种破坏均衡而又恢复均衡的力量。他将创新活动划分为五个方面:生产出新的产品或对产品的某些特征进行改进;产品生产方式的改进;开辟新的产品市场;获得新的供应来源;形成新的产业组织结构。[①]新媒体内容产品的题材、流程和形式创新都可以带来经营管理效率的提高。

（一）题材创新

新媒体机构应根据自身基本定位和受众基本需求、市场环境变化、社会热点和风尚变化,经常性地创新内容题材。新媒体机构不仅需要在常见的新闻、体育、时政、财经、娱乐、生活等领域开拓具有贴近性和新颖性的题材,还需要在广阔的新媒体传播场景中,拓展各种深度服务的垂直内容题材。另外,企业公关营销、数字经济发展、社会治理服务的内容都为新媒体机构的题材创新提供了广阔的空间。

（二）流程创新

对于同样的内容产品和内容题材,新媒体机构可以找到丰富的创新视角来进行内容生产,还可以设置不同的生产流程来进行生产创新。从单个内容产品的制作流程,到整个新媒体机构的内容生产流程,都有很大的创新空间。

内容生产流程创新有利于新媒体机构提高生产效率,降低生产成本,增加综合效益。例如,生产电视节目的电视台或节目制作公司将其节目在网络上传播,有助于增加数字化视频音频产品的经济附加值和社会效益。[②]各种自媒体内容和垂直内容的生产流程创新则更加多样,通过流程创新可以整合具有不同资源的生产主体参与协作生产流程,扩大内容生产空间,降低内容生产成本。

当下最具颠覆性的内容生产流程创新要属平台型媒体内容生产。例如,小红书以"消费笔记""电商社群"为结构进行内容生产和垂直产品销售,形成了内容生产流程创新。由传统媒体转型而来的新媒体机构经常利用社交媒体进行内容转化和流程创新。视频社交媒体提供了丰富的内容素材,互动社群也能够帮助专业媒体机构接触用户、了解用户需求,进行互动式内容生产。这种业务流程和整个业务系统创新也从根本上改变了媒体商业模式。

（三）形式创新

近年来,各种新媒体内容产品不断推陈出新,形式极其丰富,微视频、H5、交互卡片、动

[①] 约瑟夫·熊彼特:《经济发展理论》,何畏等译,商务印书馆,2000年,第73-74页,转引自朱春阳:《成就卓越:传媒产品创新研究——一种行为与能力的分析范式》,复旦大学博士学位论文,2004年,第1页。

[②] 李冬梅:《网络时代中国电视真人秀节目的内容生产与营销创新》,山东大学博士学位论文,2010年,第115页。

态长图、数据新闻、动画、手绘等形式日渐成熟，Vlog 也被很多媒体尝试运用于"两会"等时政新闻领域。AR 和 VR 技术、人工智能、5G 等各种新技术的广泛运用更是为优质内容插上了"翅膀"，各种绚丽多姿的融媒体产品形式应运而生。[①]

究竟是"内容为王"还是"渠道为王"？我们看到，掌控数字传播渠道的大型互联网企业的业务已经深入社会生产生活的方方面面，拓展了近乎无限的业务空间和协作主体；新媒体内容业务模式与传统媒体相比已经发生了根本性变化，新媒体内容生产和渠道布局、协作业务有了更复杂的融合关系，内容收入变现方式及其份额也在持续发生变化，这一系列变化持续拓展着人们对新媒体内容生产和新媒体本质的理解，也拓展着新媒体的发展空间，改变着新媒体的商业模式和核心生产要素需求。

所以，对于长期以来自然垄断传播渠道、专业从事内容生产的专业传媒机构而言，毫无疑问应当与时俱进地充分运用各种传播渠道创新各种传媒业务，深度融合社会生产生活，在嵌入社会和市场各种协作生产过程中实现传媒机构自身的生存和发展。当然，社会系统与市场系统中的每一个主体都有自身的资源、价值与定位，从一定程度上说，内容仍然是媒体之所以为媒体的根本原因，新媒体仍然应当持续为社会生产有价值的内容符号和精神产品，并且根据社会需要进行更高效和更具创新性的内容生产。

【案例 6-5】

省级广播电视台内容系统创新案例：SMG 的守正创新

2019 年 4 月，全国广播电视创新创优工作座谈会在上海召开，上海广播电视台台长高韵斐就东方卫视年初以来实施转型升级，全新改版后的相关情况做了典型发言，重点介绍了三层认识。[②]

认识一：转型升级不是"小修小补"，不是对某个节目或者某个时段进行局部优化提升，而是要进行全方位、全天候、"脱胎换骨"式的重塑再造。上海广播电视台紧紧围绕"新时代新面貌"的核心理念，从重塑版面生态、突出新闻立台入手，重新构建了东方卫视"4+2+1"版面布局，全面重塑整体版面生态。其中，"4"是指全天打造早、中、晚、黄金四条新闻直播栏目播出带，进一步强化"新闻立台"；"2"指的是在每天黄金档重要新闻版面前后，即 17:50 和 23:30，创新开辟文化节目日播线，开播全新日播文化赏析类节目《诗书画》，通过适应互联网时代的新语态新方式，让更多观众领略到中华优秀传统文化的魅力；"1"是指东方卫视重点优化了晚间黄金时段资源配置，按照"小成本、大情怀、正能量"节目的自主创新方向，在周间黄金时段打造一条以公益节目为矩阵的"930 公益节目文化带"，推出了《这就是中国》《人间世》《闪亮的名字》《我们在行动》等一批高品质创新节目。

---

① 杨和宝：《浅谈融媒体产品内容和形式的创新》，《新闻世界》，2021 年第 2 期，第 32-35 页。
② 《高韵斐：东方卫视守正创新再出发》，https://www.sohu.com/a/308363905_99994436；《全国广电创新创优工作座谈会东方卫视分享转型升级认识》，https://www.smg.cn/review/201904/0164409.html。

认识二：转型升级不是停留于表面的改版重塑，而是从根本上提升节目创新能力，增强头部内容生产能力。全新的东方卫视版面涌现出一系列正能量、高品质的创新节目。国内首档讲述时代英雄故事的大型情怀节目《闪亮的名字》，全新大型思想理论节目《这就是中国》，文化赏析类节目《诗书画》，全国首档全景式警务纪实片《巡逻现场实录2018》，以及《人间世（第二季）》《喝彩中华（第二季）》等，都获得了观众、市场和领导的好评。《闪亮的名字》将英雄题材创作模式做了提升，即明星实地寻访结合场景式演绎，用电影化的表现手法，再现英雄事迹。节目连续几个月在全国同时段节目中收视率位列第一，同时收获了各方好评，还代表中国原创节目模式登上戛纳春季电视节主舞台。

综艺节目也是东方卫视转型升级的重要抓手。《欢乐喜剧人》避免了以往刻意煽情和激烈冲突的内容，让喜剧与时代有了更紧密的结合，潜移默化地带给观众对生活更积极的看法与态度；《妈妈咪呀》增加了众多来自世界各地的外国妈妈和华人母亲，立足上海，放眼国际；而全新的合家欢综艺节目《没想到吧》，让老百姓成为综艺节目第一主角，把道德建设主题与惊喜制造创意相结合，在欢乐中带给观众明确向上的价值引导。

认识三：以版面和节目的升级转型为起点，推动电视人创作观念和"四力"实践的转型升级。《闪亮的名字》主创团队用6个月的时间，走访了10多个城市，全组累计飞行近80万千米，从无人区可可西里到四川大凉山深处，从青海金银滩草原到敦煌戈壁大漠，他们迈开双脚，与英雄同行，感受英雄的"呼吸"。《我们在行动》主创团队截至2019年4月走访了11个省、自治区，共计50多个贫困村，举办了15场产品发布会，用脑用心发掘并推出17款贫困县的优质产品，累计为各贫困县村民实现了总计7260万元的销售额，搭建起了一个庞大的"产业扶贫造血媒体工程"。节目组因此荣获了"全国脱贫攻坚奖组织创新奖"，也是唯一一家获此殊荣的媒体机构。

关键词

内容；内容生产；内容产业；图文内容；视听内容；新闻内容；影视内容；综艺内容；专题内容；原创内容；体验性产品；内容策划；内容采集；内容制作；内容推广；内容质量评价；内容质量控制；内容创新。

复习思考题

1. 新媒体内容生产有哪些经济学特征？这对其经营管理会产生哪些影响？
2. 有着不同定位的新媒体内容产品应如何控制质量和成本？
3. 新媒体在内容生产中应如何进行创新管理？

第七章

新媒体广告业务管理

◆ 学习目标

1. 掌握广告市场的变动趋势;
2. 理解新媒体广告形态及其大数据传播;
3. 了解广告资源的开发、销售与创新。

◆ 案例导入

广告"标王"的流变

传统媒体往往通过制作和传播"吸睛"内容获得"吸金"的广告。然而,随着新媒体形态的变化,内容与广告的关系也随之变化,最具"吸金"能力的新媒体机构及其类型也在不长的时间内实现了划时代的转型。中央电视台(以下简称央视)曾以优质内容、稀缺渠道和市场影响成为广告"标王";新浪、百度、阿里巴巴等互联网媒体也在不同时期占据互联网广告市场的最大份额。这个媒体"标王"的流变过程中,广告经营主体、呈现方式、核心资源、协作方式都发生了颠覆性变化,这对新媒体机构的经营管理有着深刻的影响和启示。

20世纪90年代,迅猛发展的经济迅速扩大了广告需求。从1995年起,十多年来央视的黄金时段广告拍卖都成为媒体广告经营的最大亮点,1996年央视"标王"价格达到3.2亿元。一段时间内优秀省级卫视广告竞标也非常激烈。2014年是电视广告的峰值年份,全年广告总营收达1278.5亿元,央视广告收入约占全行业份额的21.27%。报纸媒体广告的峰值出现在2011年,其广告营收总额为488.17亿元。中国第一笔互联网广告始于1997年Chinabyte网获得的3000美元广告费,2001年至2006年中国互联网广告经营总额从4.1亿元增长至60.5亿元,占据最大市场份额的是门户网站新浪网;2007年至2014年则是搜索引擎百度,它在互联网广告市场获得最大收入份额,并且在2013年以319亿元的广告收入超过央视;2015年开始,一段时间内则是电商网站阿里巴巴居于中国广告收入榜首。^①作为非上市公司的抖音经营数据并不公开，但其收入长期受到各界关注。据媒体报道，2023年主营智能视频传播业务的抖音广告收入可能追平甚至超过阿里巴巴。

广告长期是传统媒体最重要的支柱性收入来源，如今依然是新媒体重要的收入来源之一。广告业务在媒体经营管理中占有非常重要的地位，它是传统媒体"双重出售模式"（出售内容和注意力）的必要环节。广告经营发挥着传媒生产的价值循环和补偿作用，广告传播的信息也在市场交易中发挥着重要的服务功能。广告的本质是提供市场信息、促进交易并实现内容变现，新媒体机构也因此深度嵌入经济生活，广告业务是其内容业务之外的另一大核心业务。

在大众传播时代，新闻工作者可能将广告理解为专业社会与文化内容之外的公关过程和劝服过程，商界人士可能将广告视为一种营销过程，经济学家和社会学家可能更侧重于广告的经济信息传播和社会消费价值影响，消费者通常将广告看作获得信息内容不得不支付的成本。但是，在网络传播时代，新媒体广告信息发布主体、产品、渠道和方式发生了重大变化。传统主流媒体的经营管理困境包括传统媒介产品边缘化、传者与受众关系转型等，但是最直接地影响传统媒体生存发展的是广告收入持续大幅下降。专业主流媒体尽管仍具有许多传媒资源优势，但从广告的产品形态、效果评价，到其背后的媒介环境逻辑的重大转型乃至颠覆，毫无疑问是新媒体经营管理中最为突出的议题。

一、新媒体广告概述

广告，是由可识别的出资人通过各种媒介进行的有关产品（商品、服务和观点）的、有偿的、有组织的、综合的、劝服性的非人员信息传播活动。^②媒体生产的此类劝服性有偿信息产品即广告产品，广告传播的目的是广告主通过媒体触达并影响潜在用户。

新媒体广告则可定义为以数字传输为基础、可实现信息即时互动、终端显示为网络链接媒介，有利于广告主与目标受众进行信息沟通的品牌传播行为与形态。^③新媒体广告的内涵与网络广告、在线广告或互联网广告有一定的相似之处，具有技术主导的数字化、受众为主的互动性、媒体终端的个性化等特点，广告业务的专业内容与广告信息、专业操控与用户互动呈现出许多新型关系。

---

① 易旭明：《中国传媒规制绩效实证研究——基于有效竞争理论视角》，上海交通大学出版社，2020年，第89、131页。

② 威廉·阿伦斯、戴维·谢弗、迈克尔·魏戈尔德：《广告学》，丁俊杰、钟静、康瑾译，中国人民大学出版社，2014年，第5页。

③ 崔磊、舒咏平：《新媒体广告及其融合服务初探》，《湖北师范学院学报（哲学社会科学版）》，2011年第3期，第104-107页。

（一）新媒体广告形态的变迁

新媒体时代的互联网广告经过了三次革命性的形态变迁。第一次是传统广告互联网化。新浪、搜狐、网易等第一批门户网站是这个阶段的活跃"玩家"，但它们只是把广告从线下搬到了线上，没有出现更多商业模式上的变化。第二次是搜索广告的出现。2001年，百度从后台服务转向独立提供搜索服务，并在国内首创竞价排名商业模式。2008年，百度凭借搜索引擎广告登上国内互联网广告第一的宝座。第三次是信息流广告的出现。2015年以后，腾讯、百度等主力"玩家"的入场，迅速催热了信息流广告市场。随着多元化媒介对用户注意力的抢夺，搜索引擎使用率开始下降，此时，更能与用户形成情感共鸣的信息流广告的势头渐渐盖过了搜索广告。互联网广告行业来到下半场，所有"玩家"都期待在复杂的大环境中找到未来的确定性。[①]

以上三次新媒体广告形态的变迁背后是在线广告定向技术和交易形式的进化。从最初的固定位置合约，发展到进行受众定向、与展示量结合的合约，再到竞价交易方式，并最终发展成为开放的实时竞价交易，这不仅使得需求方可以更灵活地划分和选择自己的目标受众，也使得更广泛的数据使用和交易迅速发展。这种交易方式逐渐演变为机器之间以程序化的方式完成广告交易决策，广告业务进入程序化广告交易阶段，买家广告购买效果得以准确体现。这条主线的核心驱动力是让越来越多的数据源为广告决策提供支持，从而提升广告的效果。除了这条交易形态的主线，互联网广告产品还有另一条发展线路，即产品展现逻辑上的发展。在展示广告的最初阶段，广告位被作为与内容相对独立的单元来决策和运营，并且完全以优化收入为目标。同时，人们从搜索广告和社交网络信息流广告中受到启发：将内容与广告对立起来，未必是一个好的选择，这两种广告产品正是由于与内容的展现和触发逻辑有着高度的一致性，才产生了突出的效果。沿着这样的思路，将内容与广告以某种方式统一决策或展示的产品形式——原生广告近年来得到了越来越多的关注。如何将原生广告的决策方式与已经比较成熟的广告交易相结合，是目前移动互联网广告发展的热点。[②]

从以上新媒体广告形态及其背后交易形式、内容与广告关系的变迁中，我们不难发现，新媒体的"新"的确不仅仅在于传播技术与渠道方面的创新，而且是从根本上改变了作为卖者的专业媒体与作为买者的受众/用户的交易关系，同时这种新媒体广告越来越依赖于使用大数据进行决策和交易。从某种意义上说，这并不是以生产内容为主要定位的传统媒体机构的优势所在。这些广告新形态与交易新方式是理解新媒体经营的极为重要的一个思路，也是启发传统媒体进行经营管理转型的一个重大思路。

---

① 《BAT时代落幕，阿里京东拼多多包揽互联网广告收入前三》，https://new.qq.com/rain/a/20220916A01S5D00。
② 刘鹏、王超：《计算广告：互联网商业变现的市场与技术（第2版）》，人民邮电出版社，2019年，第18页。

（二）新媒体广告类型

对新媒体广告进行适当分类能够帮助我们尽快把握广告业务形态。广告形式层出不穷，广告的应用场景和目标差异也很大，因此广告分类并没有统一的标准。大众传播时代，人们通常将媒体广告按照传播渠道载体分为报纸广告、杂志广告、广播广告、电视广告，以及笼统杂多的网络广告等。新媒体时代，人们通常按照传播符号、传播渠道、广告信息与内容信息的关系（即广告信息与内容信息是分离还是一致）、交易定价方式（合约交易或竞价交易）等维度对新媒体广告进行分类，提出了各种应用场景的广告类型。为了便于把握新媒体广告业务实践，本书援引业界权威度较高的艾瑞咨询机构的网络广告划分惯例，将新媒体广告分为品牌图形广告、视频贴片广告、富媒体广告、分类广告、文字链广告、搜索广告、电商广告、信息流广告及其他形式广告。

1. 品牌图形广告

品牌图形广告是指在媒体投放的与表现品牌形象相关的图形创意广告，它能引发特定品牌联想，带来广告视觉冲击力和吸引力。这里的图形并非仅是静止图片，还可以是Flash或HTML5等动态方式。品牌图形广告延续着传统媒体时代"广告标王"的思路，也是网络硬广告最常见的表现形式之一，通常包括横幅广告（又称旗帜广告）、通栏广告、全屏广告、按钮广告、弹出窗口广告等。当用户点击这些广告的时候，通常可以链接到广告主的网页。

2. 视频贴片广告

视频广告是表达广告信息和创意的一段视频，相比静态广告，视频广告信息的传播量和冲击力大大提高。可以说，视频化是新媒体广告最重要的趋势之一。有关视频广告的效果评价指标除点击率外，还有用户观看时长等更接近用户印象的指标。视频广告最常见的形式是视频贴片广告，即在视频内容之前播放的前插片广告，也有后插片、暂停视频广告等。视频广告也经常插在信息流内容中，可在Wi-Fi场景下自动播放。手机游戏中还有激励视频广告，它主要是利用手机游戏中的奖励积分，刺激用户主动观看视频广告。

3. 富媒体广告

富媒体广告是指运用声音、视频、动画、Flash、3D等表现手段，以及Java、Javascript、DHTML等程序设计语言来传播广告信息的形式。富媒体广告大大改善了互联网发展初期受带宽限制的低质量文字图片表达形式，有更强的互动性和参与性。

4. 分类广告

分类广告是将不同广告客户的各种需求按行业分门别类，归入不同的小栏目，在同一标题下集中发布。分类广告也称"需求广告"，其栏目通常有求职、招聘、招生、遗失、招领、征友、征婚、房屋出租、小商品出售等，内容涉及社会生活的各个方面。传统报纸分类广告和网络分类广告比较常见。

分类广告具有形式简单、费用低廉、发布快捷、信息集中等优点,而且查看分类广告的人一般对信息有一定的主动需求,这也是分类广告的价值所在。网络分类广告常见的发布途径包括专业的分类广告服务网站、综合性网站开设的相关频道和栏目、网上企业黄页、部分行业网站和网站的信息发布区、网上跳蚤市场、部分网络社区的广告发布区等。一般来说,专业的分类广告服务网站通常功能比较完善,分类也比较全面,用户很容易找到适合自己产品的类别并发布广告,同样,用户查找信息也比较方便,从而保证了分类广告的效果。综合性网站开设的分类广告栏目可以从众多的网站访问者中吸引一部分人的注意,行业网站和综合网站则容易直接引起买卖双方的关注,广告效果甚至略胜一筹。[①]2021年分类广告占全年网络广告市场份额的比例为1.6%,其中58同城、赶集网等是份额占比较高的分类广告网站。

5. 文字链广告

文字链广告即只有文字的网络广告形式,它可以链接到广告主的页面内容。文字链广告是搜索广告的主流形式,在展示广告中也被广泛采用。文字链广告有时像横幅广告那样占据固定版面,有时则穿插在大量内容链接条目中。[②]文本链广告通常发布在热门网页上吸引用户点击,是一种对浏览者干扰较少、带宽限制较小,但效果较好的网络广告形式。

6. 搜索广告

搜索广告即搜索引擎广告,是广告主根据产品信息确定关键词,撰写广告内容,并自主在搜索引擎上予以定价进行投放的广告。当用户搜索到广告主投放的关键词时,搜索引擎就会展示相应的广告,并在用户点击广告后按广告主出价收费,无点击则不收费。如果关键词有多个广告主购买,则根据竞价排名原则展示。精准搜索、竞价排名是搜索广告的关键交易方式。搜索广告因为是消费者主动搜寻信息,针对性强,广告满足程度和转化率较高,并可跟踪广告效果,所以成为合约广告之后的新一代广告类型,曾在广告市场占有绝对的份额优势。然而,2021年搜索广告占全年网络广告市场份额比例仅为11.4%,未来几年预期将缓慢萎缩。

搜索广告中,消费者与广告信息的相遇并非一种随机的邂逅,而是消费者在新媒体的信息世界中自主搜索诸多信息且进行多方比较、咨询、甄选,甚至是获得双向性互动反馈之后产生的。也就是说,这里的"广告信息"不是"信息邂逅"中具体特指的广告作品所包含的信息,而是一个信息由少到多,又由多到简、由泛而专的动态信息结构。[③]

搜索广告也可分为搜索关键字广告和垂直搜索广告。应用最广的是搜索关键字广告,

[①] 邓文峰、周朝民:《浅析网络广告效果评价方法》,《上海管理科学》,2005年第4期,第13-15页。
[②] 刘鹏、王超:《计算广告:互联网商业变现的市场与技术(第2版)》,人民邮电出版社,2019年,第9页。
[③] 舒咏平:《"信息邂逅"与"搜索满足"——广告传播模式的嬗变与实践自觉》,《新闻大学》,2011年第2期,第79-83、102页。

它也是一种文字链广告,通过超链接让感兴趣的用户点击进入特定企业网站、网页或其他相关页面,实现广告目的。垂直搜索广告尤其是电商搜索广告近年来发展迅速,它是指垂直搜索网站提供的搜索服务广告,例如淘宝、京东、去哪儿等。从交互过程看,垂直搜索广告能够帮助用户在可直接进行购买的B2C商务网站中,通过输入关键字搜索并获得集产品图像、文案、销售和购买信息于一体的引擎入口,这为网络访客进行购买决策甚至完成在线购买提供了帮助。[1]

在搜索广告市场细分中,搜索关键字广告占比最大。相关数据显示,2020年搜索关键字广告收入规模为669.1亿元,占比为50.3%;其次为信息流广告,其收入规模为289.8亿元,占比为21.8%。联盟广告、导航广告也可以通过搜索引擎来传播。

7. 电商广告

电商广告是指在电子商务活动中,商品经营者或服务提供者在电商网络或移动互联网页面上投放商品或服务广告,并把消费者购买行为引流到承接页面完成交易与结算的一种广告形式。电商广告包括两部分内容,即商品信息广告与交易承接页面。具体电商广告形式,包括横幅广告、开屏广告、视频广告、直播广告以及垂直类网站上的搜索广告等。2020年,电商搜索广告占全部电商广告的比例达到了53.9%。[2]

电商广告融广告信息、信息搜索、互动咨询和交易结算等功能于一体,极大地缩短了广告营销的链路,传播具有定向性和精准性,成为占市场份额最大的广告类型。2021年,电商广告占全年网络广告市场份额的比例为40.3%,估计未来还将持续增长。

传统商业交易过程从厂商到代理商到零售商再到客户,厂商距离客户的需求和反馈的声音很远;而电子商务模式中,从零售商、代理商到厂商都可以通过电子商务平台直接为客户服务,电商广告设计不只是满足传统广告信息要求,还需要从网络营销和视觉营销入手进行设计和服务。电商广告不仅为厂商和消费者提供了广告内容信息,而且更加直接、深入地介入了产品交易服务过程,"中介"的功能有了根本性拓展,这对经营"中介"和"媒介"的新媒体机构来说也是一个根本性的业务范围拓展,其产品在信息生产属性之外,有了更多的物质生产属性。

8. 信息流广告

信息流广告是一种嵌入信息流媒体平台信息之间,且能与平台特征相互融合(原生性),并按照平台信息呈现模式逐条展示(动态性),能支持消费者互动参与(社交性)的互联网展示广告。其中,嵌入社交流媒体平台(如微信朋友圈、微博)、新闻流媒体平台(如今日头条)、短视频流媒体平台(如抖音)的信息流广告在近几年增长尤为突出,较好地顺应了消费者在

---

[1] 孙宇:《网络广告设计要素、临场感及用户行为意向关系研究——以旗帜广告和垂直搜索广告为例》,东北大学博士学位论文,2015年,第19页。

[2] 《2021年我国互联网广告行业政策推动行业良好发展 电商市场成最大细分领域》,https://free.chinabaogao.com/chuanmei/202111/11U5YS2021.html。

移动互联网时代信息获取社群化、决策场景化以及行为碎片化趋势下对广告的偏好。①随着信息流广告市场的扩大和数字技术的革新，信息流广告形式也在不断创新。除了目前常用的图文混排、短视频、直播等，AR、VR等新型广告形式也在逐步出现。

基于互联网广告局原生广告实操手册对信息流广告案例的描述，我们可以总结出信息流广告的四大特点：一是为用户体验的组成部分；二是存在于用户的日常活动流中；三是形式（外观、感观）及功能与平台内容一致；四是明显位置标注"赞助"或"推广"内容等字样。与其他形式的广告相比，信息流广告被认为具有较强的有效性与较低的侵入性，其点击率是右侧边栏展示广告的49倍，而点击成本下降了54%。与展示广告相比，信息流广告获得的浏览量高出25%，且浏览频率高出53%。精心设计的信息流广告可以提高网站的可信度，并且对成熟品牌更有益，它们可以帮助这些品牌扩大市场，增强与消费者的联系，同时提升品牌形象。广告商与社交媒体应加深对传统互联网广告规避机制的理解，并在此基础之上，更好地利用信息流广告的一致性和社交性来提升用户体验，以此提高自身竞争力。②

信息流广告遵循的是以消费者为主导的水平沟通范式，希望通过与消费者体验相融合，与移动场景相匹配，分享和表达需求的满足来激发消费者的情感，从而说服消费者购买。信息流广告的发展主要经历了以下三个阶段：一是基于动态页面的信息推送技术阶段，其主要基于动态页面的信息推送技术，使广告由固定呈现式向推送式转变；二是基于消费者动态场景演化的大数据和机器学习技术发展阶段，可实现信息流广告智能化协同推荐；三是融入社交功能的页面交互技术发展阶段，这是信息流广告发展的扩张阶段，其融入社交功能的页面交互技术，促使消费者积极参与和信息流广告的交互。通过赋予信息流广告点赞、转发、评论等交互功能，其不仅可以把握消费者的兴趣点，助力广告精准投放，还满足了消费者的社交需求。③微信朋友圈信息流广告推广，首先，基于用户的年龄、所在区域、手机型号等标签来细分并选择用户；其次，严格选择品牌广告主，要求广告内容较好；最后，通过后台算法对细分的用户与品牌调性进行匹配投放，用户行为又将影响其朋友与该广告的接触率，也成为下次推送广告的参考。④

9. 其他形式广告

艾瑞咨询的统计体系中，其他形式广告包括内容营销广告、导航广告、电子邮件广告等。

以上广告类型是按照广告形式，即广告传播符号、传播技术、交易方式和内容与广告关系等来分类的，新媒体市场还有一些常用且重要的广告类型，如原生广告、植入式广告等，它们也是人们理解广告及其在新媒体时代经营创新的关键概念。

原生广告并不是某种特定的广告形式，它包含能够将品牌内容融入用户使用体验的各

---

① 黄敏学、张皓：《信息流广告的前沿实践及其理论阐释》，《经济管理》，2019年第4期，第193-208页。
② 范思、鲁耀斌、胡莹莹：《社交媒体环境下一致性与社交性对信息流广告规避的影响研究》，《管理学报》，2018年第5期，第759-766页。
③ 黄敏学、张皓：《信息流广告的前沿实践及其理论阐释》，《经济管理》，2019年第4期，第193-208页。
④ 施琴：《社会化媒体信息流广告研究——以微信朋友圈信息流广告为例》，《传媒》，2015年第17期，第66-68页。

种广告类型,是一种能够指导广告实践的理念。目前从事原生广告业务的主要有两类组织。第一类以发布商为主,它们根据网站的编辑特点和内容环境,开发专属的原生广告产品,帮助客户在本网站传递品牌内容,如YouTube、Twitter一类的社交媒体,以及凤凰网、福布斯一类的传统媒体发布商。这类组织擅长内容制作,能够为大客户定制原生广告,但一般不能进行程序化的规模交易。第二类是平台商,其将品牌内容以原生广告的形式进行跨平台的传播,比如Sharethrough,它不仅可以通过社交媒体分享包含品牌内容的视频,还建立了由数以千计的网站组成的广告网络,它将品牌视频制作成多种创意版本,通过实时更新图片和标题,使其看上去能够与各种发布页面相匹配,从而实现原生化。原生广告既可以通过付费的方式经由发布商传播,也可以通过分享功能免费在社交网络上传播。[①] 原生广告对专业媒体意味着重大的经营管理定位转型:广告从依附于专业传媒内容存在,转型为广告消费内容独立存在、直接生产交易,因此广告创意生产和媒体经营要求也要发生相应的变革。

植入式广告是指在影视剧情、游戏等内容中刻意融入品牌信息的广告。由于受众对广告有天生的抵触心理,把广告融入这些娱乐内容方式的做法往往比硬性推销的效果更好,能达到潜移默化的宣传效果。

从如图7-1所示的统计图来看,各种广告类型的市场份额差别极大。2022年,中国电商广告和信息流广告份额分别达到40.8%和39.2%,曾经长期作为传统媒体主要广告方式的品牌图形广告和视频贴片广告市场份额分别只占3.9%和2.1%,曾在2014年占据中国网络广告市场最大份额(28.5%[②])的搜索广告在2022年的市场份额只有6.1%。

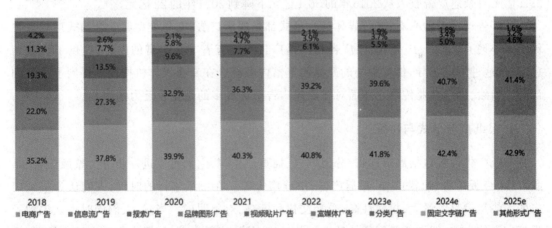

图7-1 2018—2025年中国不同形式网络广告市场份额[③]

以上是按广告形式进行分类。如果按媒体类型分类,就大致能看出各种类型媒体广告的发展空间。2022年,我国电商媒体占网络广告市场40.8%的份额;短视频媒体和社交媒

---

① 康瑾:《原生广告的概念、属性与问题》,《现代传播》,2015年第3期,第112-118页。
② 《艾瑞:2014网络广告营收超1500亿 同比增长40%》,http://tech.cnr.cn/techhlw/20150129/t20150129_517565936.shtml。
③ 艾瑞咨询:《2023Q1中国营销市场季度动态监测报告》,https://www.iresearch.com.cn/Detail/report?id=4178&isfree=0。

体分别占 26% 和 9.8% 的市场份额,它们是信息流广告的主要供给者;搜索引擎占网络广告 9.7% 的市场份额,门户及资讯媒体占网络广告 5.7% 的市场份额,垂直行业媒体占网络广告 3.0% 的市场份额,在线视频媒体占网络广告 3.1% 的市场份额。[①]许多专业媒体机构仍在考虑凭借高质量内容回到插播大量广告获得高额收入的"黄金时代"。从广告产品的类型和传-受逻辑来看,这种路径应该只对少数媒体可行,多数媒体应凭借原生广告内容和其他盈利模式开拓发展道路。

(三) 传统广告特征比较

由传统媒体转型而来的新媒体机构广告收入虽然严重下滑,但仍然占有不小的市场份额,并且其经营传统对主流新媒体经营管理有重要影响,因此值得将两者进行比较分析。

从广告经营额来看,2022 年中国互联网广告总收入 5088 亿元,同比下降 6.38%[②],这也是互联网广告自诞生以来总收入首次下降。不过,传统媒体广告总收入下降幅度更大,2022 年全国广播广告收入 73.72 亿元,同比下降 28.09%;电视广告收入 553.23 亿元,同比下降 19.11%。相较而言,我国视听新媒体广告收入(指广播电视和网络视听机构通过互联网网站、计算机客户端、移动客户端等获得的新媒体广告收入)2407.39 亿元,同比增长 20.28%;广播电视和网络视听机构通过楼宇广告、户外广告等取得的其他广告收入 307.98 亿元,同比增长 5.65%[③];报业广告多年持续下滑,广告经营额从 2011 年的 488 亿元下降到 2021 年的 39.1 亿元[④];杂志广告收入从 2016 年的 36.1 亿元下降到 2021 年的 22 亿元[⑤]。

从广告产品类型来看,传统媒体广告形式都是展示广告,交易类型属于合约式广告。在传统媒体时代,报纸、广播、电视广告和广播广告等也有着非常丰富的内容,提供了大量信息,并且这种专业主导、传者中心的高品质丰富内容至今在专业媒体机构依然得到了很强的认同。当然,如今专业传统媒体面对新媒体广告市场更多的是竞争乏力的困惑。

1. 报纸广告形式与特征

报纸广告通常包括展示广告、分类广告、插页广告等,它们可以进一步分为整版广告、半版广告、跨版广告、通栏广告、报眉广告、中缝广告等。在报纸盛行的时代,人们认为报纸广告的优势是信息容量大,权威性高,受众文化程度高,对象明确。当然,人们同时也认识到了报纸广告的劣势,即在互联网媒体冲击下关注度下降,流通周期短,静态广告震撼力较弱,受众受文化程度限制。

---

① 《2022 年中国 MarTech 市场研究报告——布局策略篇》,https://www.iresearch.com.cn/Detail/report?id=4089&isfree=0。
② 《2022 中国互联网广告数据报告》,https://www.4anet.com/p/11v718094fa6cb80。
③ 《2022 年全国广播电视行业统计公报》,http://www.nrta.gov.cn/art/2023/4/27/art_113_64140.html。
④ 崔保国、赵梅、丁迈:《中国传媒产业发展报告(2022)》,社会科学文献出版社,2022 年,第 91 页。
⑤ 《2021 年中国网络广告年度洞察报告——产业篇》,https://baijiahao.baidu.com/s?id=1711146088101287730&wfr=spider&for=pc。

数字技术为数字报纸广告带来了具有无限可能的设计空间,但遗憾的是数字报纸的开发者们并不太重视广告部分的表现,数字报纸中的广告都表现得相当疲软,仅仅是纸质报纸的电子再现,处于数字化的低级阶段,并没有充分利用数字技术进行有效的信息传递。①

2. 广播广告形式与特征

广播广告通常包括时段广告、栏目广告、冠名广告、特约/赞助广告、插播广告等。广播广告的优势在于制作简便、发布快捷,能够在流动中占领受众碎片化时间,诉诸听觉表达、想象空间大,成本低廉,广播受众广泛且群体比较稳定。广播广告的劣势是表现方式单一,内容转瞬即逝、难以留存。

3. 电视广告形式与特征

电视广告包括常规时段广告、栏目广告、冠名广告、特约/赞助广告、插播广告、演播室内广告、电视直销(电视购物)广告,以及植入广告、"软广告"等多种形式。电视广告按时长可分为3秒、5秒、10秒、15秒、30秒、45秒、60秒等。按预期受众的多少,电视广告还可以分为A、B、C、D段广告等。在电视广告盛行时期,人们认为其具有以下几大优势:声像并茂、感染力强;覆盖面广、受众广泛;重复播放、强化诉求、强制接受;专业化频道针对性强。而电视广告的劣势则在于:转瞬即逝,易受干扰,费用高昂。当前很多资深传媒人士都是从社会影响和经济影响并重的电视黄金时代走过来的,的确有许多人难以接受电视这个本来内容专业、娱乐性较强的媒体被网络时代用户逐渐"抛弃"的现状,一时也很难适应新媒体高质量专业内容与用户自选商业信息分离消费的广告营销逻辑。在当今社会不乏用电视媒体专业思维在新媒体渠道上传播精致内容和广告但效果不尽如人意的现象。传播技术的重大转型形成了当下的内容与广告传播新关系,这正是传统媒体经营管理融合转型的根本难点之一。

广播电视广告的主要销售模式是依据刊例价格表销售,而刊例价格通常的特征是"规定的产品"和"规定的价格"。有研究认为,这与市场经济下大多数企业根据市场需求生产产品、根据市场需求定价的模式相比灵活性较差;应该摆脱刊例价格表,根据用户需求打造广告产品,根据市场需求定价,提高广播电视广告供给结构的适应性和灵活性。②当然,当下许多广播电视媒体对合作企业已经在探索包括各种形式广告在内的综合公关营销服务形态。

4. 网络广告与传统媒体广告的市场差别

"我知道有一半的广告费浪费了,却不知道浪费的是哪一半。"这是描述传统广告的一句经典名言,但是新媒体广告通过大数据、云计算与区块链进行媒介信息资源整合,进行研究数据技术分析和投放效果最优化,能够实现精准营销、实时交易。

市场由买者、卖者、产品及其交易渠道和交易机制构成,新媒体时代的买卖关系、产品特

---

① 张容容:《数字报纸广告的现状及优化研究》,《中国报业》,2011年第10期,第72-73页。
② 周伟:《让广告供给体系适应市场需求变化——广播电视广告营销的升级策略》,《中国广播电视学刊》,2016年第5期,第18-20页。

征发生了颠覆性变革,由此可以更深刻地理解由传统媒体转型为新型主流媒体的广告经营创收空间。在新媒体广告经营创收空间,专业媒体机构的主要业务——专业内容——已经不是广告必不可少的依附载体,电商广告、信息流广告作为网络广告市场最主要的广告形式,成为独立的业务内容,人们消费广告信息本身就成为传媒消费的目标。在这种市场关系下,大量专业主流媒体生产的内容已经不具备吸附广告的消费价值。

从生产资源看,新媒体时代广告交易的主要类型是通过信息技术实现高效的竞价交易、程序交易,专业媒体通常具有内容生产比较优势而非通信技术优势,因此大量传统内容生产专业媒体很难在新媒体广告交易中获得竞争优势,也难以获得维持自身生存发展所需要的广告收入。

一项2016年的研究显示,网络广告信任度曾经大幅度低于电视、报纸等传统媒体[1],但是网络广告信息多元,可以相互印证比较,大型移动平台作为交易背书系统为作为个人的信息发布者提供了问责机制保障,以用户为中心的广告交易系统已经颠覆了大众传播时代以专业媒体为中心的广告交易机制,开拓了全新的广告交易和新媒体产业发展空间。

当然,广告价值下降并不意味着由传统媒体转型而来的内容型主流媒体整体存在价值下降,内容生产仍然有其不可替代的社会价值,部分内容生产也仍然具有广告吸附和信息流广告内容生产的价值,仍然有许多专业媒体可以依托优质内容开展业务(包括特定内容生产和依托内容的垂类传媒业务),获得生存发展,这也是新媒体时代传媒生产发展的空间所在。

二、新媒体广告评估与计费

新媒体广告效果评估测试指标通常包括点击量、点击次数、点击率、转化次数、转化率、到达率等,可以根据特定广告效果设计相应的计费模式。通过这些广告评价指标和计费模式,我们可以进一步理解广告生产传播和经营管理的过程。

(一)广告信息接收过程

广告信息接收过程可以分为三个大阶段,即选择、解释与态度,或者进一步分解为六个子阶段,即曝光、关注、理解、接受、保持与决策。

曝光阶段指广告在物理上展现出来的过程,其有效程度往往与广告位的物理属性有关。关注阶段是指受众从物理上接触广告到意识上关注广告的过程。为了提高关注度,广告应尽量不打断用户任务,且明确向用户推送此广告的原因,内容应符合用户兴趣或需求。理解阶段是指用户关注广告后能够理解广告传达的信息,网络广告应集中强调一个主要诉求以吸引用户的注意力。接受阶段是指用户认可广告所传播的信息,为此广告应该符合上下文传播环境,让合适的广告出现在合适的新媒体环境中。保持阶段是指广告传达的信息能够给用户留下鲜明的长期记忆和品牌效果,充满艺术性的广告创意设计通常是延长广告记忆

---

[1] 《中国广电2016中国家庭收视市场入户调查报告》,http://news.znds.com/article/18362.html。

的有效方法之一。决策阶段是指广告能够带来用户的转化行为,虽然这一阶段已经离开了广告信息传播的业务范围,但好的广告还是能够为转化率的提高做好铺垫。[1]

(二)新媒体广告效果评估

新媒体广告和传统媒体广告相比,在技术方面具有显著特征:技术和计算导向,效果的可衡量性,创意和投放方式的标准化,媒体概念的多样化,投放决策受数据驱动。这使得新媒体广告效果评估和计费都具有更强的数据化特征。

评估新媒体广告效果可以通过曝光次数、点击次数、点击率、到达率、转化次数、转化率等直接指标来衡量。曝光次数指新媒体广告所在的页面被访问的次数;点击次数是指网络用户点击新媒体广告的次数,它可以比曝光次数更准确地反映广告效果;点击率等于点击次数除以曝光次数,它是评价新媒体广告吸引用户效果最重要的指标之一;点击行为成功以后,用户会打开广告主的落地页,落地页成功打开次数与点击次数的比例称为到达率,这是在广告主网站上发生的。转化次数指用户受网络广告的影响,采取注册或购买等广告主所期望行为的次数,转化率即等于转化次数除以曝光次数。

按照媒体网站和广告主网站上的行为对收入 r 进行分解,是实践中比较合理且容易操作的评估方式[2]:

$$eCPM = r(a,u,c) = \mu(a,u,c) \cdot v(a,u,c)$$

这里的 eCPM 指估计的千次展示收益,μ 表示点击率,v 表示点击价值,a、u、c 分别表示广告、用户、上下文变量——这也是广告活动的三个基本要素。

广告效果评估可分为事前评估、事中评估和事后评估。事前评估是就广告投放前的广告作品征求广告客户、有关专家和消费者的意见和建议。常用的方法有德尔菲法、消费者评判法、检验表、直接信函法、心理测试法等。事中评估的目的在于使广告活动能够按照预定的广告计划执行、对广告效果进行跟踪并对广告整体效果进行预测。常用的方法有销售地区试验法、广告播出前后比较法等。事后评估是在一个广告周期结束后,对整体的广告效果做出测定。要特别关注广告到达率、受众心理效果(知名度、美誉度、忠诚度、偏爱度)和购买率。常用的方法有认识测定、回忆测定、问卷调查、检验表、心理测试等。[3]

(三)新媒体广告计费模式

新媒体广告计费模式主要有以下几种[4]。

---

[1] 刘鹏、王超:《计算广告:互联网商业变现的市场与技术(第2版)》,人民邮电出版社,2019年,第23页。
[2] 刘鹏、王超:《计算广告:互联网商业变现的市场与技术(第2版)》,人民邮电出版社,2019年,第25页。
[3] 邵培仁、陈兵:《媒介管理学概论》,高等教育出版社,2010年,第347页。
[4] 刘鹏、王超:《计算广告:互联网商业变现的市场与技术(第2版)》,人民邮电出版社,2019年,第27页。

1. CPT（cost per time）结算

这是将某个广告位以独占方式交给某个广告主，并按独占的时间段收取费用的方式。

2. CPM（cost per mille）结算

这种方式是供给方与需求方约定好千次展示的计费标准，即按照千次展示结算。这是一种比较主流的结算方式。

3. CPC（cost per click）结算

这是一种按每点击成本结算的方式。这种方式最早产生于搜索广告，之后很快被多数效果类广告采用。采用CPC结算方式时，点击率的估计是由供给方或中间市场完成的。点击价值的估计则由需求方完成，并通过出价的方式向市场通知自己的估价（当然，竞价过程将更加复杂）。

4. CPS（cost per sale）/CPA（cost per action）/ROI（return on investment）结算

这三个分别为按销售订单、转化行为或投入产出比来结算，这些是按转化结算的一些变种指标。这些是比较极端的结算方式，即需求方只按照最后的转化收益来结算，从而最大限度地规避了风险。在这种结算方式下，供给方或中间市场除了估计点击率，还要对点击价值做出估计，这样才能合理地决定流量分配。只有那些转化流程和用户体验类似的广告商组成的广告平台，按转化付费才比较可行，典型的例子就是淘宝客广告和移动应用下载广告。对于普遍的中间广告市场来说，CPS/CPA/ROI并不是最合理的结算方式。

5. oCPM（optimized CPM）结算

采用这种方式结算时，广告平台仍然按CPM结算计费，但会根据转化率进行优化，即供给方会承担点击率和点击价值估计的任务。

随着人们对新媒体广告认知的不断成熟，广告主由过去的追求点击率转变为注重品牌形象的曝光度，新媒体广告的阅览率成为另外一个颇受关注的评估指标。进一步而言，新媒体广告并不仅仅在点击之后才产生效果，当受众观看某个新媒体广告但并没有发生点击行为时，该广告的曝光与停留时间也许已经让其产生了品牌印象，并会促使其稍后访问广告主的网页。受众如果能够完整地看完一个4~5秒的网络广告，了解这个广告的大概内容，该广告的目的就已经达到。阅览率作为新媒体广告效果评估的重要指标，也为富媒体广告形式发展带来了前所未有的机遇。

（四）传统媒体广告评估

与以上新媒体广告评估与计费过程重视大数据和用户需求的体系相比，传统媒体广告效果评估体系则更重视广告供给方的特征。

传统媒体通用的广告量化指标一般包括电视广告收视率、报刊广告阅读率或发行量、户外广告人流量等。非常规广告常被"折算"为常规通用指标来衡量广告效果。

从媒介效果方面来看,广告评估指标通常包括:广度(到达率),即接触多少人;深度(接触频次),即平均每人接触多少次;速度,即在多长时间内接触到消费者;密切度,即消费者如何接触媒介;干扰度,即是否受到其他广告拥挤的影响;力度,即媒介在消费者和整个社会中的影响力;硬件,即声音、影像、文字等;软件,即媒介形象、吸引力、说服力以及与其他媒介的比较优势、互补关系等。这些广告评估指标体现了量化分析与质化分析相结合的特征。①

从受众价值方面来看,广告评估指标通常包括:人口统计特征,即姓名、性别、年龄、收入、教育、居住地等;职业特征,即职业、职位、领域、单位性质等;个性心理特征,即性格、成就感、金钱观、消费观、品牌观、时尚感、科技感、家庭观等;生活行为特征,即生活方式、媒介接触习惯、消费购物习惯、休闲娱乐方式、交友状况、饮食偏好、健康状况等;品牌产品使用特征,即普通产品/精品使用者、重度/轻度消费者、现有/潜在用户、忠诚/游离用户等。

植入广告也是内容创作主导广告比较普遍的广告形式,其价值评估通常以传统硬广告的 GRP(毛评点,收视率乘以播出频次)为售价基础,结合植入广告的曝光时长、视觉冲击力、听觉冲击力、情节度等指标进行广告效果评估。

从效果方面来看,广告评估指标主要包括到达的受众数量、受众质量,以及广告刊播的执行效果、成本效益、消费者态度和行为影响。

由此可见,传统媒体广告评估指标、运用方法、核心资源和大数据时代的新媒体广告有很大的差异,这启示各种新媒体机构要创新自己的广告乃至整体业务经营管理活动。

三、新媒体广告业务范围

新媒体机构开展广告业务,应围绕新媒体各种广告形式及其评估、计费指标,来制定广告经营业务范围和职能。

(一)广告市场调查

广告是营销传播的一部分,是创作、传播和向消费者传递价值的一系列过程,其终极目标是实现交换,满足个人和企业的需求。所以,企业必须通过市场调查来发现市场上的需求,以便利用这些资料进行产品塑造,也就是设计产品,再通过制造、重新包装或广告,更加充分地满足消费者的需求。即便实现了交换,还有是否满意的问题,必须让消费者使用产品时感到满意,即不能让消费者觉得自己的交换不公平。满足感能引发更多的交换行为。②

市场调查涉及的内容非常广泛,通常包括:社会、经济、政治、文化等宏观调控因素;某段

---

① 谢新洲:《媒介经营与管理》,北京大学出版社,2011年,第103页。
② 威廉·阿伦斯、戴维·谢弗、迈克尔·魏戈尔德:《广告学》,丁俊杰、钟静、康瑾译,中国人民大学出版社,2014年,第80页。

时间在一定的市场条件下消费者对某一种产品的需求量;企业产品的功能、结构、品质、价格等;竞争对手的经营实力、竞争者产品的生命周期阶段以及其消费者和广告情况;消费者的人口统计分析(人口总量、人口分布、人口增长速度、年龄结构、性别结构、家庭结构、受教育程度、人均收入等);消费者的心理及购买行为模式;等等。市场调查要讲究方法与技巧,除了现成的资料,还要注重使用问卷调查、电话调查、面谈调查、观察法、实验法等专业方法获取第一手调查资料。市场调查的步骤通常包括:确定实施调查计划的预算—确定调查方法及样本—拟定问卷—发放和回收问卷—分析与撰写调研报告。①

数据分析成为新媒体广告市场调查非常重要的手段和内容。例如,信息流广告营销优化广告信息时,内容设计就应与场景数据相连,在用户碎片化的信息消费场景中,基于位置服务(LBS)和数据算法的计算,抓取用户在场景中产生的行为数据,搭建适宜的信息流广告场景以实现与用户的互动。②大数据用于市场分析的过程具体包括以下几步:首先,智能数据采集和数据预处理;其次,数据分析与挖掘;最后,数据展现,包括展示主题、展示图表、制作信息简报。③

(二)广告资源开发

媒体广告经营的对象是媒体的广告资源,所以首先要对广告资源进行合理开发。传统媒体广告资源依托传统媒体渠道和内容进行开发。电视媒体广告资源是其拥有并可用来发布广告的频道、节目及时间;广播媒体广告资源包括广播的频率、节目及时间;报纸杂志广告资源主要体现在其广告版面及广告面积大小、广告在版面中的位置等方面。传统媒体都是在媒体专业内容的基础上设计开发可以插入广告信息刊播的广告资源,广告信息通常对专业内容形成干扰,两者构成对立关系,因此,尽量增加能够吸引受众注意力的广告资源,并减少对受众所需内容的干扰,就成为广告资源开发的重要业务范围。简单展示图文信息和品牌符号的新媒体广告是对传统广告资源的延伸,其包括综合视频、音频、文字、图表等多种形式的媒体资源。

随着表现形式、传播方式、交易方式的增多,新媒体广告资源有了极大的拓展。凭借更丰富的表现符号和更大的互动时空,各种新媒体技术带来了双向甚至多向的营销和消费信息互动空间、迅捷及时的互动时间、用户主动的程序化交易等交易方式,形成了信息展示符号之外的完全不同的新媒体广告资源。上文对新媒体广告类型的介绍也体现了相应新媒体资源的符号、内容和使用特征。我们可以看到,新媒体广告资源的时间和空间几何级数地增加,它承载的广告信息发布资源、互动资源、交易资源以及用户参与资源都对传统媒体资源构成颠覆性变革,由此也倒逼传媒人士变革新媒体广告业务。

广告资源开发主要是在时间和空间维度上对资源进行延展,主要包括单一资源扩充和

---

① 邵培仁、陈兵:《媒介管理学概论》,高等教育出版社,2010年,第345页。
② 刘欢:《基于大数据的信息流营销探讨》,《中国管理信息化》,2021年第22期,第92-94页。
③ 谢少常:《新媒体管理:从战略到布局》,电子工业出版社,2016年,第194-195页。

资源整合开发两种方式,其结果都是广告产品的增加。单一资源扩充可分为复制型和新增型,主要是新媒体增加广告资源的时间和空间。资源整合开发是指将现有或即将开发的单一资源整合成新的广告产品,包括精细型资源整合和综合性资源整合。其中,精细型资源整合侧重从纵向细化资源特色和针对性,提高广告宣传效果;综合性资源整合主要是将不同的单一广告资源有机结合,通过整合广告资源形成全面覆盖,突出影响力,短期内实现全方位传播效果。①

新媒体广告资源不仅包括内容资源、时空资源,还包括传统广告所不具备的大数据资源、算法资源、智能资源等传播技术资源,从而形成覆盖广泛、到达精准、迅捷互动的广告信息传播与营销交易。传统媒体广告资源受到政策和技术方面的限制,但是新媒体广告资源几乎是无限供给的,网站和移动App为各种专业媒体和个人媒体提供了近乎无限的营销传播渠道,强大的数字传播技术也可以越来越全面地满足广告商和消费者更加精准个性的需求。

【案例7-1】

视频网站的精准互动广告资源

从视频网站广告传播形式看,视频网站的广告具有精准投放和个性化投放的特征。交互性是互联网最大的特点之一,视频网站的广告不仅可以像传统媒体广告一样广泛传播,更是可以通过数据库与交互式实现广告的精准投放和个性化投放,进而实现更有深度的互动传播营销。未来人们可以进一步通过对用户数据和行为方式的分析,得到用户的年龄、性别、教育层次、经济水平、收视习惯、消费习惯、偏好性格等信息,以此为基础细分用户,做到更加精准和有目的性的投放。同时,可以尝试让用户根据自身意愿,选择观看感兴趣类别产品的广告,这可以降低用户对无关广告的反感和抵触情绪,起到很好的广告效果。如爱奇艺、腾讯和优酷,借助BAT[即百度(Baidu)、阿里巴巴(Alibaba)、腾讯(Tencent)三大互联网巨头的首字母缩写]海量的用户数据和强大的数据挖掘能力构建了自己的精准投放系统。爱奇艺"一搜百映"依赖于百度海量的用户搜索数据,腾讯的"广点通"依赖于腾讯庞大的用户社交数据,优酷凭借阿里巴巴"阿里妈妈"的数据营销平台,打通了视频用户的消费和交易数据。②

(三)广告资源交易

广告业务的核心是新媒体机构运用自身广告资源与广告客户达成交易。代理、定价、销售是广告资源交易过程中的关键业务。以下简要介绍广告定价和广告销售。此外,还会介绍互联网广告交易演化的相关内容。

---

① 谢新洲:《媒介经营与管理》,北京大学出版社,2011年,第91页。
② 李晓红、宋培义:《视频网站广告精准投放的策略研究》,《现代经济信息》,2017年第18期,第335-336页。

1. 广告定价

传统合约广告的基本定价形式包括刊例价和折扣价。广告定价的考虑因素通常包括广告形式与广告容量、广告产品质量（通过媒介发行量、收视率/收听率、点击率等指标体现）、媒介品牌形象、媒介受众构成、市场供求形势和竞争形势、媒体所在地经济发展水平等。

传统报纸广告定价指标有千人成本(CPM)、百万份广告费率(MR)、实效价格(TR)和购买力价格(PR)等。千人成本指媒体将广告信息传递到1000个受众所需要的费用，用来衡量广告信息传递到相同数量受众的成本。百万份广告费率指报纸发行量为100万份时，在其上发布广告的费用，计算公式为：MR＝报纸广告费/(报纸发行总份数/1000000)。实效价格指广告商在有效发行份数报纸上所花费的单位广告成本。购买力价格指广告商为获得报纸读者拥有的购买力，在报纸广告上所花费的单位成本。[①]

新媒体广告定价则更为精准。上文介绍的各种计费方式都有对应的定价标准：CPT计费对应每次展示的价格，CPM计费对应千次展示价格，CPC计费对应每次点击价格，CPS/CPA/ROI计费分别对应销售订单、转化行为、投入产出比的广告价格。

2. 广告销售

广告销售是通过各种方式将广告资源推向市场广告商，达成交易、获得广告收入的业务过程，它也是新媒体综合营销业务的一部分。广告销售对象通常是广告主企业和广告代理公司。具体的广告销售方式包括日常销售、周期性广告销售和推介会集中销售等。不同的广告资源有时需要采用不同的销售方式，媒体机构也可以为重点客户量身打造广告产品。[②]

新媒体机构的广告销售通常包括自办广告销售、综合型广告公司代理销售和专业型广告公司代理销售三种模式。随着广告和内容的联系越来越紧密，自办广告销售并且进行相应的内容生产创意成为新媒体销售的主要模式。

3. 互联网广告交易演化

互联网广告交易经历了合约广告交易、竞价交易和程序化交易的演变。

合约广告交易的重要形式是按CPM计费。这种广告交易方式仍然用合约确定一次广告活动的投放总量和展示单价。因为数据也被直接应用于广告售卖中，所以它也是互联网广告发展史上的一个重要里程碑。合约广告的复杂性主要在于如何满足多个合约投放系统量的要求，这也是合约广告中重要的在线分配问题。

随着搜索业务变现要求的增多，以及精准受众定向技术的发展，在搜索广告和展示广告中都出现了竞价交易模式。竞价交易的本质是将量的约束从交易过程中去除，采用"价高者得"的简单决策方案来投放广告。竞价顺应了定向广告的精细化发展趋势要求，也为无法用

[①] 屠忠俊：《现代传媒经营管理》，华中科技大学出版社，2011年，第229、230页。

[②] 谢新洲：《媒介经营与管理》，北京大学出版社，2011年，第104页。

合约售卖的剩余流量找到了可能的变现渠道,使大量中小机构广告主参与互联网广告的可能性和积极性大大增强,也使互联网广告的商业环境与传统广告的商业环境有了本质区别。

随着需求方优化营销效果的要求进一步加强,互联网广告在产品形态上已经难以完全满足其需要,而市场的发展方向是向需求方彻底开放。具体而言,除了允许广告主按照已经定义好的用户类别来购买,还要进一步提供广告主自行选择流量和每次展示独立出价的功能。这样的功能必然要求询价、出价和竞价在展示时进行,这就产生了以实时竞价(RTB)为核心的程序化交易市场。实时竞价的产生使得广告市场朝着开放的竞价平台方向发展,这样的平台就是广告交易平台(ADX),其主要特征是用实时竞价的方式实时得到广告候选资格,并按竞价逻辑完成投放决策。与广告交易平台对应的采买方被称为需求方平台(DSP)。在程序化交易市场中,需求方对流量的选择和控制能力达到了极致,因此其技术和算法面临的挑战也相当大。[1]

DSP购买改变了广告业务流程,其以程序化形式实现广告营销,连接丰富的媒体资源,让广告主可以实现跨媒介、跨平台、跨终端的广告投放,扩大广告传播范围,实现有针对性的营销。在这个平台的管理下,还可以及时对投放效果进行优化,实现各大媒介资源的整合,同时整合广告主的需求,最终实现精准营销,促进广告主和媒体的双赢。DSP购买模式发展得越来越完善,从拥有自己的DMP(数据管理平台),到加入Ad-Exchange(互联网广告交易平台),它联系着DSP和SSP(互联网广告卖方平台),通过网络接入SSP集合大量媒体资源,从而收集分析处理属于广告目标客户的数据,Ad-Exchange帮助买方与卖方实现更有针对性的营销。[2]

(四)广告设计和编排与广告创意

广告设计和编排需要综合考虑广告内容、节目内容、受众、市场等多方面的因素,精心设计,巧妙编排,以达到最好的广告效果。

从广义上讲,广告形式也是广告资源的一部分,一种广告资源的价值必定是通过一定的广告形式呈现出来的。一些广告形式的设计来源于广告商和广告公司,但广告形式作为媒体广告资源的主要组成部分之一,媒体对其的设计和应用仍起着主导作用。如同广告创意需要兼顾设计者的美学追求和商家的产品诉求一样,好的广告形式设计需要兼顾审美和实用功能。

在广告资源开发、广告形式设计、广告产品基本生产完成后,广告经营下一步工作就是安排产品发布位置。广告编排,即为一定形式的广告安排发布的具体时间和空间位置,并使其与媒体内容实现顺畅衔接与过渡。[3]

广告创意是介于广告策划与广告制作之间的思维活动,即根据广告目标和广告策划(包

---

[1] 刘鹏、王超:《计算广告:互联网商业变现的市场与技术(第2版)》,人民邮电出版社,2019年,第78页。
[2] 张欣宇:《互联网广告行业收入审计研究》,安徽财经大学硕士学位论文,2020年,第13页。
[3] 谢新洲:《媒介经营与管理》,北京大学出版社,2011年,第94页。

括掌握的材料)进行创造性的组合,塑造一个全新的意向。广告创意追求独创性和实效性。独创性要求广告不能因循守旧、墨守成规,要善于创新求变、独辟蹊径。只有独特的广告创意才能产生最大强度的心理突破效果。实效性是指通过广告创意满足客户要求、达到营销目的。广告创意应能够被广大消费者接受和理解。

(五) 广告交易服务

广告交易服务也是广告业务的重要范畴,这需要了解广告客户日常和变化情况,为广告客户营销提供各项服务,维系双方良好的业务关系。广告经营不是一次性销售,广告交易服务不仅是提升客户忠实度的关键因素,而且在争取新客户的过程中也发挥着重要作用。

广告销售的出发点是卖方(媒体),以媒体的资源为基础,以销售获得回报为目的;而广告服务的出发点是买方(广告客户),以广告客户的需求为基础,以服务满足广告客户的需求为目的。单纯的广告销售并不能满足广告客户的全部需求。广告交易服务的任务就是在广告销售之外,通过提供多种服务,充分满足客户需求,巩固与客户的关系。例如,在广告播出后及时提供实播证明和效果评估,适应客户特点实施相对灵活的支付政策,净化广告环境为客户提供有保障的传播效果,及时提供节目介绍和广告变动信息,为客户分析节目趋势和广告效益等。[①]

广告监测是重要的服务管理范围,一般是为广告客户提供自动生成的广告监测表。新媒体通常与流量监测机构合作,监测广告投放效果,如点击率、到达率、跳出率等,查看用户在特定页面的停留时间,以评估CPM收费广告的效果。[②]新媒体机构还可以为广告客户提供广告带来交易收入的实时查询服务。

互动营销服务是新媒体广告业务中增长迅速的业务,如为广告客户提供网络广告技术服务、互动营销咨询、线上营销服务(策划、创意、投放)、效果营销服务(监测)。这类业务适应新媒体的快速发展和普及,适应新传播环境下广告客户的新需要,深刻洞悉新传播环境的特点,能够迅速聚集互动营销领域的人才、资源,获取专业优势,是极具成长空间的新兴广告业务。[③]

传统广告多数情况下是以媒体为中心、以传者为中心、以专业内容为中心,而新媒体广告已经形成了以广告商和消费者为中心、广告信息互动、广告营销信息独立于媒体内容专门发布的趋势。广告发布平台更多地被技术型互联网寡头平台掌控,广告交易平台也脱离了大型传统媒体的主导,形成了为广告主提供跨媒介、跨平台、跨终端的需求方交易平台。广告投放决策依据的不仅仅是广告信息的到达等媒体统计指标,而更多的是用户互动行为实时大数据指标。广告主、广告平台、广告媒体和广告受众这四者的利益交换和协作关系,在新媒体时代已经完全被重构,新媒体的市场调查、资源开发、资源交易、设计编排、交易服务等广告业务也必须在新的利益交换和协作过程中不断优化创新。

---

① 谢新洲:《媒介经营与管理》,北京大学出版社,2011年,第109页。
② 谢少常:《新媒体管理:从战略到布局》,电子工业出版社,2016年,第120页。
③ 张欣宇:《互联网广告行业收入审计研究》,安徽财经大学硕士学位论文,2020年,第11页。

【案例7-2】

A公司广告业务范围与业务流程

A公司2001年成立，2007年上市成功，2014年进行战略转型，在数字营销领域进行布局，力图实现一站式数字驱动整合营销生态体系。A公司的广告经营业务具体包括数字媒介、业务品牌整合创新（品牌策略、整合创意和社会化、创新营销）、娱乐内容化产业（影视制作、影视植入营销、海外留学、智能汽车制造）和多元化垂直业务（流量经营、移动营销、电商运营、游戏运营、智能电视营销）。F公司是A公司的全资子公司，2018年收入40亿元。F公司2010年打造了国内比较先进的互联网需求平台，先后推出PC端与移动端DSP系统，逐渐以广告主为导向满足客户的全方位需求；另外，F公司还利用媒体资源库打造了DMP。2017年A公司利用自身的媒体流量，完善新媒体布局，加大各行业广告业务纵向布局力度，广告商业模式也从传统购买模式过渡到程序化购买模式。

A公司广告业务收入的主要来源是广告代理收入和数字营销收入。广告代理具体包括展示型广告业务、效果型广告业务、搜索引擎广告业务以及广告中介代理业务。数字营销主要包括创意设计和品牌推广两方面的业务。

A公司业务流程如下。首先，了解相关产品或服务的基本情况、来源渠道、行业市场情况以及营销目的等，明确客户基本要求（包括预算金额和广告档期），与各部门相关人员讨论，对客户的以往市场营销方案、宣传效果、产品效果、品牌形象等进行调研，经过研究分析评估定价。其次，由客户部传递客户需求，牵头配合各部门展开讨论，最终根据客户需求和调研资料提出创意策略、广告投放方案等，形成创意简报。再次，客户部人员参与讨论会议并整理资料，汇总各部门意见，初步形成广告营销策略方案。方案主要内容包括创意策划、媒体选择方案、执行步骤、工作进度推进表、广告预算金额分布等。初步营销方案完成后报客户部经理审批。将客户经理批准的初步计划广告策略提交给客户，与客户协商再修改直到双方满意为止。初步方案确定后，协调各部门给出具体执行方案，针对客户提出的要点进行补充并达成一致，此时再与客户签订提供广告营销服务类合同。客户部人员签订完合同后及时与财务部对接，请财务部配合核对客户预付款是否已到账，金额是否与合同一致，确认无误后开具增值税发票。创意部进行方案完善后，由制作部进行文案设计，进行视频、图片和文本制作。媒介部按照合同约定选择媒体进行投放，投放制作完成的广告，媒介部需要选择媒体并且购买版面或者充值广告金额，在这其中可能涉及公司本身的自媒体投放。广告投放后，媒介部需要及时关注广告投放效果，定期核对后台数据。广告执行后，根据完工程度，客户部人员向客户收取广告代理尾款。[①]

[①] 张欣宇：《互联网广告行业收入审计研究》，安徽财经大学硕士学位论文，2020年，第26-30页。

四、技术创新与广告前沿

日新月异的传播技术（如5G通信技术）、人工智能技术、元宇宙技术等，将推动广告表达形式、互动形式和交易模式不断创新。

5G技术能够助力消费者智能洞察，形成线上线下贯通的数据体系，将每一个消费者看作独一无二的"颗粒"，真正形成具有独特性的、全覆盖的消费者智能洞察"颗粒"式升级；随着5G技术助力广告终端量级增长，媒介由平面向立体化发展，AR/VR的沉浸式营销技术将得到广泛应用，原本静止、没有生命力的商品展示转变为动态的，甚至带有情感交互性、沉浸式的虚拟画面，助力广告智能创作和沉浸式升级；此外，5G技术凭借低延迟、低能耗特性，可以大大缩短广告投放过程中消费者的等待时间，提高广告的可见性与智能投放水平。[1]

随着人工智能技术赋能广告经营全过程，广告进入数智时代。人工智能技术的运用使广告主、广告经营者、广告发布者等广告经营主体极大地提高了广告设计和制作的效率。例如，阿里巴巴的智能设计机器人"鲁班"曾于2016年"双十一"期间，利用人工智能技术在短时间内制作了1.7亿个广告图片；在人工智能的助力下，广告经营主体可以利用大数据技术分析与圈定广告目标受众，并在一定的算法逻辑基础上，针对特定的广告对象生成个性化、定制化的广告信息内容；此外，基于人工智能，广告发布者不但可以根据网民的特征及网络行为进行定向投放，而且可以即时采集广告效果评估数据，并根据数据分析结论迅速调整广告投放计划，优化广告发布效果。[2]

元宇宙技术将深度影响广告运作全流程。第一，元宇宙技术将革新广告沟通方式。元宇宙技术使广告客户管理中沟通活动的交互性、沉浸感和具身体验感更接近线下沟通场景，人与人之间（如广告业务人员和客户）通过可穿戴设备来实现身体全感官与认知环境的深层次互动，从而提升商务沟通效率。第二，元宇宙技术有利于释放数据价值。通过元宇宙技术的运用，数据处理能够实现立体可视化和零编码化，从而加速数据价值的释放，使广告从业者进行数据分析的门槛大大降低。它还可以提升用户洞察的精度和深度，为广告公司进行决策分析提供强有力的智力支持。第三，元宇宙技术有利于激活广告创意生产。在元宇宙状态下，虚拟数字人是"标配"之一，它们能承载更多元的内容元素，可以更好地满足广告主和广告公司的个性化创意需求。与此同时，在广告策划创意环节，元宇宙技术中的人工智能技术、交互技术、电子游戏技术和区块链技术将有机融合，有效突破从内容、表现形式到创意生成后的版权保护等一系列难题，极大地激发广告策划创意的创造力和想象力，数字创意也将在元宇宙中得到"进化"。第四，元宇宙技术赋能广告场景拓展与重构。元宇宙技术能提供全新的投放场景并推动实现虚实世界中多元场景的精准匹配。第五，元宇宙技术能实现全场景实时评估。在元宇宙场景中，用户的所有行为表现，如广告点击、商品下单、商品评论

---

[1] 姜智彬、郭钦颖：《5G技术助力广告运作智能化升级》，《中国广告》，2020年第8期，第74-76页。
[2] 何竞平：《人工智能在广告中的应用现状与展望》，《青年记者》，2021年第22期，第111-112页。

等行为数据均可通过其所在场景装置、可穿戴设备的感应装置实时安全地回传至数据监测平台,实现投放效果的即时监测。①

当然,技术变革中广告内容依然重要。在渠道过剩、技术不断升级的背景下,多样化的广告形式已不足以吸引用户的目光,优质内容成为更加稀缺的资源,广告内容和创意表现对用户的品牌接受度和购买行为的转化有着直接而显著的影响。在广告形式上,如何实现技术与内容的高度融合,如何将广告创意用最佳方式传达出来,成为互联网时代广告传播成功与否的关键所在。2020年传播甚广、话题度很高的经典广告案例"老乡鸡200元土味发布会""B站《后浪》"等,均以有创意的文案内容和话题引发受众强烈的情感共鸣,进而引发高度关注和广泛传播。未来广告的发展趋势必然是优质内容和精准投放协同发展,以技术触及受众,用创意内容吸引受众,以情感体验留住受众,通过协同传播实现广告效果的最大化。②

关键词

广告;门户广告;搜索广告;网络广告;品牌图形广告;视频贴片广告;富媒体广告;分类广告;电商广告;信息流广告;原生广告;合约广告;程序化广告;广告评价;广告计费;报纸广告;广播广告;电视广告;广告资源;广告设计;广告编排。

复习思考题

1. 当下最常见的新媒体广告类型有哪些?它们各占多大的市场份额?

2. 广告交易形式从合约广告到程序化广告的演化,会对以内容生产为主的传统媒体带来怎样的挑战?

3. 新媒体广告业务主要包括哪些内容?各种新媒体机构应如何根据自身资源和经营目标来界定业务范围并与其他市场主体进行协作生产?

---

① 朱磊、梁诗敏:《元宇宙视角下的广告运作》,《现代视听》,2021年第12期,第9-14页。
② 张悦、黄合水:《把握广告变化趋势 助力媒体经营发展》,《新闻战线》,2022年第2期,第83-85页。

第八章

新媒体垂直业务管理

◆ 学习目标

1. 了解新媒体垂直业务形态与流程；
2. 熟悉新媒体垂直业务的内容生产；
3. 理解新媒体垂直业务的内在逻辑。

◆ 案例导入

小红书的内容、社区与电商

小红书以消费和生活笔记内容建构"种草/拔草"社区,进而成为一个典型的以生活社交、产品营销为主要内容的社区电商平台。小红书成立于2013年,截至2024年6月,其DAU(日活跃用户)超过1亿,MAU(月活跃用户)超过2.6亿,日均发布笔记量超过300万,创作者数量6900万,日均搜索查询量近3亿次,超过17.5万品牌入驻,形成了一种独特的生活内容社交电商垂直业务新生态。①

内容是小红书安身立命的基础,其图文和视频统称笔记。笔记包括UGC、PGC和PUGC三类内容,其中UGC创作者是素人用户,是小红书社区的主要成员;后两者则更侧重优质内容生产,可以带来更高的流量和更多的资金。丰富的内容信息带动了小红书搜索业务的发展,推动其打造了一个针对年轻人的生活社区。小红书的内容不仅影响了年轻人的想法,也影响了他们的线下生活方式。有媒体描述:"如果想要退回个人生活,想要安静一下,那你可能不自觉地就会打开小红书。"小红书关心个体,用户发了帖子,经常会有人在下面评论索要穿搭链接。

用户不能接受"种草"又不能"拔草"的体验,于是小红书水到渠成地实现

---

① 《小红书商业化 种草就来小红书》,https://e.xiaohongshu.com/home;《商业头条No.22丨小红书进化论》,https://www.jiemian.com/article/11101008.html;《小红书进化论》,https://www.163.com/dy/article/CV9MVM7K0511D84G.html。

了从内容到电商业务的拓展。小红书对这两者的分工是"电商负责赚钱养家,内容负责貌美如花"。小红书先启动"福利社"电商平台,以良好的用户基础实现业务拓展;进而吸引第三方平台以及各类品牌商家入驻,买手和主理人创造了新的购买场景,使电商融于社区。小红书具有独特的品牌孵化模式,为博主、MCN机构和商家提供流量扶持和基础设施,为商家完成商品上架、订单处理、客服服务、后台数据分析等提供技术服务。

垂直业务是新媒体与传统媒体最大的区别之一,它在新媒体机构以及整个行业中的重要性正在迅速提升,也使传媒业务有了前所未有的发展空间。"垂直"一词在新媒体领域最早出现于"垂直网站"的描述中,后来又出现了"垂直媒体""垂直内容""垂直电商"等说法。"垂直"可以理解为对某一特定细分行业、产品、内容或服务进行深度专业化运作。

内容业务和广告业务是传统媒体的主要业务形态,但是在互联网传播渠道近乎无限增加、数字技术传播信息商品和服务能力革命性提高的背景下,新媒体机构经营的业务形态空前拓展,远远超出了大众化公共内容和广告信息的范畴,深入到更加专业化、生活化、私人化、服务化乃至"物质化"(与物质生产联系更加紧密且直接)的业务领域,能够满足小众用户非常个性化、私密化、深入化的内容和服务需求。在媒体深度融合背景下,媒体深度细分的内容信息和嵌入社会生产生活的各种垂直业务,已经成为新媒体机构增长最快的业务空间。

一、新媒体垂直业务概述

(一) 垂直业务的内涵

新媒体垂直业务,经常也被称为垂类业务,是指新媒体机构面向深度细分的传媒用户,生产并提供特定的细分行业、专业内容信息,或者提供深入细分的生活服务、生产服务和社会服务。垂直业务涉及非常深入、专业、个性化的内容生产传播,为各种用户提供多样的、个性化的、广泛的服务,也有针对性、互动性、协作性均很强的交易变现方式,因此拥有广阔的发展空间和丰富的盈利模式。与此同时,广泛的垂直业务对传统大众传播内容业务构成了严峻的挑战,垂直业务对以内容为主导的媒体机构而言的确需要完全不同的经营思维。所以尽管内容业务、广告业务中已经涉及部分受众细分的业务,但本书还是把"垂直业务"作为新媒体一种基本业务类型单独列为一章来介绍。

新型垂直媒体是指依托内容聚合型平台媒体,以专业新闻/知识生产与商业服务为核心职能的新兴传媒组织。许多新型垂直媒体能够在短时间内迅速提升传播影响力与商业价值,就得益于其不同于传统专业内容生产媒体的资源构成、行为模式、创新路径:组织场域中的利益相关者是新型垂直媒体的资源供给方,基于资源获取与组织学习的双重行为模式是其完成资源整合的核心环节,基于内容产品与商业模式的双元创新路径是其进行资源输出的主要方式。①

垂直业务的核心是分众。分众是非同质、非群体化的受众,分众传播区别于大众传播,传播者出于受众兴趣、需求等方面的差异性考虑,为受众提供特定的、个性化的信息与服务②;从接收者的角度看,则是各得其所、各取所需。不同的媒体形态、不同的传播内容、不同的受众需求、不同的环境和场合决定了分众传播能够产生最佳的传播效果。从大众传播到分众传播是社会的进步,也是媒体功能发展的必然趋势。③分众传播的特点在于信息传递从多点到多点、受众面更窄、针对性更强,其承认不同个体间的差异,满足不同个体的个性化需求。用户主导和市场调节也是分众传播的显著特征。移动互联网无处不在的传播场景和互动传播能力,使深度分众化的垂直内容传播和综合服务得以实现。从经营管理的角度看,这意味着产业链条的延伸拓展和垂直业务类型的细分与深入。

新媒体从精神内容传播拓展到生活生产中的物质化服务,其实是人类需求的自然延伸,这与马克思主义的交往理论一致。马克思所指的交往包括广义的贸易和狭义的社会关系,涵盖劳动、交换、所有权、意识等关系形式,以及个人、群体、民族和国家之间的各种交往关系。④精神生产和精神交往的发展能够推动物质生产和物质交往的发展。"已经成为桎梏的旧交往形式被适应于比较发达的生产力,因而也适应于进步的个人自主活动方式的新交往形式所代替;新的交往形式又会成为桎梏,然后又为另一种交往形式所代替"⑤,在此马克思和恩格斯明确了人类生产力发展正是推动交往形式变迁的根本动力。由此可见,人类生产力发展的内在需要派生出深度嵌入社会个体和群体生活生产的新媒体垂直业务。

(二)垂直业务的类型

新媒体垂直业务包括垂直内容业务和依托内容延伸的垂直服务业务。根据传媒内容常见的分类方法,可以将垂直内容分为财经、健康、体育、汽车、文化、教育、新闻资讯等类型。例如,"懂球帝"就是足球领域成功的垂直业务类新媒体,它是一款提供全球足球新闻、深度报道的足球社区类移动端 App,以通过移动端向球迷提供快速全面的足球新闻起家,在新闻资讯基础上为球迷提供兴趣社交、足球数据查询、足球比赛直播等服务。

根据内容和服务功能,也可以将丰富的垂直业务分为信息、娱乐和生活三大类。其中,信息类包括新闻、财经、体育、教育、科技、文化、艺术、房产、历史、摄影、数码等;娱乐类包括综艺、影视、音乐、舞蹈、动漫、游戏、明星、搞笑、"土味"等;生活类包括带货、健康、教育、美食、宠物、体育、情感、时尚、旅游、家居、母婴育儿、手作、"三农"、生活、随手拍、星座运势和电

---

① 邓敏:《新型垂直媒体的资源构成、行为模式与创新路径》,《现代传播(中国传媒大学学报)》,2018年第10期,第139-142、150页。
② 李旖:《主流新媒体垂直化发展路径探析》,《新闻论坛》,2021年第4期,第11-14页。
③ 熊澄宇:《从大众传播到分众传播》,《瞭望新闻周刊》,2004年第2期,第60页。
④ 《西方传播学理论评析》编写组:《西方传播学理论评析》,高等教育出版社,2021年,第24页。
⑤ 《马克思恩格斯文集》(第1卷),人民出版社,第575-576页,转引自《西方传播学理论评析》编写组:《西方传播学理论评析》,高等教育出版社,2021年,第25页。

商带货等。社交类垂直业务是新媒体传播与传统媒体大众传播最大的区别之一,成功的新媒体社交通常可以聚集海量用户,进而发展出各种信息、娱乐和生活类垂直业务。

根据垂直业务的新媒体渠道,大致可以将其分为垂直App、垂直网站以及各种网络平台的垂直账号。App客户端和门户网站业务垂直化的趋势尤为明显。垂直化转型成为许多同质化客户端突破发展瓶颈的有效方法;避免资讯大而全、追求内容深度与专业化的垂直门户也应运而生。不同于搜狐、新浪等大型传统门户网站的包罗万象,垂直门户另辟蹊径,只专注于某一单一领域,并由此打造了诸多优秀的门户产品,如汽车领域的"汽车之家"、财经领域的"东方财富"、体育领域的"新新球鞋网"、房地产领域的"搜房网"等。这些网站追求小而精,专注于自身所熟悉的领域,凭借更专业的经营团队和一定时间内的用户积累,它们成为各自领域的权威,也成为人们查阅专业资讯的首选途径。虽然在用户访问量上,垂直网站相较于传统门户网站稍显逊色,但访问反馈更有效率,网站也更具行业权威性。其中一些网站还在原有信息服务基础上,开发了电子商务业务,通过提供权威信息指导消费者完成购物,逐步搭建了全流程的服务体系,实现了网站和消费者的双赢。

垂直业务使得"千人千面"的信息传播和消费模式成为现实。垂直业务带来了精准化的内容生产,个性化与定制化的内容分发,全方位与立体化的场景适配推送。在移动互联网语境下,分众化、差异化成为传播新趋向,垂直化运营成为媒体业务拓展的新尝试和新空间。①

【案例8-1】

垂直业务增值成为长视频平台发展的"二阶跳板"

优质内容是长视频平台最重要的资源,各大长视频平台不仅生产内容强劲的"拳头"产品,延伸内容长板,还在内容IP基础上打造会员增值服务、线下场景服务和电商服务等垂直业务"二阶跳板"。②

对于爱奇艺而言,原创自制剧集是其最有力的"拳头"产品,在2023年上新的重点剧集中,原创作品占比已经超过65%;热度破万剧集也再创新高,达到5部,并且产出了《狂飙》这样的现象级作品。第三方数据表明其剧集市场占有率连续3年位居行业第一。"持续巩固行业领先优势"则是芒果TV对其综艺内容的定位,2023年芒果TV全网综艺正片有效播放量同比上涨31%,全网剧集正片有效播放量同比上涨46%,增速双双位居长视频行业第一。

在持续延伸内容层面的长板之余,爱奇艺和芒果TV还纷纷开始为其订阅会员服务提升附加值,打造"精神股东"。爱奇艺直接让会员通过积分兑换加更礼,打造更多IP联动活动和高阶会员专属权益为订阅会员增值。芒果TV则持续优化其细分会员赛道,开启"追风季""乐享季""毕业季""联名季"等会员主题品牌季活动,并且在行业中首创会员定制节目。腾讯视频同样推出了属于会员的"9号公

---

① 尹菊:《从三大央媒看主流新媒体垂直化创新》,《新闻论坛》,2021年第4期,第7-10页。
② 《从爱奇艺和芒果TV财报,看长视频的"二阶跳板"》,https://www.thepaper.cn/newsDetail_forward_26608301。

开日"活动,持续提升会员的参与感和订阅附加值。

实景服务和电商服务也成为长视频平台触达更多消费者的有效业务。爱奇艺基于剧集IP开始陆续打造实景VR剧场,腾讯视频则通过会员日活动进一步夯实"斗罗大陆嘉年华",芒果TV则创建了线下实景娱乐综合体MCITY。2024年初,芒果TV基于MCITY打造的首个沉浸式互动剧场《芒城风云之失窃的黎明》在长沙迎来了首演,将"明侦"和"密逃"两大热门综艺的融合玩法带到了线下场景。小芒App也凭借对0713和南波万两大芒果"自制"男团相关内容的持续运营,带动了电商热度转化,其2023年GMV(商品交易总额)突破100亿元,自营品牌"南波万"GMV超过2.7亿元。

(三)垂直业务的特征

基于上文对新媒体垂直业务内涵和类型的介绍,我们不难发现,它与传统大众传播机构面向广大受众生产专业内容的业务特征有很大区别,与Web1.0时代的门户网站内容业务相比也有了根本性升级转型。市场需求带动了市场化新媒体垂直产品和服务的供给,市场属性相对较弱的主流媒体必须适应垂直业务要求,提供合适的垂直产品和服务。综合来说,新媒体垂直业务具有以下几方面的特征。

其一,垂直内容专业化、细分化、个性化程度以及社会协作程度大大提高。垂直内容生产仍是多数新媒体机构借助新媒体平台延伸产业链、拓展垂直业务范围的比较优势和业务基础,但海量的内容生产者中绝大多数是生产专业细分垂直内容,只有少数拥有特定资源的新媒体机构才能生产综合类的内容和服务。垂直服务往往只有嵌入社会生产生活系统才能满足用户需求,所以新媒体机构的垂直内容和服务都需要很高程度的社会协作来实现。即使是传播能力强大的平台型新媒体,也需要与内容、服务生产者协作,才能满足用户需求,完成生产交易过程。

其二,垂直业务有很强的互动性、社群性,并经常延伸到线下,有较强的物质生产流通属性。垂直业务旨在深度满足特定用户的特定需求,这种需求的辨识离不开准确及时的互动沟通,同时这种个性化需求往往具有较高的用户黏度,具有同类需求的用户通常形成相对稳定的交往社群,这实际上是一个媒体内容、社会意义和物质交换的交往社群。

其三,垂直业务通常有很高的数字技术要求,甚至高度依赖数字技术平台,也成为数字经济的重要载体。新媒体垂直业务依赖于技术平台提供的渠道以及各种在线技术服务,如用户行为画像、流媒体智能推送、在线交易结算等,完成垂直业务传播变现过程。这也是许多主营内容生产但是技术力量相对薄弱的新媒体市场经营管理的难点所在。

垂直化也是传统媒体发展的一种战略选择,它与媒体的传统业务并非相互排斥,传统媒体需要在经营管理中融合内容业务、广告业务和垂直业务。许多主流新媒体制定了垂直化战略,追求极致内容定位成为主流新媒体垂直化战略的全新手段,换取稀缺网络注意力资源成为主流新媒体垂直化战略的重要目标,维系趣缘社群和建构细分市场是主流新媒体垂直化战略的最终落脚点。垂直化战略为新媒体行业提供了一套细分市场的生存法则,也是未来主流新媒体形塑自身核心竞争力的关键着力点。通过独特的垂直化战略,新媒体优质IP内容拉近了受众与媒体的垂直距离,长尾资源占据了受众稀缺的注意力,精准的圈层定位避开了新媒体市场同质化、"内卷"化的激烈竞争,主流新媒体从而得以在媒体深度融合发展困境中实现破局和突围。①

【案例8-2】

传统纸质媒体通过垂直业务推动自身融合转型

除了"原生"网络媒体的垂直化发展,许多传统纸质媒体也运用新媒体业务进行垂直转型。一批财经类、科普类、医疗类、母婴类的垂直化纸质期刊率先找到了融媒体发展之路,完成了数字化转型;一批纸质期刊通过建构社群进行垂直业务转型,社交媒体中的关系成为赋能纸质媒体转型的新动力。围绕拥有共同兴趣、认知、价值观的用户共同体,提供他们所需的产品或服务,并通过社群内部的互动、交流、协作和相互影响,对产品和品牌产生价值反哺,从而实现盈利,即形成了相应的社群经济。例如《博物》《三联生活周刊》《Vogue服饰与美容》等期刊或杂志就在完成系列社群化运营之后,产生了更开阔的商业变现思路。以社群经济培育垂直化纸质媒体转型为数字媒体品牌的思路,可以为更多的纸质媒体提供数字化运营的灵感和参考路径。②

传统报纸也在探索垂直化发展策略,其通过建立微平台垂直传播矩阵来进行数字化垂直转型。传统纸质媒体向微平台转型意味着报社要垂直选点、细化传播方向,由各部门运营微平台子账号,根据不同的侧重点报道不同的内容,打造特色品牌。比如,北京青年报创办的"教育圆桌",搭建了教师、家长、学生以及教育专家沟通的平台,成为北京重磅教育新闻独家发布平台。再如,成都传媒集团在深耕区域的基础上逐步建立"报纸+垂直产品+电商"经营模式,以纸媒为基础,深耕区域,开发垂直产品,推出"四川名医""成都儿童团"两款垂直产品。"四川名医"打造四川最大的病友圈,目前已入驻今日头条、搜狐健康等多个平台,总用户量突破40万;"成都儿童团"协同教育机构联手打造我国西南地区最大的亲子游学平台,推出仅1个月,粉丝数量就突破了10万。③各个微平台既彼此独立,有着较高的区分度,又能互相配合,互享资源,拓展传播的广度,从而建构微平台垂直传播矩阵,实现纸质媒体由平面化向立体化的纵深拓展。④

---

① 白龙、吴坚:《主流新媒体垂直化战略的实践逻辑与创新方略》,《新闻论坛》,2021年第4期,第15-18页。
② 徐智、胡晓洁:《社群经济视角下垂直化纸媒的数字品牌建设路径探析》,《中国出版》,2021年第13期,第50-53页。
③ 中共成都市委宣传部课题组:《纸媒为基 垂直为径 融合为途——新媒体环境下成都报业转型探索与实践》,《中国报业》,2019年第18期,第16-18页。
④ 甄巍然、王崟欣:《传统纸媒微平台运营的"四则运算法"》,《传媒》,2017年第19期,第33-35页。

二、垂直业务界面

垂直业务界面通常不同于大众媒体内容界面，其有更加细致深入的专业内容和更加个性多样的互动服务，因此需要设计更加清晰合理的核心业务、配套业务和用户反馈界面。随着计算机技术和新媒体的发展，界面设计成为艺术设计中一个全新而重要的领域，其可以从结构设计、交互设计和视觉设计三个方面为用户提供更好的体验。垂直业务界面是新媒体产品呈现给用户最直观的印象，也是用户与数字产品进行互动的功能入口。

（一）界面内涵

"界面"一词最早出现在古希腊，本意是两张或两张以上的脸采用面对面的方式进行交流沟通。在企业经济管理领域，为完成某一项任务或解决某一个问题，企业各部门、各成员在信息、物资、财务等要素交流方面相互作用，其中产生冲突的区域就称为界面。拉斯基在《人本界面：交互式系统设计》一书中指出，就消费者而言，界面就是产品。在这里，界面包括产品外观和产品的交互行为。在信息科学领域，界面是指两种或多种信息源面对面的交汇处。[1]在传播学中，有学者认为，在传播活动这个复杂的系统中，信息和信息接收者之间是一种界面关系，因此，传播学中的界面是指信息接收者与信息的接触面。

在新媒体业务中，人们经常使用"图形用户界面"这一概念。图形用户界面是一项人机交互系统工程，强调将人、机器和环境作为一个系统进行总体设计，它充分利用硬件资源，通过合理的屏幕布局及颜色搭配，提供清晰、直观、友好的人机界面，是连接计算机和操作者的桥梁和纽带。图形用户界面最早是针对计算机的操作系统研究开发的，后来随着网络新技术、新产品的不断涌现，以及图形用户界面本身的流变发展，网站的网页设计、网络交互服务界面、网络应用程序界面和一些移动设备的用户界面都采用了计算机图形用户界面的设计特征和方法。随着工业产品设计趋向于与数字技术整合发展，图形用户界面设计目前已成为许多产品在市场竞争中的主要内容之一。

对于垂直媒体而言，清晰、美观且与媒体风格相适配的核心业务界面是用户了解媒体核心信息与服务的关键区域，完备、便利的配套业务布局是提升用户使用体验的重要部分，简洁、灵敏的用户反馈界面则是解决用户问题、满足用户需求的重要渠道。

（二）核心业务界面

核心业务是新媒体机构经营的关键，媒体界面要面向细分用户，就需要在最醒目的位置呈现媒体机构提供的核心内容和服务。以教育类App"凯叔讲故事"为例，其细分了儿童受

---

[1] 方敏：《文化传播视野下的图形用户界面设计研究》，苏州大学博士学位论文，2009年，第16-17页。

众,针对不同年龄段儿童在感知能力和学习能力上的差异,实行差别化教育。[①]打开"凯叔讲故事"App的主页,核心业务模块主要包括"好书""国学""百科""兴趣听"等在线听书、听故事的内容,并设置了突出重点内容的"推荐"模块;主页下方也设置了"陪伴""周边"等配套业务模块。在"凯叔讲故事"的"好书"内容模块中,设有适合不同年级的综合书单,有"名著""历史""科幻""神话"等大类内容,以及"动物保护""获奖绘本""跟着书本去春游"等专题内容,便于家长和儿童依据兴趣选择。"凯叔讲故事"核心业务界面如图8-1所示。

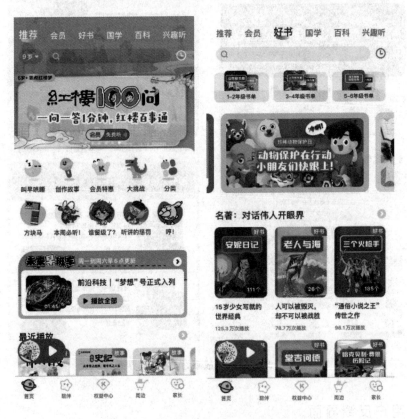

图8-1 "凯叔讲故事"核心业务界面

(三)配套业务界面

除了核心内容,新媒体机构通常还会提供多样的配套业务,以获得更多的盈利模式,同时有效增强用户黏性。例如,"凯叔讲故事"以"周边"(自营商城)的模块拓展了配套业务,获得了更大的成长空间。2016年7月,"凯叔优选商城"(现名"凯叔讲故事商城")在客户端上线,坚持以"为亲子家庭做的优选"为理念,围绕亲子家庭生活中的场景,发展自主研发适合孩子的产品和童书出版等立体化服务的电商业务。根据受众属性,商城业务曾经分为:适合儿童进阶教育的童书馆、创意学习用品的文体馆、在玩耍游戏中获取知识的玩具屋和父母喜

[①] 郑小琳:《儿童有声读物自媒体品牌构建策略研究——以"凯叔讲故事"为例》,《今传媒》,2022年第6期,第26-29页。

爱的包含居家家电及食品零食的生活馆。电商产品主要由公司电商事业部严格选择，以确保产品品质。[1] 目前，"凯叔讲故事商城"虽然取消了这种分类方法，但其电商业务仍然涵盖图书、期刊杂志、玩偶和故事机等产品。"凯叔讲故事"配套业务界面如图8-2所示。

图8-2 "凯叔讲故事"配套业务界面

（四）用户反馈界面

深度细化的垂直业务是为受众具体的个性化需求服务的，因此需要为用户提供及时、方便的反馈界面。用户反馈的方式与媒介形态存在极大的关联，新闻报道、图文社区、长短视频的用户反馈往往以评论的形式呈现，用户在评论区用文字留言的方式表达自己的感受。近年来，许多新媒体机构也设计了在评论区发送图片的留言方式，使得用户反馈能以图像形式传达；移动客户端、网页更是允许用户在反馈专属通道与机构客服直接取得联系，反馈具有互动性和高效的特点。用户反馈的内容既可以是对媒介产品的建议，也可以是媒介使用感受，便于机构进一步改善服务。随着网络直播的兴起，用户更是可以在直播过程中通过弹幕、评论的形式随时发表意见，主播也能即时做出回应，用户反馈的效率得到进一步提升。

---

[1] 石珈源：《移动互联网时代儿童有声读物自媒体平台的发展模式——以"凯叔讲故事"为例》，《科技传播》，2019年第20期，第102-105页。

三、垂直业务供应链管理

（一）供应链管理的概念

供应链管理是当前企业管理中的重要领域。供应链是指产品生产和流通过程中直接或间接涉及的所有环节，是由原材料供应商、生产商、分销商、零售商以及最终消费者等通过与上下游成员的连接组成的网络结构，即由物料获取、物料加工、将成品送到用户手中这一过程所涉及的企业和企业部门组成的一个网络。不同于价值链主要阐述产业链中价值增值的原因和机理，主要关注价值创造和价值流程，供应链主要反映企业之间的关系，阐述了产业链中企业之间分工协作的形式与内容。

供应链管理就是把整条"链"看作一个集成组织，把"链"上的各个企业看作合作伙伴，对整条"链"进行集成管理。供应链管理的主要目的是通过"链"上各个企业之间的合作和分工，促使整个"链"上的物流、商流（链上各个企业之间的关系形态）、信息流、资金流合理化和优化，从而提高整条"链"的竞争能力。[①]总而言之，供应链是围绕核心企业对物流、信息流、资金流的协调控制而形成的功能网。

对于新媒体产业而言，内容供应商、平台运营商、广告商、用户以及垂直产品服务供应商等主体之间存在极为密切的业务关联，它们相互影响、相互制约，也在一定的功能网络内进行运作。可以说，新媒体垂直业务供应链实际上是一种信息和物品/服务深度融合的业务流程模型，从内容生产、信息传播、用户互动到物品生产、产品物流等各个环节都存在复杂的供应链协作关系，对向来以内容信息为主业的新媒体机构而言，这种供应链管理实际上是一种全新挑战。

（二）供应链管理的任务

供应链管理的任务主要包括信息流管理、物品流管理和资金流管理。

1. 信息流管理

供应链中的信息流包括产品需求、订单的传递、交货状态及库存信息，涉及协作生产的企业信息、产品信息，以及不确定性较强的消费者信息，是供应链管理的核心。

在电子商务时代，企业的生存空间由物理的市场地域转变为虚拟市场空间。虚拟市场空间以信息为基础，为信息所控制，产品协作生产意味着供应链上各个参与主体的系统化信息管理。以从事农产品带货直播的新媒体机构"东方甄选"为例，其高效的信息流管理贯穿整个供应链管理流程。从供应链商流的畅通来说，农产品的生产端（包括农户、加工商和品牌商等）与直播电商之间形成商业合作关系，直播电商和消费者形成合作关系，直播电商通

[①] 刘丽文：《供应链管理思想及其理论和方法的发展过程》，《管理科学学报》，2003年第2期，第81-88页。

过直播间将产品信息传递给消费者;从资金流的畅通来说,资金通过平台,从消费者流向产品供应方,从产品供应方流向农户、主播以及物流公司等;从产品流的畅通来说,在接收到电商平台的交易信息后,农产品基地直接出货,并通过物流公司快递至消费者手中,交易结束后根据订单数据、售后消费者的产品反馈,厂商还可以及时了解市场反应和消费者需求,从而调整生产计划,迅速投入新一轮的生产。可见,信息流是贯穿于整个产业链架构之中的,起着传递所有需求和供给信息的作用,最终促进交易的完成。①

2. 物品流管理

供应链中的物品流是指协作生产商之间的原料性物品传输,以及产品从供应商到消费者手中的物质产品流。

对新媒体机构而言,其比较优势往往在于信息和内容的生产管理,对物品流的管理相对较弱,但物品流管理是垂直业务所不可缺少的环节。无论是与外部物流企业协作,还是自办物流,物品流管理都是新媒体机构经营管理中的重要命题。新媒体垂直业务物品流管理属于电子商务业态,其经营管理的核心在于产品供应链和交易平台体系的建设,需要大量的产品和客户资源,通过搭建成熟的电商交易平台实现信息流和资金流的交换,最终实现闭环的物品流供应。不少垂直媒体都进行了搭建电商交易平台的尝试,例如,"丁香医生"的健康商店就搭建了使用门槛低、操作便利性强的电商交易平台,用户甚至无须下载相关App,仅点击公众号提供的链接便可咨询三甲医院的医生,购买健康商品。其健康商店包括"营养补剂""减脂控重""面部护理""控糖饮食""家庭清洁""母婴呵护""头发护理""美白淡斑""丁香出品"等频道,所售商品非常丰富;还有"天天低价""新人福利""健康好物榜单""今日种草"等服务。"丁香医生"的"问三甲医生"业务,涵盖了皮肤科、儿科、妇产科、消化内科、呼吸内科、泌尿外科、骨科、耳鼻喉科、口腔科、眼科、精神心理科和心血管内科等众多科室,提供图文、电话和视频三种方式的问诊服务;还提供免费导诊、找北上广专家等健康服务。但也有人认为,"丁香医生"健康商店存在运营模式传统化的问题。目前,"丁香医生"健康商店使用的是传统的"淘宝模式"电商系统,若"丁香医生"想要通过电商模式实现良好的长期的收益效果,就要完善相关的运营管理系统。②消费者往往看重产品物流运输速度、安全性、便利性,物流质量是影响消费者体验的重要因素。因此,对于期望运营一个成熟的自有电商平台的机构而言,高效的物流是必要条件。

3. 资金流管理

供应链中的资金流指的是随着供应链上各主体之间的业务活动而产生的资金往来,包括信用条件、支付方式,以及委托与所有权契约等。这些资金流常常是跨部门、跨企业、跨产权主体甚至是跨行业的。资金流是交易过程中相当重要的一环,也是供应链得以运转的"血

---

① 刘杰:《直播电商视角下农产品供应链整合的逻辑、现实问题及对策建议》,《商业经济研究》,2021年第24期,第150-153页。
② 左艳:《健康类公众号的盈利模式探析——以"丁香医生"为例》,《新闻传播》,2022年第8期,第47-49页。

液"。①面对企业提高供应链的资金周转速度、减少冗余成本和营运资金、降低供应链风险的迫切要求,如何进行资金流的优化管理已成为当前研究的热点话题。②

资金流和物流整合是增强供应链竞争力的有效途径,物流服务与金融服务相结合成为一种有效的业务创新模式。③当物品在供应链上流动时,每向下走一级,就能产生一定量的增值,与物流相伴的必然是重要的资金流。物流服务与金融服务相结合进行业务模式的创新,是当前第三方物流企业、金融机构或相关企业在激烈的市场竞争中脱颖而出的主要途径之一。在供应链中,第三方物流企业提供的金融与物流集成式创新服务主要覆盖物流、流通加工、融资、评估、监管、资产处理、金融咨询等方面。这种物流金融服务能够在企业资金流跟不上物流的运作情况下,利用金融机构加速企业的现金流流动。对金融机构来说,承担企业物料不确定性风险的同时,获取手续费收入;对于企业来说,牺牲一部分利益的同时,加快了自身资金流的流通,避免了资金流的断裂;对整个系统来说,总利润得到增长。

新媒体机构的资金流运转比传统媒体更加复杂,因此对资金流管理提出了更高的要求。一方面,新媒体机构的内容业务和广告业务的资金流动比传统媒体更加复杂,因为涉及大量的内容外包,UGC和PUGC生产协作流程及其收入分成方式更加复杂,广告计价和分成方式也更加复杂;另一方面,各类新媒体垂直业务资金流运转过程和业务运行过程甚至比内容业务更加复杂,因为垂直服务涉及更多的合作者和专业生产领域。当下,具有内容和用户关注优势的新媒体机构纷纷依托内容开展电商业务,从产品生产供给、营销传播、平台交易到物流配送、售后服务这一系列业务,既是信息流和物流运行的过程,也是资金运转、服务增值和利益协作的过程,其资金分配需要非常高效的管理。

【案例8-3】

媒体智库知识服务垂直业务的供应链管理

媒体与智库的融合实践最早开始于美国,如牛津大学路透社新闻研究所主张商业媒体为了实现自我发展向媒体智库转型,重视智力研究并推出各种付费研究报告或服务。国内媒体智库是由媒体机构主导发起,为政府、社会提供政策咨询和知识服务的咨询机构,是一种具有媒体特征和优势的新型智库。比如,人民日报社组建的人民网舆情数据中心,从新闻生产到话语超越全面升级,提升了自身的政策研究和智库成果生产的能力。瞭望智库、光明智库、南风窗传媒智库、第一财经研究院、每经智库和21世纪经济研究院等都是我国影响较大的媒体智库,是该领域垂直业务的典型。

媒体智库知识服务供应链管理是指围绕知识流(即知识创新活动)将知识供应者、知识转化者和知识使用者连接起来的管理机制和方法。媒体智库知识服务

---

① 刘鑫:《供应链金融资金流管理系统整合研究》,《中国管理信息化》,2012年第10期,第33-34页。
② 王梦瑶、顾巧论:《财务供应链资金流管理研究综述》,《天津职业技术师范大学学报》,2019年第2期,第63-67页。
③ 高进:《供应链管理中的物流与资金流的整合问题》,《广西金融研究》,2006年第10期,第66-68页。

活动则是围绕知识的采集、存储、共享和创新应用的知识流,将知识转化为用户所需产品或服务的过程。从供应链视角分析媒体智库知识服务活动,知识服务的主体包括知识源、知识转化者和知识终端用户。其中,知识源是媒体智库知识供应链的知识提供者,主要分为外部知识源(外部行业协会、智库联盟)和内部知识源(用户需求库、行业数据库等)两部分;知识转化者,是媒体智库知识供应链的核心主体,即媒体智库,它直接参与知识创新过程,或间接帮助用户获得相应知识,提供科研信息,推动知识创新;知识终端用户,则是媒体智库知识服务供应链的服务消费者,包括政府、企业和社会公众。他们既是知识的使用者,也是知识的创造者。知识终端用户在接受外部的创新知识产品的同时,将其内化为知识存储,再进行加工和创新,并根据使用效果对知识创新提出反馈。

媒体智库知识服务过程则是以供应流、传播流和影响流为核心建立的三层复合过程体系。在供应流方面,通过资源整合和产品生产两个阶段完成知识产品的生产。在传播流方面,汇聚知识智慧。媒体智库知识传播流的目标是实现知识产品对外的转移和利用。在影响流方面,凸显知识价值。影响流是实现知识服务价值的最终目标,经过知识供应流和传播流的作用,媒体智库与知识终端用户(政府、企业和公众)通过互动充分交流自身生产的新知识、新思想,这不仅提升了媒体智库在企业、公众中的社会影响力,也提升了政府的决策影响力。综上所述,媒体智库借助知识源增强供应流的高效运营,高质量的智慧知识产品通过智库平台进入传播流,使得智库智慧成果得以快速转化和流动,最终激活影响流。[①]

四、垂直业务客户管理

新媒体行业已经从传统的"传者中心"的大众传播模式演化到"用户中心"的数字传播模式,从卖方市场的广告业务和内容业务转型为买方市场的广告业务和流程更复杂、竞争更激烈的垂直业务,因此,客户管理在新媒体管理尤其是垂直业务管理中占有特别重要的地位。

客户管理又称客户关系管理,是以信息技术为媒介、以客户及其价值为中心,通过管理和保持企业与客户之间的良好关系,持续实现企业价值和客户价值最大化的一种新型"双赢"的营销理念和一整套应用策略。客户管理以对客户数据进行收集、整理、分析,并提供给企业管理层相关数据和信息为核心使命。客户管理通过对用户和市场数据进行管理,实现对用户需求和市场需求变化的快速反应,帮助企业快速适应市场环境并获得竞争优势[②],这也能在一定程度上实现业务流程自动化。客户管理系统一般由市场管理、销售管理和服务

---

① 任福兵、李玉环:《供应链视角下媒体智库知识服务能力评价体系研究》,《情报理论与实践》,2020年第9期,第32-38、31页。

② 黄毅:《客户关系管理在企业市场营销中的价值分析》,《商场现代化》,2023年第10期,第30-32页。

管理三大部分组成。它们以客户为中心,把企业市场、销售和服务等活动连接起来形成一个"网链"。

(一) 市场管理

新媒体机构的经营业务和其他市场竞争类服务一样,都是首先从市场中寻找机会,然后通过营销活动找到客户,最后促成销售。

市场管理主要是通过市场营销活动的开展和市场计划的实施来完成市场的开发与客户的挖掘,以便更好地发现销售线索进而形成商机。市场管理的具体内容包括市场情报管理、营销活动管理和市场计划管理。市场管理不仅能帮助市场人员识别和确定潜在顾客和目标顾客群,让其通过对人口、地理区域、收入水平、以往的购买行为等信息的分析,更科学、更有效、更精确地制定产品和市场策略,还能为企业提供业务盈亏的分析依据。[1]

新媒体市场管理的典型特征之一就是运用大数据进行精准营销。不同于传统媒体的粗放式营销,新媒体营销顺应多元化的用户口味与精细化的用户需求,面向细分市场精准定位。垂直新媒体的内容生产、平台运营、渠道传播、市场营销等各个环节都与传统媒体有很大的区别,而营销是媒体价值变现的最终端口,大数据的运用为新媒体精准营销提供了新的驱动力。例如,垂直媒体"房天下"采用大数据描摹受众画像、深度用户管理的用户策略,场景化内容建构、渠道立体分发的传播策略,引流落地转化、创新营销模式的发展策略,实现了良好的营销变现效果。尽管垂直营销会受到市场体量的限制,但从另一个角度看,垂直业务如果面向所有受众也就意味着失去了所有存在特定需求的受众,对于垂直媒体而言,最重要的并非盲目扩张,而是纵深挖掘细分市场中尚未开发的资源,激发潜在受众的购买力。将垂直细分做到极致,也是精准营销的核心。[2]

新媒体客户的市场管理需要对移动端客户价值进行评估与分类。以新媒体电商垂直业务为例,其客户关系管理有两大要点:一是客观评估客户价值,并针对不同价值的客户实施差异化管理策略;二是建立分级客户管理体系。新媒体机构对既有客户进行分类管理,可以根据消费者的历史消费金额、消费账单等指标进行综合计算,一般可以分为关键客户、低价值客户和中价值客户。对于关键客户,新媒体机构应投放核心营销资源,以增强高净值客户对机构的黏度;对于低价值客户,虽然新媒体机构从该客户群中获取的单笔订单利润较低,但该类客户群体总人数庞大,客户群的参与可以有效提升新媒体机构的知名度,故应适当将服务资源分配到该领域;对于中价值客户,新媒体机构应当采取有力促销措施积极培育,提升其消费水平,并为其提供较高的增值服务,以便将其培养为高价值客户或忠实老客户。电子商务的飞速发展,迫使传统的客户关系管理寻求新的突破。过去以"二八定律"为主导的经典理论,使得企业的客户关系管理主要围绕20%的"大客户"进行。然而,互联网技术的

---

[1] 谷再秋、于福:《客户关系管理(CRM)系统功能分析》,《中国管理信息化》,2009年第12期,第71-73页。
[2] 马小晴:《大数据背景下垂直媒体精准营销策略研究——以"房天下"为例》,《新媒体研究》,2020年第15期,第50-52页。

发展以及消费者个性化的日益凸显使企业重新界定对市场和消费者的认识,关注处于"长尾"当中的消费群体,将占总消费群体80%的"小客户"作为客户关系管理的对象,因为他们很可能是未来企业盈利的最终来源。①

(二)销售管理

相比传统媒体,新媒体垂直业务对销售管理提出了更高的要求。销售管理是指销售人员对销售过程进行有效跟踪,并用自动化的处理过程代替原有的人工整理分析过程,将销售信息集成为数据库,使所有销售人员可以共享客户资料,这能最大限度地避免因销售人员离职而损失客户。同时,客户管理集成每个时段的产品、定价、货量、出货等重要信息,缩短了销售周期,也减少了销售过程中错误和重复的工作。在销售过程中以及销售完成之后,都会有相应的服务信息反馈给市场,以达到留住老客户、吸引新客户、提高客户利润贡献度的目的。②

持续性新媒体垂直业务运营不仅是通过内容呈现垂直产品和服务,还需要对产品和服务的传播效果进行有效检测和评估,从而不断改善新媒体产品内容及其传播策略,探索出更高效和标准化的垂直媒体内容载体生产模式和业务体系。近年来,随着移动电子商务产业的迅速发展,电商成为新媒体延长价值链、增加收入的重要渠道,电商服务跻身新媒体垂直业务销售管理重点区域。在新消费趋势下,个性化的消费倾向使得电商业务呈现多元化特征。为此,不同于更偏重于交易属性、服务全品类产品市场的综合电商平台,新媒体垂直电商应把握消费者个性化需求,突出创新属性,基于"小而美"的平台引导经营思路,打造差异化的用户体验,进行独特的平台身份定位。③具体而言,新媒体电商应当完善其移动业务客户管理策略,更加注重通过深入的市场调研来切实把握市场中消费者的个性化需求特征及其发展趋势,并利用商业数据建构子市场客户消费模型,以总结客户消费特征并指导企业优化营销实践。

新媒体垂直业务需要拓展"一对一"精准营销模式。仍以电商业务为例,新媒体电商"一对一"精准营销模式的核心在于移动电商营销者以"客户份额"为中心,促使营销者与特定高价值客户交流互动并推介其营销信息,针对消费者的个性化诉求为其提供定制化产品和服务,从而增强移动端消费者对该移动电商产品与服务的黏性,促进移动电商与目标客户之间形成具有持久性商业关系的长期"双赢"格局。在采用"一对一"精准营销模式时,移动电商营销者应当认识到企业营销的重点并非单纯地占据更大的市场份额,而是扩大本企业的产品与服务在该类别产品与服务消费总额中所占的比重。"一对一"精准营销模式还需要强化与客户的互动。在激烈的移动电商市场竞争过程中,新媒体电商营销者应深入了解客户需求倾向和消费偏好,并从中总结出消费者的购买行为特征,据此对客户进行分类处理,在与

---

① 朱静:《电子商务环境下的CRM中基于长尾理论的小客户管理》,《商场现代化》,2009年第21期,第35页。
② 谷再秋、于福:《客户关系管理(CRM)系统功能分析》,《中国管理信息化》,2009第12期,第71-73页。
③ 杜华勇、郭旭光、滕颖:《平台领导视角下电商平台竞争力前因组态研究》,《管理学报》,2023年第2期,第258-266页。

客户的互动交流活动中有效识别客户提出的个性化要求,以便为目标客户提供定制化服务,提高营销效能。

(三)服务管理

服务管理能通过强大的客户数据库把销售过程、营销宣传、客户关怀、售后服务等环节有机地结合起来,这为企业提供了更多的机会,能让企业向客户销售更多的产品。客户服务管理的主要内容包括客户关怀、纠纷处理、订单跟踪、现场服务、常见问题解答、维修行为安排和调度、服务协议、服务请求管理等。客户服务管理还涉及对客户资源进行集中全面的管理,帮助企业建立客户全方位视图,从而延长客户生命周期,更深度地挖掘客户潜力,提升客户价值。

服务管理提供易于使用的工具和信息,具体包括服务需求管理、服务环境配置及多种问题解决方案等。其中,问题解决方案包括相关案例分析、问题的分析诊断(包括横向决策树)。企业可在巨大的科技文档库、常见问题解答数据库和已有客户服务解决方案中查找基于客户、话务员、服务渠道和服务许可等的广泛信息,再通过合适的渠道将客户咨询发送给合适的话务员进行处理。通过对服务许可进行管理,监控和合理应对每一次咨询,确保客户的要求及时满意地得到解决。①

对于新媒体垂直业务而言,其服务管理通常要针对用户的观看内容、购买商品、使用服务时的需求反馈进行互动调整,尤其是个性化信息互动、软件功能互动和硬件使用体验互动。这就要求新媒体机构充分重视用户反馈,为打造品牌美誉度、提升品牌影响力而不断改进服务管理。

社群管理也是新媒体机构获取用户信息、维护与用户关系的有效服务管理手段。社群管理借助平台将用户聚集在一起,在媒体、品牌、平台与用户之间建立直接的联系,便于新媒体第一时间了解用户真实需求,是实现新媒体与用户关系从弱连接到强连接的有效渠道。在社区管理运行方式上,首先,在社群养成期,寻找"天使头部"用户,建构合理的粉丝结构;其次,在社群发展期,深入洞察网络社群运行规则,有效实施用户管理策略;最后,在社群稳定期,通过众多活动的策划激活社群关系。②

新媒体垂直业务服务深入社会生产生活各个领域,极大地延伸了媒体产业链,已成为许多媒体着力拓展的新领域。当然,高质量的原生和垂直内容服务,离不开针对性的市场分析、创造性的内容制作、互动性的用户维护、科学性的营销监测,这对新媒体机构内容生产的专业技能和服务意识都提出了更高的要求。

---

① 谷再秋、于福:《客户关系管理(CRM)系统功能分析》,《中国管理信息化》,2009年第12期,第71-73页。
② 贾绍茹:《垂直自媒体内容电商的商业模式研究》,河北大学硕士学位论文,2018年,第44页。

关键词

垂直业务;垂直媒体;电子商务;带货直播;媒体界面;供应链管理;信息流;物品流;资金流;客户管理;销售管理;服务管理。

复习思考题

1. 新媒体机构垂直业务有哪些常见类型？新媒体机构应该如何选择适合自己发展目标和资源条件的垂直业务？

2. 我们可以从垂直业务迅猛增长的现状中洞察传媒行业内容业务、广告业务和垂直业务之间怎样的关系？如何理解"内容为主"的新媒体发展定位与发展空间？

第九章

平台型媒体与自媒体管理

◆ 学习目标

1. 理解平台型媒体业务、资源与收入模式；
2. 了解自媒体用户业务定位、业务与收入模式。

◆ 案例导入

从BAT到"两微一抖"：网络平台改变信息传播生态

新媒体对传统媒体传播生态的颠覆，或许始于BAT（即百度、阿里巴巴、腾讯）等互联网巨头搭建了各种信息内容传播平台，重构了全体网民参与的信息传播渠道；在移动互联网时代，出现了以"两微一抖"（微博、微信和抖音）为代表的社交平台应用，使得用户个体能够随时随地发布和接收各种信息，社会几乎形成了"按需分配"的信息传播格局。2023年6月底，中国网民规模达到10.79亿人，各种精神和物质信息、生活和生产信息都在互联网平台上自由协作传播，形成各种圈层全天候、全场景传播生态。

与此同时，这些互联网平台在为网民服务的过程中获得巨大的收入，海量网民海量网民也成为自媒体用户。腾讯2023年第二季度营收1492亿元，同比增长11%；第二季度净利润261.71亿元，同比增长41%；截至2023年6月30日，微信及WeChat的合并月活跃账户数达13.27亿，同比增长2%。2022年微信公众号累计产出超过3.98亿篇文章，即每天至少有109.27万篇新文章推送给读者；2022年，微信中的政务小程序数量达9.5万个，同比增长20%，超过85%的用户在日常生活、出行办事中使用微信中的政务小程序。微博2023年第二季度营收4.402亿美元，剔除汇率因素，同比增长5%，其中广告营收达到3.857亿美元，同比增长7%；用户方面，截至第二季度末，平台月活跃用户达5.99亿，同比净增1700万；截至2022年12月，经新浪平台认证的政务机构微博为14.5万个，我国31个省（区、市）均已开通政务微博。抖音2022年总营收852亿美元，同比增长38%，首次超越阿里巴巴和腾讯，2022年利润约为1718亿元；2022年其海外收入达160亿美元，相较于2021年的65亿美元、2020年的12亿美元，有了迅猛增长；截至2022年底，抖音在中国以外的日活跃用户达8.4亿,同比增长40%,在中国的日活跃用户达8.5亿,同比增长13%。①平台为海量用户赋能,用户也成就了平台。

无论是发展内容业务、广告业务还是垂直业务,新媒体内容生产和渠道传播相对分离都成为一种典型的传播现象,这与传统媒体的内容生产和渠道传播相对集中于某一专业媒体迥然不同。新媒体时代最典型的经营现象,就是垄断传播渠道、聚集其他内容生产机构与用户的平台型媒体,成为广告收益方面的最大获利者;与此同时,海量专业与业余个体内容生产者依托各种平台渠道,传播了大量信息,数量巨大的专业媒体内容也一定程度上淹没在自媒体内容汪洋之中。

平台型媒体和自媒体的业务有着根本性关联——自媒体借助平台渠道进行传播,平台依靠自媒体用户生产内容、提供服务。专业媒体机构在大型商业平台开设账号传播内容,同时努力建设自己的平台渠道;自媒体和MCN机构则着力整合各种平台渠道来传播自身特色内容与垂直业务。分析平台型媒体和自媒体的产品、业务、内容、界面、供应链、用户等,是新媒体管理中必不可少的工作。

一、平台型媒体经营管理

(一) 平台型媒体概述

1. 平台型媒体概念辨析

平台型媒体颠覆性改变了媒体传播生态与经营格局,它反映了互联网媒体在内容生产、把关、传播关系等方面的重大变革。"平台型媒体"这一概念来源于乔纳森·格里克2014年2月7日发表的文章《平台型媒体的崛起》。结合platform(平台商)和publisher(出版商),他在这篇文章中首次使用了合成词"platisher",引起了广泛关注。之后,杰罗姆为其提出了一个为学界广泛接受的定义:平台型媒体是指既拥有媒体的专业编辑权威性,又拥有面向用户平台所特有的开放性的数字内容实体。这种平台型媒体不是单靠自己的力量做内容和传播,而是打造一个良性的开放式平台。平台上有各种规则、服务和平衡的力量,并且向所有的内容提供者、服务提供者开放,无论是大机构还是个人,都能在该平台尽情发挥价值。平台型媒体既是一个平台,也是一个有"把关人"的媒体。平台使用者创作的内容不仅要符合相关法律法规规定,还必须符合平台的标准,获得准入资格。平台致力于设定平衡多元健康的规则,以打造具有某种自清功能的传播生态圈。有学者认为,真正应当成为媒体转型融合发展

---

① 《一年6216亿,抖音够野》,https://www.sohu.com/a/727046781_121118997;《字节跳动:短视频领头羊,2022年总收入850亿美元》,https://www.douyin.com/shipin/7260093753347967033;《传字节2022年收入5865亿,海外用户数几乎持平国内》,https://www.163.com/dy/article/IBSAUEJK051481US.html。

主流模式的是与互联网逻辑相吻合的平台型媒体。①

平台型媒体大致可以分为两类,即单一性平台型媒体和综合性平台型媒体。单一性平台型媒体聚合的媒体内容较为单一,如聚合各大媒体新闻资讯的今日头条,聚合视频的YouTube、优酷等;综合性平台型媒体的功能则较为多样,既包括媒体内容的聚合,也包括各种应用的聚合,如百度便聚合了信息检索、资讯提供、公共讨论、导航服务、软件工具等多种应用。微信也属于综合性平台型媒体,其用户可以进行社交、获取新闻资讯、订阅信息、购物等多种活动。②

就更加具体的功能而言,平台型媒体通常可以分为即时通信平台、社交网络平台、短视频平台、电商平台、新闻资讯平台、在线视频平台、音频分发平台等。服务类平台也具有向新闻渠道延伸的可能性,因为服务类平台具有较大的用户规模和较强的用户黏性,它所掌握的用户数据,有助于深入理解用户;服务类平台常常对应用户的各种场景化应用,与此场景相关的新闻推送,可以得到用户更好的认同。③

平台渠道的连接能力具有强大的规模效应,各种内容和服务业务都在持续拓展,平台型媒体还在并购中出现了全能化趋势。全能化平台是指以社交、购物、搜索、医疗等重要基础功能为起点的媒体平台,这种平台一般具有向所有产业领域逐步渗透并全面重构其产业价值链的战略趋势和实践进程。④

2. 平台内容与渠道的关系

平台型媒体具有无远弗界的渠道连接能力似乎是既成事实,而平台内容与渠道的关系则是人们关注平台最重要的角度之一,这也是专业媒体机构经营管理定位的重要视角。

在西方新闻业和新闻研究的传统语境中,出版商(publisher)和平台(platform)所指对象清晰明确,人们对两者的内涵和外延有一套共识性的理解:出版商的外延比较宽泛,可以理解为媒体、新闻机构、新闻组织等。比如,CNN(美国有线电视新闻网)、PBS(公共电视网)等都是典型的出版商。出版商的业务核心是生产内容,同时,生产流程具有高度排他性和专业性,也就是说,能够创建和发布内容的人仅限于出版商内部的专业人员(如记者、编辑、签约作者等),因此出版商生产的主要是专业内容。此外,出版商对其发布的内容负有道德义务和法律责任。传统意义上,平台只是专业内容的"搬运工",同时允许用户自由创建和发布内容,其业务核心是分发和传播,主要通过聚合以及基于用户数据的算法来决定内容的取舍和排序。Facebook(脸书)、Google(谷歌)等硅谷技术公司代表了平台的运作方式。与出版商相反,平台一般不审查内容,也不对内容的真实性、合法性等负责。这种出版商和平台截然

---

① 喻国明:《互联网是一种"高维"媒介——兼论"平台型媒体"是未来媒介发展的主流模式》,《新闻与写作》,2015年第2期,第41-44页。
② 许同文:《媒体平台与平台型媒体:移动互联网时代媒体转型的进路》,《新闻界》,2015年第13期,第47-52页。
③ 彭兰:《未来传媒生态:消失的边界与重构的版图》,《现代传播》,2017年第1期,第8-14、29页。
④ 周笑:《新媒体产业年度趋势解析及战略远景展望——平台全能化成为新动力机制》,《新闻大学》,2016年第3期,第68-79、149-150页。

划分业务类型的二元格局和角色分离是过去数年在线内容业务的常态。

然而,随着新闻业变革的深入推进和竞争的白热化,原本在内容生产和分发领域各自经营的出版商和平台开始涉足对方的业务领域。同时,在纸质媒体持续裁员之际,原生数字媒体持续壮大。2013年秋,许多备受瞩目的传统媒体记者转战数字媒体,皮尤研究中心称之为"数字原生新闻崛起"。"platisher"一词正是诞生于这样的媒体行业变革背景中。各界密切关注出版商如何利用平台技术和平台策略实现平台化。国内也涌现出人民号、今日头条、喜马拉雅FM、芒果TV等一大批拥有"用户第一入口"的平台型媒体,越来越多的研究者开始关注这类新型传媒组织并展开研究。[①] 对平台型媒体的发展战略远景而言,仅仅依靠技术和规模是远远不够的,必须完善内容、完善对现实世界无缝覆盖和连接的平台化功能,这样才能以内容和服务集成的思路获得生存和发展。

在平台型媒体的流量分配中,出现网络用户和网络流量进一步向C2C和其他以C(消费者)为主导力量的传播模式聚集的趋势。一般而言,距离C2C传播模式越近,全能化效率越高。社会个体在逐步学习如何更好地通过网络平台实现互利共享,最大限度地剔除不必要的中介组织与中介环节,把供需两端的距离缩到最短,逐步淘汰达不到个性化和人性化要求的价值标准和产业体系。[②] 这种趋势意味着平台型媒体作为公共基础设施,使得个人生产内容和服务有了更大的空间,专业媒体也只有以服务个体用户的思维生产经营才有可能获得更大的市场份额。

(二)平台业务模式

因为平台具有巨大的社会影响和市场空间,所以各类机构都在探索平台业务。但是,网络平台具有很强的规模效益,只有吸引相对规模的用户才能具有市场竞争力。平台型媒体业务也不同于传统媒体的内容生产,而是要服务于共同生产内容并提供其他服务的用户,所以在业务模式规划过程中,要对平台价值定位、平台业务系统、平台核心资源和平台业务收入进行科学规划,这也是新媒体机构整个商业模式规划管理的框架。

1. 平台价值定位

弄清楚平台主要面向哪些用户群、提供怎样的价值才有吸引最多用户的可能,是业务规划的基础,平台要在准确调查分析的基础上明确自己的价值定位。从目前市场上比较成功的各种类型的平台型媒体来看,要较早开始提供市场当时缺乏的新型优质平台服务,凭借较为独特的市场前瞻、价值洞察开发产品,并通过整合各种关键资源,打造贴近用户的服务,较快地占领市场,获得一定的先发优势,然后持续更新迭代产品、提供良好的服务,最终获得相应的市场地位。尽管中国的网络平台服务产品很多是借鉴国外同类产品开发的,但还是具

[①] 谭小荷:《从Platisher到"平台型媒体"——一个概念的溯源与省思》,《新闻记者》,2019年第4期,第28-37页。
[②] 周笑:《新媒体产业年度趋势解析及战略远景展望——平台全能化成为新动力机制》,《新闻大学》,2016年第3期,第68-79、149-150页。

有洞察中国用户独特价值需求的业务规划创新,如早期的即时通信平台、电子商务平台、微博平台等,均是如此。当下正在探索中的元宇宙、大语言模型等,都是前瞻性探索人类各种潜在价值需求而开发的新型平台。对于这些平台,一旦用户形成了使用习惯,就会比较稳定地持续使用。

降低平台使用门槛、面向最广泛的大众市场和下沉市场似乎也是平台型媒体业务规划的一大特征。最初下沉市场仅指三线以下城市、县镇、农村等非网络密集区域;随着互联网市场规模扩大、用户数量裂变式增长,下沉市场的内涵进一步延伸,指低消费、低年龄段、低线城市等用户聚集的市场。后发商业平台将市场定位锁定下沉市场,有利于规避先发主流平台竞争,最大限度地发挥自身优势,拓展用户群体。目前,我国下沉市场规模进一步扩大,低消费、低年龄、低线城市用户数量爆发,日均智能设备使用时长创新高。随着更多应用场景的落地,平台型媒体的定位将突破下沉市场,步入大众化市场,面向更多用户。

产品差异化是平台型媒体定位的基本议题。由于众多商业平台扎堆布局传媒板块,各平台存在大量同质化产品,因此,平台型媒体在进行产品定位时要从内、外两个维度出发,考虑产品服务是否与市场上其他产品有差异、是否与企业内现有产品有差异等。一款产品并不能满足大众化用户群体的所有需求,定位需要能够合理填充现有产品矩阵,在已有流量池中引入新用户。例如,抖音公司旗下的抖音短视频、火山小视频和西瓜视频等平台就构成了定位适度差异化的产品矩阵。

2. 平台业务系统

围绕自身明确的价值定位,平台型媒体要设计自己的业务系统,包括具体面向用户的产品、服务及其生产运营流程。平台型媒体要实现"内容平台、营销平台、服务平台"一体化,以"用户+场景+平台"的形式建构新的业务生态。在此生态中,开放的信息服务生产边界、聚集性的信息传输渠道以及多样化的信息服务价值,使用户得到各种各样的体验和服务,也使平台营销路径得以拓宽。平台型媒体一方面以用户思维来开发满足用户需求的业务,将内容、服务、营销连为一体;另一方面协调内部资源,提供生态位适应性更强的产品,实现内容与技术的价值协同。

平台型媒体还利用人机交互、大数据分析、算法推荐等智能技术,分析用户行为,生成用户画像,快速高效地为各类用户提供其想看的内容,为用户提供个性化定制服务,这是平台型媒体的重要业务特征。

在内容业务方面,平台型媒体往往凭借用户流量和渠道资源方面的优势,因势利导地采用以用户生成内容(UGC)为主、专业用户生产内容(PUGC)为辅的业务模式,在激励个人用户生成内容的基础上,引入专业团队以持续输出优质内容。对传播者而言,每位个人用户都可以发布自己的原创内容,内容生产主要依靠用户个人兴趣,而非单纯依靠意见领袖发表内容,内容创作去中心化;对内容接收者而言,可以利用碎片化时间获得自己感兴趣的内容,信息同质化程度大大降低。平台可以在后台保存分析用户行为记录,对高浏览量内容予以更高曝光,提升个人用户创作内容的积极性。抖音是依托用户上传内容搭建平台的典型代表,用户套用抖音预存的大量音乐模板，生成并发布题材各异的短视频。抖音还引入了PUGC团队和MCN机构，以增强优质内容输出。但是，接近专业的内容生产不是平台型媒体业务的主流，过高的制作门槛会使一些个人用户产生抵触心理，所以，UGC在抖音中依然占据主导地位。

3. 平台核心资源

平台型媒体得以吸引并持续服务大量用户的核心资源，是其强大的智能算法技术资源、匹配价值定位的内容资源，以及所获得的海量用户和流量资源。

平台型媒体往往在智能技术方面具有强大优势，并且充分利用智能算法技术分配流量。算法逻辑主要可归为两种，即热度算法和公平算法。

热度算法注重打造流量爆款，按照点展比推荐，由多重审核机制、叠加推荐机制等组成。多重审核机制是智能平台算法筛选内容的第一道门槛，主要是提取未涉嫌违规的内容，并与现有数据库内容相匹配，对重复性较高的作品进行限流或降级推荐。经过多次审核的作品会被叠加推荐，将作品纳入初始流量池，根据权重分发流量，系统会赋予持续创作的账号更大的权重。系统在进行推荐池匹配时，会给予持续更新垂直作品的账号更精准的具有相同属性标签的用户。热度算法强化了"强者恒强"的流量爆款特征。

公平算法注重流量的合理分配，算法引入基尼系数合理分配流量，即使是粉丝量为零的用户发布的内容也可以获得一定程度的曝光；另外，内容初期曝光机会相对较多，热度达到一定程度后，曝光机会会适当降低，其目的在于公平对待每一位用户，避免头部效应，保护"腰部创作者"。

这两种截然不同的算法分发机制形成了两种不同的生态产品机制。热度算法实现了流量引导，形成头部流量，因此广告成为其最有效的变现方式；公平算法致力于维持普惠原则，形成超强的社区生态，因此以人带货的直播方式是其变现的核心驱动力。

总之，智能算法技术能够有效实现流量分配和积累，满足用户需求，从而吸引资本加持、整合外部资源，形成"算法技术—用户聚集—流量变现—产业发展—资本运作"的良性循环。

4. 平台业务收入

规划平台型媒体开展各种业务可能的收入模式，是平台业务规划的必要内容。对于商业平台来说，获得收入可谓其最终目标。公益性质的平台型媒体也要规划公共财政、公益捐助和商业收入等综合收入来源，并论证各种收入组成的合理性。

收入的本质是价值变现，平台媒体的收入从根本上说取决于自身能够为业务利益相关者带来什么价值。目前，平台型媒体的收入模式主要有广告费、电商销售、交易佣金、内容付费、会员付费、直播打赏等。2022年中国互联网广告收入Top4企业占据了网络广告市场78%的份额，Top10企业全都是平台型媒体。这些平台型媒体从注意力、用户到广告收入，都对传统内容生产媒体机构形成了挑战。

收入模式规划和业务规划创新基本上是同步进行的。对于广告收入，平台型媒体必须运用自身各种资源规划高效的广告业务形态,充分服务用户和广告主,这样才能获得可观的广告费。平台型媒体基于强大的智能算法技术、庞大的用户群体和流量,协同各个利益相关者开展各种线上线下业务,这正是其增加收入的基础,平台方也能从用户带来的各种收益中抽取分成或收取附加费用。

(三)平台界面设计

平台媒体的内容及其衍生业务绝大部分是用户参与生产的,它们也服务于用户的消费和使用。为了充分实现业务目标、便于用户参与和使用,平台型媒体必须设计合理的平台界面,合理进行用户参与生产消费的功能设计,并进行能够吸引用户、获得用户认同的形象设计。

单一性平台型媒体聚合的媒体内容相对单一,但也需要根据用户习惯设置搜索、关注、推荐、热榜、视频、商城等界面,新闻内容也要根据用户喜好进一步设置娱乐、科技、财经、军事、体育等入口界面。

综合性平台型媒体的功能及界面设计则更加丰富,既包括媒体内容的聚合,也包括各种应用的聚合,其界面需要进行更加丰富且用户友好的功能和视觉设计。

(四)平台用户管理

平台的形成离不开海量用户,平台用户既可以作为信息的生产者出现,也可以作为信息的消费者出现,他们的需求和供给能够产生巨大的价值和利益。可以说,海量用户资源是平台型媒体赖以生存的基础。

单纯的平台是没有意义的基础设施,用户使用平台服务并参与平台互动。生产才是平台型媒体的价值所在,通过有效的推广和精准分发,为用户提供满意适用的服务,才是平台进行用户管理和持续经营的要旨。

精准分发是指通过收集并分析用户的行为数据,发现用户潜在的可能需要的内容信息,然后运用计算机算法和信息匹配技术将这些信息内容直接推送给相应的用户。[①]平台型媒体用户管理的本质是为用户创造价值、提供产品和服务。以用户利益为核心的服务管理理念,是平台型媒体与"传者中心"的传统专业媒体最大的区别。

平台型媒体用户可细分为四类,即内容创作者、内容接收者、内容消费者和平台合作者。内容创作者可以是个人创作用户,专业机构、组织、群体创作用户,也可以是MCN机构。内容接收者主要是指从平台获得内容服务,但还未发生购买行为的人群,这也是潜在付费用户。内容消费者是指为平台广告、服务付费的用户,是平台与合作者主要的利益来源。如何将潜在付费用户转化为消费者,取决于平台型媒体的内容服务和智能分发技术,以及平台合作者的产品与服务。平台合作者是指借助平台型媒体投放广告类内容或开展垂直业务的人群,多以电商、直播、广告等形式出现。

---

① 许同文:《媒体平台与平台型媒体:移动互联网时代媒体转型的进路》,《新闻界》,2015年第13期,第47—52页。

通过算法技术激励用户创作内容并实现价值变现,是平台型媒体业务的核心,也是平台型媒体用户管理的核心。核心竞争力的算法积累流量尤其重视"用户"的概念,用户利用产品提供的平台,将自己原创的内容进行展示,提供给其他用户,后台算法对内容加权的行为会增加内容的曝光度,与此对应的经济回报、用户成就感、社区用户之间的情感联系也会随之增强,这些都是用户不断创造内容的动力。

即便是以生产内容为主的传统媒体平台也应优化用户管理,面向用户多种身份提供服务。个人用户在传统媒体平台上进行内容生产的相对较少,更多的是扮演内容信息接收者的角色,但他们也是新闻素材的提供者,是社区的建设者,是服务的使用者,也是广告信息的目标客户。传统媒体平台作为专业内容生产者,也应基于个人用户的阅读兴趣、地理位置、关键词等标签推送相关内容。社区的建设者这一身份的出现是因为媒体机构打造了用户社区,将单一的个人用户连接起来,建构了社区生态圈,从而增强了个人用户对产品的使用黏性。

(五)平台变革传媒

平台型媒体不仅改变了传媒内容制作传播生态,而且作为信息传播基础设施,彻底改变了全社会信息生产者和消费者的连接格局,改变了社会信息沟通和协作生产的体系。具有技术把关、市场把关相关机制的平台型媒体在全社会的协作中也因此有了超越内容生产的把关能力、影响能力,在平台上发布内容、协作生产的每一个个体和组织机构也就有了影响社会的潜力,因此为维护社会公共利益而对平台及其用户行为进行合理规制的公共管理需求也逐步增加。

平台重构了社会连接方式,能够提供基于用户场景的个性化智能连接服务。平台将话语的"触觉"延伸到网络的每一节点,充分激发用户生产和传播内容的热情。媒介的本质是人与人、人与信息之间的桥梁,平台型媒体则彻底改变了用户与媒体的连接生态。人工智能技术的广泛运用是平台型媒体与传统媒体的根本区别之一,其使媒体与用户多场景的双向信息交换变得更加自然,让媒体能够提供更多个性化服务,并基于用户数据进行有针对性的营销。大规模定制就是在先进技术的支持下,根据客户的个性化需求,提供大批量生产的低成本、高质量和高效率的定制产品和服务。

平台形成了基于信息生态的社群连接,建构了用户之间各种价值共创的社区。平台型媒体改变了"人找信息"的连接关系,让信息开始"主动寻找人",自此"受众"也更深刻地转型为"用户",信息"寻找"的过程也变为"匹配"的过程。用户与用户因为平台而更加紧密地聚集、协作,形成全新的社群用户关系。价值共创是社群时代一个广泛的社会协作趋势,用户参与创造和开发服务,从而创造更多双赢/多赢的机会,创造出更大的价值。由传统机构转型而来的新媒体机构为什么会陷入广告收益流失、骨干人才流失等困境?从连接关系角度来看,其根源在于媒体与用户之间的连接功能无法满足需求,出现一种只有"受众"而没有"用户"的被动局面。未来,谁能帮助媒体与用户建立更好的连接,谁能为用户提供更好的用户体验,谁就能成为成功的智能媒体。①

平台型媒体已经成为社会运行的基础设施和操作系统,全社会各个主体和各种活动很大程度上都离不开平台型媒体。因此,对社会影响和经济影响巨大的平台型媒体的规制也就成为重要议题。

一方面,平台型媒体及其连接的自媒体发展有需要放松规制的内在逻辑。世界各国对大众传播模式的广播电视都有比较严格的产权规制和行为规制,但互联网时代的融合媒体大大突破了大众媒体功能,融合媒体成为"泛众传播"载体,也正在成为"互联网+"条件下产业融合的经济载体,在这种情况下,合理地放松规制才能促进社会便利和产业发展。所谓"泛众传播",是指融合传播媒体综合了大众传播、组织传播、人际传播功能,媒体规制的合法性和效果都发生了深刻的变化。大众传播的公共影响力极大,对其规制有更强的合法性;融合媒体的传播对象通常是组织传播性质的网络社群,或仅为私人性质的人际传播,以公共利益名义对其进行准入限制显然不具备同等的合法性,也很难奏效。平台型媒体传播的不仅仅是信息产品、精神产品,很多时候它还直接传播生活信息、消费信息,直接构成物质生产、经济活动,媒体已经演变为互联网经济时代的产业融合载体,成为信息传播和产业融合创新的"赋能集团"。这种新经济条件下的产业融合、创新、发展,离不开全社会企业乃至消费者个体的参与、生产和创造。尤其是在共享经济中,广大消费者参与已经是基本要素。这正是互联网媒体能够达到传统媒体无法企及的业务边界、规模边界的根本原因。这也是融合媒体需要比传统大众媒体更加宽松的准入规制、产权规制和行为规制的内在原因,这不仅是传媒产业发展的内在要求,也是全社会经济转型、数字经济发展的内在要求。②

另一方面,社会对占据寡头垄断地位的平台型媒体也有加强规制的内在逻辑。从经济效率维度审视,互联网媒体的确体现了市场充分竞争、产业按照市场规律运行的结果,并且已经形成较强的规模效应,可以说较好地体现了"有效竞争"的追求。但是,占据寡头地位的优势互联网企业亦有可能利用垄断地位来排斥竞争、损害全行业的经济效率。为了实现有效竞争,政府仍需要在保持宽松的营商环境的基础上,规制垄断行为,减轻经济壁垒阻碍竞争的不良影响。国际规制理论和规制机构鲜有主张强制分拆互联网媒体以实施反垄断、优化市场结构的案例,而是营造宽松的准入环境,并通过针对性行为规制来控制寡头垄断企业妨碍竞争的行为,通过积极政策培育中小企业的竞争力、创新力。另外,我们还需要从社会效益的角度来审视平台型媒体寡头垄断的市场结构。在互联网传媒属性越来越强、社会影响力越来越大的传播条件下,不仅需要对寡头垄断互联网企业影响社会效益和消费者便利的不良行为进行经济规制,更需要对其采取针对性的社会规制。世界各国往往根据自己的需要采取最合适的规制模式。

---

① 郭全中:《智媒体的特点及其构建》,《新闻与写作》,2016年第3期,第59-62页。
② 易旭明:《媒体融合背景下的中国传媒产业规制转型——基于互联网媒体与电视规制效果比较的视角》,《新闻大学》,2017年第5期,第112-119、111页。

二、自媒体经营管理

海量自媒体在网络空间生产了大量内容和数据,这是新媒体颠覆传统专业媒体机构市场生态和经营格局最典型的现象。如今,专业媒体机构和各类企业、事业和行政机构,以及用户个人都能够生产内容并借助平台传播内容,产生了各种影响,获得了收益,形成新媒体空间最活跃的生产传播现象,为社会组织机构和个人提供了极其广阔的交往空间。

无论我们是否愿意接受,过去由专业媒体主导的大众传播,已经扩展为全民参与的传播,我们进入了一个"万众皆媒"的时代。曾经拥有"无冕之王"美誉的新闻记者,昔日的光环已经褪去,自媒体像海浪一样涌过来,将他们包围。[①]自媒体中的"个人"被激活之后,媒体生态的重构本质上是一场革命。在Web3.0时代,个人碎片化的资源被重新整合并能够进行生产增值和盈利,自媒体生产激励和全社会生产协作形态都因此而发生变革。"互联网大厂搭台,自媒体唱戏",自媒体已经成为全社会最有活力的领域之一。

(一) 自媒体的基本内涵

"自媒体"(WeMedia)这一概念由美国的谢因波曼与克里斯威理斯两位学者提出,他们认为自媒体是普通大众经由数字科技强化与全球知识体系相连之后,开始理解如何提供与分享他们本身的事实、新闻的途径。随着信息技术的发展与信息化程度的提高,BBS(电子公告板系统)、Podcasting(播客)、Blog(博客)、MicroBlog/Weibo(微博)、SNS(社会性网络服务)等自媒体平台大量涌现,私人化、平民化、自主化的传播者们通过这些平台随时随地用文字、声音或图像在互联网上传播信息,信息得到自由随意的传播,自媒体的影响力迅速攀升。[②]由此可见,自媒体是大众借助互联网平台发布自己的见闻、感受和意见等内容的方式,在网络平台有了更强的连接能力后,还提供了更多的生活和生产信息协作服务,从而有了更大的社交价值和经济价值,成为专业媒体机构、社会机构以及个人广泛使用的新媒体形式,其经营管理也逐步由个体自发运营演化到更加专业的经营管理。

作为使用平台媒体传播的内容和服务生产者,自媒体的组织形式大致包括UGC、PUGC和MCN等。UGC并不特指某种具体业务,而是一种用户个人使用网络时下载和上传内容并重的使用方式。UGC的内容表现形式可以是文字、图片、视频、音频或共享文件,这种内容生产模式具有数量巨大、低门槛、成本低、更新速度快等特点。当UGC内容引起广泛关注并具有价值变现潜力时,UGC常常会投入更多的专业资源,应用更多的平台渠道进行传播,PUGC和MCN也就应运而生。PUGC是以UGC形式生产出的相对接近PGC的专业内容,其兼具UGC的个性化特征和PGC的精良制作技巧。国内具有代表性的PUGC传播平台是梨视频。2018年,梨视频有6万名核心拍客。拍客将自行拍摄的新闻上传至该平

---

① 彭兰:《无边界时代的专业性重塑》,《现代传播(中国传媒大学学报)》,2018年第5期,第1-8页。
② 代玉梅:《自媒体的传播学解读》,《新闻与传播研究》,2011年第5期,第4-11、109页。

台,由平台专业编辑以及智能编辑系统进行审核、编辑或二次创作。MCN全称为Multi-Channel Network,直译为多频道网络,这里的频道概念来自YouTube上的内容生产者"You-Tuber"拥有的个人频道,可以等同于国内的自媒体账号。MCN不仅是内容生产传播者,还是内容生产者和平台之间的中介,它将平台上自媒体账号组织起来,在资本系统有力的支持下,保障内容的持续输出,从而实现商业的稳定变现。有些MCN不生产内容,而是将众多力量薄弱的内容生产者聚合起来建立频道,通过资本运作支持生产,帮助内容生产者推广、变现;但也有MCN系统地规划、投资、培养内容生产者,深度介入内容生产、传播与变现过程。

(二)自媒体的目标规划

自媒体经营管理的第一步是进行目标规划。到2021年,我国全职从事自媒体的人数达到370万人,还有数量更为庞大的兼职自媒体从业者,其中包括学生、白领、专家学者、医务工作者、文学爱好者等。目前自媒体内容已经衍生出IP、内容电商、知识付费等形态,形成了庞大的基于内容生态的产业链。[①]尽管海量用户使用自媒体很可能就是纯粹地进行工作生活内容展示、个人社会交往,但是在讨论有更多作为的自媒体经营管理时,首先还是应分析其社会效益目标和经济效益目标。这两种目标决定着自媒体后续的生产投入、资源协作等行为。

符合社会利益、产生不同程度的社会效益是自媒体业务规划的前提。当然,放眼国内国外,自媒体的形式多样,种类丰富,传播目标各有不同,社会效益的体现方式也有一定的差异。自媒体平台宽、门槛低,用户可以即时互动,信息呈裂变式传播,是一种社会文化扩散、建构的动态过程。大量传统专业媒体生产的内容也可以通过自媒体矩阵进行扩散传播,发挥引领主流价值、建构社会认同的作用。总体而言,自媒体多重视发展以用户为核心的个性化内容和服务。

经济效益目标是自媒体持续经营的基础,也是自媒体发展生生不息的动力。自媒体机构应根据市场需求和自身资源条件设置合理的经济效益目标,并确定该目标的实现方式。自媒体常见的收入变现方式包括流量变现、众筹、打赏、电商销售、广告营销等。"网红""KOL(关键意见领袖)""带货博主"的经济变现能力不断刷新着自媒体经济效益的想象空间。许多自媒体具有基于比较优势资源的合理规划,也面向目标受众持续优化产品和服务,这有利于其获得进一步投资,逐步实现商业价值更高的专业化运作。当然,成功的自媒体也是市场竞争、优胜劣汰的结果。

(三)自媒体的内容生产

从内容的前期素材采集到后期制作,自媒体内容生产与专业媒体生产流程没有太大区别,只是投入的各种资源更少,内容生产精致度和专业化程度相对较低,因此,更为倚重独特

---

① 《中国自媒体行业深度分析及发展前景预测报告》,https://www.chinairn.com/hyzx/20230306/104537158.shtml。

的受众定位、内容创意和资源整合。

如果把自媒体的内容生产作为一种知识传播的行为,自媒体内容的知识传播加工处理模式经历了碎片化、结构化和系统化三个阶段。①结构化一方面是对碎片化的理论升华,另一方面则服务于知识的系统化。而碎片化不仅包括知识,还包括应用场景。从一般意义上说,媒体的知识加工转型与其他产业的转型有相似之处,都是从粗加工向精加工和创新研究方向转型。有研究者收集整理了六家热门视频自媒体的接入平台、媒体定位等构成信息,认为热门视频自媒体都是围绕内容产品、关系产品和服务产品来深耕细作的,增强用户黏性的关系产品和提供商业增值的服务产品,是视频自媒体与传统自媒体的真正区别。视频自媒体呈现越来越专业化的趋势,单打独斗的UGC模式将逐步被团队合作的PGC模式取代。②

自媒体内容和服务通常定位比较集中,因此需要在相应领域积累丰富的专业内容资源和传播技术资源,并对垂直内容和服务所需资源进行高效协作管理。

【案例9-1】

李子柒视频:自媒体内容生产的"中国风"

自媒体人李子柒凭借独特且高质量的中国乡村田园生活视频内容,在国内外多个社交平台获得极高评价,成为社会各界瞩目的热点,也通过各种形式的经营带来了丰厚的广告收入和带货收入。

李子柒视频拍摄记录了她在乡村田野日常劳作耕种、与奶奶共同生活的过程,自然展现了当地美丽的自然风光与中式家庭亲情,内容朴实无华,却让国内外网友深切地感受到了中国乡村生活和传统文化。该系列视频对主人公乡间劳作生活内容进行了细致打磨和自然呈现,她种植花草、染布、做饭等视频的点击量都过千万。这种生活环境是当前都市年轻人极为陌生的,而现代生活的紧张节奏又促使年轻人极为向往这种闲适轻松、亲情浓郁的生活氛围。自然和谐的"原生态""慢生活"内容使这一系列视频关注度居高不下。2021年,李子柒的抖音粉丝达5505000万,天猫旗舰店粉丝639万,海外视频网站上订阅量超过1600万,在2019—2021两年多时间里收入超过22亿元③。2024年11月,李子柒账号在停更三年后复更,发布了制作"非遗"漆器作品"紫气东来"等视频,相关话题迅速登顶热搜,全网213余条热搜上榜。3小时内,多平台点赞量均破百万,抖音日涨粉350万,单条视频播放量破亿;微博视频发布6小时播放量即破亿。视频在海外发布后,10分钟就有了超过5000条的评论,当日李子柒YouTube粉丝订阅量破2000万。④

---

① 刘枫、喻国明:《自媒体内容生产与传播未来模式》,《中国出版》,2020年第4期,第21-25页。
② 徐锐、张青:《视频自媒体的内容生产与运营模式探析》,《中国电视》,2016年第7期,第85-88页。
③ 《李子柒IP"价值连城",停更三月后上央视:想有个种满鲜花的院子》,https://baijiahao.baidu.com/s?id=17144051331758196608&wfr=spider&for=pc。
④ 南风窗:《李子柒回归,爽就一个字》,https://mp.weixin.qq.com/s/wBwgQSZEhH5Gthq-ckyTg。

李子柒视频不仅展示生活,还借自己的亲身体验展示了许多中国传统文化。比如有关蜡染技术的一期视频不仅让中国网友更加了解自身传统与历史,也让许多国外网友惊叹中国文化之美。从这一层面而言,李子柒不仅获得了商业成功,也实现了社会效益,展示了中国形象,传播了中国故事。李子柒视频好评如潮,不仅满足了当下年轻人对中国传统文化的需求,也获得了许多官方媒体、国家相关部门的"点赞"。在李子柒视频走红后,越来越多的自媒体博主开始生产并输出各种与中国传统文化或田园生活相关的内容。尽管李子柒自媒体经营经历了种种波折,但其内容创造和经营模式都堪称中国自媒体经典案例之一。

(四)自媒体视觉设计

在海量自媒体的信息空间中,视觉设计对于吸引用户注意力至关重要。视觉设计通过文字、图形、造型等视觉符号向受众群体传播信息,它同时具有设计和传播两种功能。随着数字技术的快速发展,视觉设计的表现空间开始从二维向三维、四维等多维空间发展延伸,表现和传达方式由静态转为更加立体的动态,同时,传播媒介开始由传统媒体向数字化媒体转变。①视觉设计通过视觉效果的冲击力,引起受众群体的注意,进而促进交流,实现信息传达目的。有关心理学调查显示,人类所感知的外界信息80%来自视觉。

自媒体视觉设计注重视觉张力,具有简洁、交互、多样化等特点。

自媒体需要具有视觉张力的图形设计。网络传播是一种包含文字、图像、声音等符号的多媒体信息表达方式。从人们的信息接收习惯来看,图像、声音主要诉诸人们的情感,而文字、语言等主要诉诸人们的理性。在自媒体的视觉设计中,不需要累赘的叙述就可以表达清楚内容,与之相对的是需要使用充满视觉焦点的背景图片甚至色块。

自媒体讲究简化视觉设计。在设计领域,"少即是多"这一原则非常流行,这也适用于自媒体的设计。当然,这里的"少"并不意味着"缺少",而是指简洁、简化,提炼出最本质、最核心的"力"与"美",突出重点,以最基本的要素为中心,实现内容价值的准确表达。

自媒体设计重视人机交互。对于新媒体而言,利用人机交互设计,可以让用户方便地使用信息,快速完成信息传输。自媒体设计应利于受众变被动为主动,积极接受和展示内容,并参与互动。

自媒体设计追求多样化元素呈现。新媒体对信息生产和传播流程的再造,也是受众对信息表现形式的审美追求的改变。在整个信息传递过程中,从信息生产端到各种受众的接收端,不同的信息传播渠道需要不同的媒体视觉设计,使文字、声音、图像、色彩、游戏等媒体元素创造性融合。

(五)自媒体渠道规划

自媒体内容与服务主要通过独立App和大型平台媒体渠道账号进行传播,渠道矩阵管

---

① 杨金衡:《自媒体展示平台的视觉设计研究》,《现代交际》,2017年第10期,第104-105页。

理是其重点管理任务。自媒体渠道矩阵是指自媒体在各种不同的平台媒体上开设系列账号,以到达用户、传播内容、开展服务,有的自媒体也开发了自己的App和网站,从而实现对用户节点的矩阵式覆盖。新媒体机构形成一致对外的新媒体矩阵,能够实现同类信息的多渠道传播,以及不同渠道的多层次"吸粉"效果和最大信息传播效应。①自媒体渠道矩阵需要根据目标用户特征和平台用户一般特征来规划布局,矩阵运营中还需要不断完善和优化,尤其是注意账号之间的关联互动。

我国自媒体常用的新媒体传播平台有微信公众号、微博、头条号、百家号、豆瓣、知乎、简书等,以及抖音、快手、哔哩哔哩和喜马拉雅等视频和音频平台。常见的新媒体矩阵大多由在这些平台上开设的账号组成。自媒体渠道矩阵便是让客户无论到哪一个服务平台,都能见到自己的内容和服务,进而积累更多用户,增强用户黏度。

根据平台和内容两个维度,可以将自媒体渠道矩阵分为三大类型,即平台型矩阵、展现型矩阵和内容型矩阵。②平台型矩阵是指同样的内容发布在不同的平台上,比如以微信公众号为主体平台,将相关内容同步分发到其他辅助平台。其他自媒体平台账号主要是为主体公众号提高曝光度并"吸粉"。展现型矩阵是指同样的内容通过不同的符号展现方式进行传播,其中包括文字、视频、图片、音频等符号,这样就可以用不同的展现方式将内容发布在不同的自媒体平台上。这样的自媒体渠道矩阵可以带来更大的曝光度,并且降低了被各平台消重的可能性。内容型矩阵是指自媒体机构布局的不同平台发布不同的内容,虽然内容不同但高度相关且目标一致,能够从不同角度塑造IP人设。IP人设的统一性是自媒体渠道矩阵形成协同效应的关键因素,统一的人设能带来更强的信任感,吸引更多人关注,从而引导付费转化。

矩阵营销和全渠道营销理论作为运营渠道矩阵开展营销业务的理论,也能为矩阵本身推广营销提供启示。矩阵营销是结合所营销产品的自身优势,有效融合营销内容、方法以及传播方式,形成矩阵式三维立体产品营销策略组合。③这启示自媒体根据自身内容和服务优势来设计多维渠道矩阵,实施针对用户需求的内容生产和互动传播。全渠道营销理论认为,全渠道零售是由于技术与终端升级,消费者形成在全渠道上的特定习惯,由此出现全渠道购买行为,其由信息路径变成了销售路径。④这启示自媒体渠道矩阵传播利用各种平台进行整合式营销,甚至可以线上线下相结合,以扩大影响力。

三、平台型媒体与自媒体生态中的主流媒体变革

平台型媒体与自媒体构成的传播生态很大程度上分流了大众传播渠道的受众注意力,

---

① 陈勇:《报纸新媒体矩阵产品化运营研究》,《中国报业》,2017年第11期,第56-57页。
② 《全网IP经营》,https://baijiahao.baidu.com/s?id=1694556923780023695&wfr=spider&for=pc。
③ 陈炳生:《基于移动平台的特色产品矩阵营销策略研究》,《科技经济市场》,2022年第3期,第149-151页。
④ 李飞:《全渠道零售的含义、成因及对策——再论迎接中国多渠道零售革命风暴》,《北京工商大学学报(社会科学版)》,2013年第2期,第1-11页。

传播渠道困境也意味着舆论引导力下降和市场竞争乏力。尽管我国事业性质主流媒体属于公益事业性质,企业性质主流媒体也有公益属性,但它们和商业媒体一样,必须获得用户关注,并在许多领域参与市场竞争,因此必须积极探索传播渠道、内容生产的融合转型和系统变革。

(一)主流媒体传播渠道的融合转型探索

主流媒体渠道建设,一方面是建设自有平台,另一方面是利用第三方平台开设自己的账号,形成全媒体传播矩阵。全媒体传播矩阵的运营需要在内容和时间两个维度上进行优化。[①]在内容维度上,要在渠道定位差异互补的基础上,高效率地实现内容的精准推送;在时间维度上,要实现对受众离散化和多线程媒介接触行为的即时响应和全时覆盖,且针对不同身份的受众实现择时供给。

1. 打造自有自控的社群传播平台

当今社会,社交传播成为应用最广的传播模式,传媒受众是社群化用户,社群的本质是价值观共同体,是关系的集合体。[②]现代社会社群类型多样,但是地缘社区仍然是一种有巨大吸引力的天然社群,社群用户因能便利地交往互动而具有更紧密协作的潜力。在各地相应行政区域发挥主流价值引领、权威信息发布作用的主流媒体,在建构地方社群方面具有显著优势,其中具有社群象征意义的核心载体通常是媒体自办App。

作为追求认同功能和实用功能的社群传播平台,主流新媒体App应基于价值定位和内容服务产品,设计合理的界面,再造内部组织结构和流程,以容纳更加丰富多元的业务和协作对象。平台界面应充分容纳媒体规划定位内容,同时优化用户在狭小移动终端的使用体验。以主流广电新媒体为例,目前其App多注重突出短视频内容,在用户界面展示新闻、推荐、关注、电视、广播、直播、社区和"我的"个性化空间,标准配置比较完备。但是,如何突出最具竞争力的内容吸引用户,如何在界面设计中充分体现对各方利益的关切并通过持续服务提高用户黏度则是难点所在。

打造社群服务新型平台不仅是业务创新过程,也是组织结构创新过程。还是以主流广电新媒体为例,它们除了传统的采访部门、编辑部门、文艺部门、广告部门,通常还设有大型活动部门、推送运营部门、客户服务部门,并通过制作人整合各种内容生产和经营活动。广电新媒体平台运营还涉及外部合资组织、协作组织和各种松散社群,为了对接这些复杂的外部渠道和业务,广电新媒体纷纷成立MCN,用专业化的全链路运作体系为主播赋能。[③]

新的传播平台往往还需要配备大数据技术系统和数据分析部门,这样才能真正实现信源、采制、传播、反馈的高效连接。例如,金华广电网络技术有限公司就依靠自主可控的"金

[①] 卜彦芳、唐嘉楠:《渠道协同:全媒体传播矩阵的运营优化机制》,《中国广播》,2022年第2期,第11-17页。
[②] 程明、周亚齐:《从流量变现到关系变现:社群经济及其商业模式研究》,《当代传播》,2018年第2期,第68-73页。
[③] 《晋升广电MCN"新一线",腾格里超媒如何打造主播品牌?》,https://m.thepaper.cn/baijiahao_13126217。

彩云"系统打造大数据智库服务平台,探索智能化新闻采集、生产、分发、接收、反馈流程,实施全网信息监测、舆情传播分析、传播效果评估,优化开放式创新协作。许多广电新媒体都通过智慧广电连接政府职能部门、社会机构和用户,借助数字"新基建"带动用户的个性化需求与智能传播新业务,把主流广电平台建设成为智慧城市的用户入口。

但是,主流媒体平台要达到大型商业平台的市场规模难度极大。即使是在主流媒体内容生产占据优势的资讯类App领域,国内主流媒体App的下载与使用量亦不容乐观,在移动App指数综合资讯月度排行榜Top10中无一家境内主流媒体上榜;Top20中,第一财经、财联社、南方+、澎湃新闻、央视新闻、人民日报分别位列第15至20位,装机数量为184万至286万,而Top3资讯应用装机数量为1.65亿至3.29亿。[①]一些新闻资讯聚合的专业性App,如今日头条等,已经在此类市场占据重要地位,具有较为稳定的用户群体和较高的用户忠诚度。"在互联网上,只有第一没有第二",传统媒体进军移动互联网有较大难度,成功案例很少。[②]

2. 整合建构传播渠道矩阵

移动社交时代,新媒体用户往往集中于几个社交平台"大厂",主流新媒体都在整合建设第三方平台账号,充分利用社交平台渠道分发内容、增加用户。"两微一抖"已是新媒体矩阵的标配,头条号、视频号、百家号等平台应用也非常广泛。主流新媒体纷纷建设"1(自有传播平台)+N(第三方平台账号)"传播渠道矩阵。这种传播渠道矩阵也需要针对每个账号定位和目标用户需求进行内容再造。较多主流广电媒体对自有平台视频资源进行创造性拆分编辑,也有媒体原创具有针对性的短视频内容,以满足大规模市场普遍需求和长尾市场小众需求。

新媒体渠道矩阵不仅涉及内容产品传播分发关系,还涉及持续的利益协作关系维护过程。主流新媒体与政府及其职能部门、社交平台、广告商、垂直业务供应链、社群用户等协作对象不是内容发布与使用的简单关系,而是常规联系网络建构、持续协作流程运行、内在利益需求满足、各层价值共创的实质性协作关系。涉及产业供应链诸多主体的垂直内容和服务生产,尤其需要通过稳定的连接渠道和利益共生维系协作关系。

【案例9-2】

浙江日报报业集团——基于互联网的枢纽型传媒集团

浙江日报报业集团(以下简称浙报集团)在平台化转型中,通过梳理用户、技术与产品的关系,探索出了一条互联网枢纽型传媒集团的转型路径。在整体架构上,浙报集团基于新闻传媒、数字娱乐、智慧服务三大平台,建立了强大的内容数据库和用户数据库,从原本单一的信息服务提供者转变为提供多元服务的互联网

---

① 《移动APP指数 月度独立设备数》,https://index.iresearch.com.cn/new/#/app/list?cId=1&csId=0。
② 许同文:《媒体平台与平台型媒体:移动互联网时代媒体转型的进路》,《新闻界》,2015年第13期,第47-52页。

枢纽型传媒集团。

首先,在用户方面,浙报集团始终坚持"用户是平台核心"的原则,不断拓展自身的用户入口。在实践中,浙报集团获取用户的途径主要有三种:一是通过"浙江新闻"移动客户端实现了浙江省11座地级城市的全覆盖,将报纸受众转化为互联网用户;二是通过承接浙江政务服务网的运营,建立了以政务为主体、服务为主线,全省统一架构、五级联动的新型电子政务平台,积累了1800余万政务服务用户的数据;三是通过收购杭州边锋和上海浩方公司,获取了3亿注册用户。

其次,在产品方面,浙报集团坚持以"产品体现平台功能"为原则,通过提供不同类型的产品和服务不断扩大用户规模,增强用户黏性,完成用户价值变现。具体而言,浙报集团三大平台中的新闻传媒平台所提供的新闻内容主要具有吸引用户、增强用户黏性的功能,而最终实现用户价值变现的则是提供一系列付费内容和智慧服务的数字娱乐平台和智慧服务平台。

最后,在技术方面,浙报集团以"技术驱动平台发展"为原则,在平台化转型初期打造了"媒立方"中央厨房,使平台具备统一采集、多种生成、多元分发的能力。随后在"媒立方"二期工程中,浙报集团重点开发基于媒体大数据的智能服务,并为全省媒体和其他机构提供云服务,实现了将中央厨房升级为云平台"天目云"的目标。浙报集团还依托技术优势,在2017年打造了华东地区最大的单体数据中心。

(二)主流媒体内容生产的融合创新探索

主流媒体内容生产融合创新的核心环节除了传播渠道还有内容生产。以当下网络用户使用时长最多的短视频内容为例,其内容创新不但是方法创新,而且是基于"用户中心"理念的题材、风格和垂直服务的组合创新。

节庆仪式、社会热点、温情民生、文娱类短视频题材关注度高。在短视频碎片化信息空间里,什么题材最能够提供用户所需的权威共识感、认同归属感、社会存在感、生产生活便利感?从央视新闻、大象新闻、湖北广电、看看新闻Knews等颇具代表性的主流广电新媒体抖音号内容中,我们可以发现一些规律。节庆仪式、社会热点、温情民生内容在2023年春节前后30天排行榜中占据了特别重要的地位,如央视新闻抖音号2023春节期间月度视频排行榜上,Top5中有两条是习近平总书记春节慰问的题材,其中《习近平视频连线社会福利院:一定要让老人们有个幸福的晚年》时长只有1分12秒,却获得点赞204.0万次、评论8.8万条,平均互动率4.71%,涉及新年快乐、爱心、祖国、繁荣昌盛、主席、谢谢等评论热词;另一条习近平总书记新春祝福短视频平均互动率4.88%,年龄为18~40岁的互动用户占76.44%。这些内容凝聚了浓厚的节庆仪式感,同时承载着以民为本、为民服务的主流价值观。社会热点是用户了解社会、维系个体与社会关系的信息资源,有广泛的用户需求。呈现受众日常生活状态的民生新闻也是重要的新闻类型,河南广播电视台旗下的大象新闻抖音账号以充满温情和正能量的民生新闻获得受众的高度关注,其短视频《六旬脑梗父亲摔倒,儿子飞奔过去护住头部》《烧烤店一女子被男子持刀锁喉,店主奋不顾身徒手夺刀:没想那么多》等均获得200万以上点赞数。这些带有亲情温情或见义勇为的内容渗透了中国文化核心价值观念,建构了市场化社会最具人文关怀的社会共识。其他时政类、国际类、文化娱乐类的热点新闻也是用户需求之所在,东方卫视新闻团队和上海广播电视台新闻团队联合打造的看看新闻Knews抖音号聚焦国际新闻,湖北广电的经视直播和湖北卫视抖音号关注各类热点新闻,均获得了很高的关注度。对主流媒体短视频而言,跟进突发新闻,提升舆论引导力,抓住节庆仪式题材、社会热点题材、温情民生题材进行内容策划,仍是最为有效的传播策略。

"微叙事""闪制作""举重若轻"的短视频风格吸引力强。与传统大屏电视叙事不同,移动化场景、碎片化时间的短视频平台,形成了极其简短、亮点突出、情感渲染、人物主导、故事戏剧化的"微叙事"特征。短视频因为短,几乎没有时间呈现起承转合、铺垫发展,开局就是核心和高潮。重要信息第一触点推出,核心信息在一个画面内几乎全部呈现,在不多的几个画面中,快捷高效地展现人物、事件及冲突并形成高潮、亮点。短视频的标题、字幕、背景音乐、节奏、表情包、画面结构等制作风格,往往服务于"秒杀""吸睛"的叙事需要,内容信息节奏、画面视觉节奏和音乐音响节奏都成为吸引和刺激注意力的传播元素,颇似"快闪"节奏制作风格。应该说,单条碎片化、极浅化的新闻表达并不利于用户理性把握信息,所以真正负责的主流媒体往往会通过组合视频、组合账号来呈现更加全面的内容矩阵,对重要的新闻也会以相对较长的篇幅但尽量快节奏的方式呈现重要信息,关切用户情感需求,将硬新闻和暖评论结合,体现广电媒体短视频应有的价值。主流媒体重大、重要、重量级新闻本身之"重",正是吸引受众的"硬核",但也需要注重"重"新闻内容的"轻包装",采用轻松、轻快、轻盈的表现风格,突出亮点,还应结合时下热点,用热词、蹭热度。①

原生内容与垂直营销服务短视频市场前景广阔。传统媒体长期采用内容、广告"二次销售"模式,用户以收看广告为成本来观看内容。但是社交媒体时代,广告和内容可以有机结合,用户可以为了消费决策而自愿观看广告营销内容、参与互动咨询。2021年,中国网络广告中所占份额最大的正是电商广告(占比40.3%)和信息流广告(占比36.3%),传统贴片广告只占2.0%。"内容就是营销、营销就是内容"的原生广告内容,以及在许多专业领域的垂直服务内容,已经成为主流新媒体内容生产和经营创新潜力最大的领域。原生广告传播讲究位置原生、形式原生、内容原生,在内容创造中体现实用性、趣味性或相关性,带给用户价值。信息流广告作为典型原生广告,就是在社交媒体平台上针对用户特点和偏好,在社交媒体信息流中进行精准营销信息的智能推广。垂直服务内容深入人们生产生活各个领域,极大地延伸了传媒产业链,已成为许多媒体着力拓展的新领域。

平台型媒体和自媒体等对专业媒体机构形成一定的挑战,但也为专业媒体机构的内容生产和传播提供了新的机遇。主流媒体和商业性质的平台媒体、自媒体正在逐渐演化形成一种服务用户的新型传媒生态。

---

① 易旭明:《主流媒体新闻短视频运营探析》,《电视研究》,2019年第10期,第63-65页。

【案例9-3】

闵行融媒体中心的内容生产与综合服务

作为覆盖范围不大的区县融媒体中心,如何在自有平台和自媒体矩阵渠道提供导向与服务,才能真正实现社区性质新型主流媒体的不可替代的价值?闵行融媒体中心是全国未成年人思想道德建设工作先进单位、全国新闻出版广播影视系统先进集体,其客户端"今日闵行"也被中宣部推选为全国7个示范县级融媒体中心客户端之一,闵行融媒体中心以自有渠道和社交媒体平台账号建设传播矩阵,在内容制作和综合服务方面都体现了"在服务中引导""在服务中管理""在服务中发展"的基层主流媒体运营理念。

在渠道建设方面,闵行融媒体中心和许多区县融媒体中心一样,搭建了自有客户端,以客户端为核心,结合微信公众号、视频号、微博等社交平台的自媒体账号矩阵进行互动传播,还充分发掘了数字电视、数字广播、数字报纸这些自有渠道的仪式功能和实用功能。更重要的是,闵行融媒体中心以"为他人做嫁衣裳"的服务意识,发挥主流媒体专业精神,赋予常见的社群渠道矩阵"服务用户"的价值,同时也获得了自身的存在价值与发展空间。截至2024年10月,"今日闵行"客户端总下载量345.5万,装机量73.8万,注册用户52.7万;"今日闵行"微信公众号用户129.1万;"今日闵行"微博总粉丝数达到46.6万;"今日闵行"抖音粉丝量达到39.2万。

1.为区内区外用户提供力所能及的贴心服务

打开"今日闵行"客户端,用户首先看到的是全闵预约(含体育场馆预约、学校体锻场地预约、宝宝屋预约、洗车预约等服务)、预约挂号、哈啰单车、养老服务以及政务服务、教育服务、物业服务直通车等;此外,还有"爱眼几何 近视防控""一家亲""'追梦'2024魅力闵行摄影艺术作品展""2024街镇(工业区书记访谈)""律师看法"等和区内居民密切相关的互动式服务,以及本地区生活服务信息、新闻。即便是节假日,这些服务仍然正常提供,新闻和服务性质的信息发布仍然很规范且及时。

2.服务中心宣传工作,全面挺进"主战场"

闵行融媒体中心以不断优化新闻宣传产品供给结构为目标,进一步加强短视频创作和主题报道采写。2023年微信总阅读数6385万,总发稿数10470篇,原创率74%。2022年上半年的新冠疫情防控报道中,闵行融媒体中心打造了具有影响力的短视频《战役日记》。系列视频采制近160期,其中,被中央媒体及客户端转编播发录用的视频约80条,被上海电视台各档新闻栏目录用的视频约250条。这一系列视频记录"战疫"过程中每个阶段所采取的措施和对应的人文、故事、温暖等,讲述每个节点和变化中,社会、社区、不同人群的"战役"故事。闵行融媒体中心还在《战役日记》的基础上,推出"蓝莓"视频号品牌。"蓝莓"视频号策划了"十日谈"

"边走边看"等系列视频,聚焦关注区域内十大行业在疫情之后的经济复苏情况,挖掘企业破解困境的方法。"边走边看"系列内容覆盖体育、高考、宠物、民生、文化、经济发展等多个方面。

3. 为职能部门提供服务

区县融媒体中心资源有限,因此,只有和区县职能部门有效协作才能真正为用户提供服务。现实中,各个职能部门都有自身的服务任务,也有相应的新媒体服务渠道,闵行融媒体中心秉承"为他人做嫁衣裳"的服务理念,为职能部门更好地服务群众而服务,并且为职能部门做好宣传,这种"赋能""服务"定位赢得了职能部门的协作,它们共同为群众服务,并在服务中实现了对群众的舆论引导,也在服务中真正实现了对党和政府政策的宣传。

关键词

平台型媒体;自媒体;短视频;平台界面;用户管理;社群;渠道矩阵;社区媒体。

复习思考题

1. 平台型媒体如何在传播渠道和内容生产方面彻底颠覆了专业大众媒体的传播模式?

2. 海量自媒体用户生产的内容对主流媒体内容生产形成了怎样的挑战?主流媒体正在探索怎样的内容生产融合转型路径?

职能管理

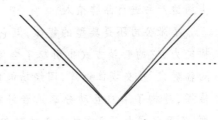

第十章 新媒体营销公关管理

◆ **学习目标**

1. 熟悉新媒体营销管理前沿现象；
2. 理解新媒体营销管理的主要理论；
3. 能够运用相关理论进行案例分析。

◆ **案例导入**

各类新媒体的强势营销公关

在信息冗余的环境中，新媒体市场竞争空前激烈，各类提供内容产品和垂直服务的新媒体都投入资源进行营销公关。

湖南广播影视集团有限公司"内容＋"全域营销屡屡出圈。2023年11月11日，湖南卫视、芒果TV、金鹰卡通与小芒电商这芒果四平台以"驷马难追·芒果和TA的朋友们建群大会"为主题举办联合招商会，发布了重点综艺超100档，重点电视剧80部以及动画、晚会等内容，在"双十一"这天，将旗下品牌和产品打包呈现给现场数百位"金主"，打出了一套营销组合拳，获得了极大的反响。《歌手2024》开播1分钟便登顶热搜第一，节目首播收视"四网断层第一"，节目播出以来五期全网热搜累计高达8418个，全网热搜413个，芒果TV站内点播连续五期首日破亿。国家广电总局都点赞《歌手2024》创当年省级卫视常播文艺节目收视新高，拉动用户回流；《乘风2024》也因文化交流价值，在中法建交60周年之际获得法国时任总理加布里埃尔·阿塔尔通送上的祝福。①

小红书作为社交电商媒体也依托强势的大众媒体，结合自身业务进行市

---

① 《芒果四平台"建群"扩容，以全新生态扩大内容与营销"朋友圈"》, https://baijiahao.baidu.com/s?id=1782355543887140523&wfr=spider&for=pc；《〈歌手2024〉第二轮揭榜赛收视断层第一》, https://mp.weixin.qq.com/s/30n_5wvh4VwfH28S6UydOw；《法国总理阿塔尔寄语〈乘风2024〉：让中法友谊得以体现》, https://m.voc.com.cn/xhn/news/202405/20006632.html。

场营销。2024年龙年春晚,小红书和演员一起实时看、实时聊,合作直播总曝光超10亿、观看量超2700万,直播间用户互动次数超1.7亿。小红书首创边买边看的电商直播模式,直播间同步推出春晚明星同款单品链接,引导用户回到直播间或在站内完成"春晚同款"下单的闭环;线下也将广告宣传铺至下沉市场,并利用各类周边产品进行品牌植入。

小米公司不是典型的媒体,但它超百亿的巨额广告收入展示了强大的媒体传播能力,它的营销方式也引起了媒体行业的高度关注。小米公司建立了"多重中心辐射式"社交媒体矩阵,围绕功能价值、情感价值和精神价值进行品牌价值内容传播,建构了用户互动分享消费社群。2024年3月小米汽车发布的反响更是热烈,连互联网大厂京东的老总刘强东都说"不要和雷军比营销"[①]。

新媒体机构既是各行各业开展市场营销和公关维护的工具,也是为实现自身经营管理目标而实施营销和公关的主体。在产能过剩、信息冗余、竞争激烈的买方市场,营销既是一种竞争取胜手段,也是一种面向市场需求实施经营管理的基本理念。相关营销和公关理论可以帮助我们理解包括新媒体在内的各种企业营销和公关现象,指导相关管理实践,也有助于我们理解市场营销和公关管理过程中新媒体作为传播工具的管理方法。

一、营销管理理论概述

市场营销无处不在。人们可以从电子屏幕、报纸杂志以及各种场景的广告中看到市场营销,可以从琳琅满目的超市货架排列中看到市场营销,也可以从街头发放的宣传单看到市场营销,更可以从各种新媒体几乎无处不在的广告信息和智能推送中体验到市场营销。市场营销是一种管理科学,也是一门创意艺术。

新媒体经营离不开营销管理,尽管随着社会环境的变化,新的营销方式层出不穷,但企业开展营销活动的根本目的并没有改变,即通过合理的营销策略吸引消费者的注意,满足消费者的需求,激发消费者的购买欲望,最终实现自身经济效益的提高,并同时实现一定的社会效益。

(一)市场营销的定义

享有"现代营销学之父"美誉的学者菲利普·科特勒在其著作《营销管理》中指出,市场营销是指以与组织目标相一致的方式识别并满足人类与社会的需求。该书也援引了美国市场营销协会2020年对市场营销的定义,即"市场营销是创造、沟通、传递和交换对消费者、客户、合作伙伴乃至整个社会有价值的产品的一种活动、制度和过程"。营销管理是选择目标

---

① 《刘强东:不要和雷军比营销,把手机卖几百亿出去,绝对不是一般人》,https://baijiahao.baidu.com/s?id=1794775280591172685&wfr=spider&for=pc。

市场并通过创造、传递和传播卓越的顾客价值,来获取、维持和增加消费者的艺术和科学。①

加里·阿姆斯特朗与菲利普·科特勒、王永贵的共同著作则更强调"为顾客创造价值",认为市场营销是企业为消费者创造价值并与之建立牢固的关系,进而从消费者那里获得价值作为回报的过程。②在这个过程中,企业首先需要通过一定的战略布局、方案设计以及策略的实施来为消费者创造价值并与之建立关系,然后再从消费者那里获得价值回报。这个定义显然更加突出企业视角的市场营销过程及其内在逻辑。

市场营销定义随着社会环境的变迁和人们理解的深化也经历了持续演变的过程。1935年,美国市场营销协会的前身之一——美国营销教师协会将市场营销定义为"引导产品或劳务从生产者流向消费者的企业营销活动"。1960年,美国市场营销协会重新审视了这一定义,但决定不对其做任何修改。这一版的定义从企业视角阐述了市场营销是过程营销,是"连接生产领域和消费领域的流通领域中所从事的各种商务活动……但仍不能全面概括和准确表达现代企业营销活动的全过程"③。随着市场营销大环境发生重大变化,美国市场营销协会于1985年对该定义做出第一次修订,指出市场营销是对思想、产品及劳务进行设计、定价、促销及分销的计划和实施的过程,从而产生实现个人和组织目标的交换。该定义仍是从企业视角出发,但市场营销的客体从"产品或劳务"发展为"思想、产品及劳务",而"交换"成为市场营销的最终目标。这一定义不再是推销观念的再现,而是展现出现代市场营销观念。此后,市场营销学进入快速发展时期,新的营销观点和理论层出不穷,在20世纪60年代提出的经典4P营销理论基础上发展出6P营销理论、10P营销理论、4C营销理论、4R营销理论、4V营销理论等。

(二)营销观念的演变

市场营销定义的发展和实践也反映了市场营销观念的演变。菲利普·科特勒和凯文·莱恩·凯勒认为市场营销观念的演变经历了生产、产品、推销、市场营销和社会营销观念这几个阶段,体现了从以产品为中心的推销理念到以消费者为中心的营销理念的演变(见图10-1)。④

---

① 菲利普·科特勒、凯文·莱恩·凯勒、亚历山大·切尔内夫:《营销管理(第16版)》,陆雄文、蒋青云、赵伟韬等译,中信出版社集团,2022年,第4页。
② 加里·阿姆斯特朗、菲利普·科特勒、王永贵:《市场营销学》(第12版全球版·中国版),王永贵、郑孝莹等译,中国人民大学出版社,2017年,第6页。
③ 雷祺、刘晓梅:《浅谈AMA关于市场营销定义的演变》,《市场营销导刊》,2009年第2期,第43-46页。
④ 菲利普·科特勒、凯文·莱恩·凯勒:《营销管理(第15版)》,何佳讯、于洪彦、牛永革等译,格致出版社,2016年,第13-20页;加里·阿姆斯特朗、菲利普·科特勒、王永贵:《市场营销学》(第12版,中国版),王永贵、郑孝莹等译,中国人民大学出版社,2017年,第12-15页。

图 10-1 市场营销观念的演变

1. 生产观念

生产观念是指导企业营销行为的最古老的观念之一。这种观念认为消费者更喜欢购买方式便利且价格低廉的产品,生产企业管理者会集中精力实现高效率、低成本和大规模分销。

2. 产品观念

产品观念认为消费者青睐质量好、性能好且具有创新性的产品。因此,企业应不断对产品进行改进。不过,管理者有时会过于喜爱自己的产品,以至于陷入"更好的捕鼠器"谬误①之中。然而,一个新的或者改进的产品并不一定会卖得很好,除非它被恰当地定价、分销、宣传和销售。

3. 推销观念

推销观念认为,除非企业采用大规模的推销和促销活动,否则消费者不会购买足够的产品。推销观念在消费者通常情况下不会购买的产品的营销中运用较多,比如保险产品;此外,当企业产能过剩而不得不销售非市场所需的产品时,也会诉诸推销观念。同样,基于硬性推销的营销是有风险的,它注重的是促成买卖,但并不在意与消费者建立长期可获利的关系。

4. 市场营销观念

市场营销观念认为,组织目标的实现有赖于对目标市场需要和欲望的正确判断,并且会用较之竞争者更有效的方法来满足消费者的需求。不同于以产品为中心的"制造和推销"理念,市场营销观念是以顾客为中心的"感知和反映"理念。企业的工作不是为产品找到合适的消费者,而是为消费者找到合适的产品。

5. 社会营销观念

社会营销观念认为,营销战略应以一种能够同时维持或增强消费者福利和社会福祉的方式向消费者提供价值。它唤起了人们对可持续营销的需要,是一种对社会和环境负责的营销方式,既可以满足消费者和企业的现有需求,也可以保存或者提高满足消费者和企业未

---

① "更好的捕鼠器"谬误是指捕鼠器生产者致力于生产更高性能的捕鼠器产品,而对于潜在消费者来说,他们并没有"老鼠"。

来需求的能力。

菲利普·科特勒及其合作者还论述了从"营销1.0"到"营销4.0"的营销观念,深化了人们对市场营销观念的理解。如果说以产品为中心的工业化时代的营销是营销1.0,这个时期的产品通常比较初级,它被生产出来的目的就是满足大众市场的需求;那么,以消费者为中心的营销则是营销2.0,此阶段营销的核心技术是信息科技,企业会向消费者传递情感与形象,比如宝洁公司会开发出几千种不同档次、各有针对性的日化产品来满足不同消费者的需求。[1]菲利普·科特勒及其合作者相信,当今社会的消费者希望营销人员将他们看作完整的人类,并承认他们的需求超出了单纯的消费主义。因此,成功的市场营销是通过其人性或情感因素脱颖而出的,这种以人文价值驱动的营销思维第三次浪潮被称为营销3.0,它让人们超越了过去以产品为中心和以消费者为中心的营销模式。营销3.0的中心趋势是更多的消费者参与和协同营销。[2]菲利普·科特勒等人根据数字媒体环境、营销环境的变化,在提出营销3.0概念后不久又提出了营销4.0理论,认为在高度"连通性"的数字时代,基于具有人文关怀的品牌并且通过了解(aware)、吸引(appeal)、问询(ask)、行动(act)和拥护(advocate)这"5A"关键触点的信息互动传播,可以优化参与者的"连通性",提高营销传播效果。[3]营销4.0时代也形成了新的用户购买路径、营销生产力指标、四种产业原型及对应的营销手段。

(三) 4P营销理论

1. 传统4P营销理论

4P营销理论是当代市场营销学研究领域的经典理论之一,其于1960年由著名营销学家、美国密歇根大学教授杰罗姆·麦卡锡在他的著作《基础营销学》一书中正式提出。该理论将多样化的营销活动总结为包含四种大类的营销组合——产品(product)、价格(price)、渠道(place)、促销(promotion),即4P。该理论建构了传统市场营销策略的基本框架。对于营销实践者而言,它将错综复杂的营销活动概括为四个简单明了、易于掌握的可控因素,为营销管理与规划提供了系统方法;对于营销学者而言,4P营销理论不仅让研究思路变得更加明晰统一,而且作为一种实用工具为营销教学提供了便利。[4]

(1) 产品

产品是最基本的营销工具,也是一切营销行为的基点。它通常是企业提供给目标市场的有形物品和服务的集合,不仅包括产品的效用质量、外观、式样、品牌、规格和包装,还包括

---

[1] 王赛:《营销4.0:从传统到数字,营销的"变"与"不变"——"现代营销学之父"菲利普·科特勒专访》,《清华管理评论》,2017年第3期,第60-64页。
[2] 菲利普·科特勒、凯文·莱恩·凯勒:《营销管理(第15版)》,佳讯、于洪彦、牛永革等译,格致出版社,2016年,第15页。
[3] 菲利普·科特勒、何麻温·卡塔加雅、伊万·塞蒂亚万:《营销革命4.0:从传统到数字》,王赛译,机械工业出版社,2021年,第49-54页。
[4] 吴长顺、朱玲:《营销组合4P范式的不可替代性》,《科技管理研究》,2007年第6期,第215-217、227页。

服务和保证等因素。①一般来说,各个企业在新产品上市时经常会通过各种渠道进行产品营销,介绍产品特征,突出产品优势。

(2) 价格

价格是指企业出售产品所追求的经济回报,包括价目表价格、折扣、折让、支付方式和信用条件等。价格实质上是市场这只"看不见的手"的关键力量,一定程度上可以说价格对消费者购买行为和市场资源配置发挥着决定性作用。有的新媒体产品是作为标明价格的付费产品进行交易,有的则是免费甚至补贴费用以鼓励消费,这其实也是某种形式的价格策略。企业往往会通过其他关联产品或在其他时段激励消费者支付相应价格来获得利润。

(3) 渠道

渠道是指企业为使目标消费者接近或得到其产品而进行的各种活动,包括途径、环节、场所、仓储、运输等。②新媒体为企业市场营销提供了空前丰富的在线渠道,对线下门店、柜台的销售渠道形成了强大的互补和替代作用。

(4) 促销

促销是指企业将其产品告知目标消费者并说服其购买而进行的各种活动,它要求企业雇佣、培训和激励营销人员,制订传播和促销计划,具体包括广告、公共关系、直接营销和网络营销等活动。生活中,大商场促销活动频繁,如今网络直播带货更是使得促销活动变得触手可及。

2. 4P营销理论的更新

4P营销理论应用广泛,科特勒和凯勒进一步对4P营销理论中的每个"P"所包含的变量因素进行了总结,如图10-2所示③。

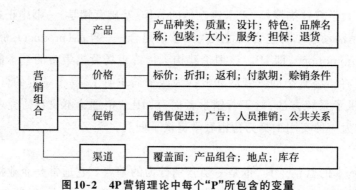

图10-2 4P营销理论中每个"P"所包含的变量

科特勒和凯勒也指出,老的4P已不再是市场营销的全部,从而将其更新为一个更具代表性的营销组合。更新后的4P是:人员(people)、流程(process)、方案(programs)、绩效(performance)(见图10-3)。其中,人员在一定程度上反映了内部营销和雇员是市场成功关键因

---

① 魏中龙:《营销组合理论的发展与评析》,《北京工商大学学报(社会科学版)》,2006年第5期,第57-61页。
② 魏中龙:《营销组合理论的发展与评析》,《北京工商大学学报(社会科学版)》,2006年第5期,第57-61页。
③ 菲利普·科特勒、凯文·莱恩·凯勒:《营销管理(第15版)》,佳讯、于洪彦、牛永革等译,格致出版社,2016年,第24页。

素的事实。流程反映了营销管理过程中的创造力、纪律和结构。方案反映了企业所有消费者导向的活动,包括旧的4P,也包括很多也许不那么符合市场营销旧观念的其他营销活动。绩效的提出是为了覆盖可能产生财务和非财务影响(如盈利能力、品牌和客户资产)以及超越企业本身的影响(社会责任、法律、道德和环境)的全部结果衡量指标。科特勒认为,新4P可以适用于企业内部所有的管理纪律,并且,以新4P的思维来思考,管理人员可以更紧密地与企业其他人员联系在一起。①

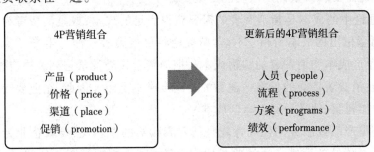

图10-3　4P营销组合的更新

3. 4A营销理论

4A营销理论被视为4P营销理论的补充。心理学家杰格迪什·谢思和拉詹德拉·西索迪亚指出,营销失败的很大一部分原因是不知道消费者背后的真正驱动力而造成管理不善。他们认为,消费者的认知是通往成功更为可靠的路径,于是提出以消费者为中心的营销管理框架。该框架强调了最重要的消费者价值,即可接受性(acceptability)、支付能力(affordability)、可达性(accessibility)、知晓度(awareness),这就是4A营销理论的四要素。其中,可接受性是企业所提供的产品超出消费者期望的程度;支付能力是目标市场的消费者有能力并愿意购买产品的程度(包括经济维度和心理维度);可达性是消费者能够方便地获取产品的程度(包括可得性维度和便利性维度);知晓度是消费者了解产品特征并能被说服去购买以及被提醒再次购买的程度(包括品牌知晓维度和产品知识维度)。4P中的产品主要影响可接受性,价格主要影响支付能力,渠道主要影响可达性,促销主要影响知晓度,如此,4A营销理论就和4P营销理论联系了起来。②

(四) 4C营销理论

如果说4P营销理论是从企业的角度出发,为营销者提供了一个营销工具,那么4C营销理论则是从消费者的角度出发,强调满足消费者的需求并使消费者满意。

4C营销理论由美国营销学家罗伯特·劳特朋提出。1990年,他在《广告年代》上发表《4P

---

① 菲利普·科特勒、凯文·莱恩·凯勒:《营销管理(第15版)》,佳讯、于洪彦、牛永革等译,格致出版社,2016年,第24页。
② 菲利普·科特勒、凯文·莱恩·凯勒:《营销管理(第15版)》,佳讯、于洪彦、牛永革等译,格致出版社,2016年,第25页。

退休,4C登场》一文,提出4C营销组合范式,之后又在与唐·E.舒尔茨等人合著的《整合营销传播》一书中,再次强化了用4C取代4P的观点。① 4C营销组合包括消费者的需要和欲望(customer needs and wants)、消费者为满足其需求愿意付出的成本(cost)、消费者获得产品或服务的便利性(convenience)、与消费者进行双向沟通(communication)。②

消费者的需要和欲望强调创造以消费者为核心,强调创造消费者比开发产品更重要,强调满足消费者的需要和欲望比产品功能更重要。

4C营销理论中的成本是指消费者的需要获得满足的成本,或是消费者为满足自己的需要和欲望而愿意付出的成本价格。4C营销理论将价格因素延伸为生产经营全过程的成本(包括企业的生产成本和消费者的购物成本),把消费者接受的价格列为决定性因素,认为新的定价模式为:消费者接受的价格－适当的利润＝成本上限。因此,企业要在消费者接受的价格限度内增加利润,就必须努力降低成本。

消费者获得产品或服务的便利性就是消费者购买的便利性,要求企业为消费者提供全方位的服务。与传统的营销渠道策略相比,4C营销理论更重视服务环节,强调企业既出售产品,也出售服务;消费者既能购买到商品,也能购买到便利服务。

4C营销理论强调企业与消费者的双向沟通,要求企业以积极的方式适应消费者的情感和欲求,建立基于共同利益之上的新型企业-消费者关系。企业营销不仅仅是对消费者做出承诺、单向劝导消费者,更重要的是沟通信息、融合感情,培养忠诚的消费者群体。

4C营销理论的支持者认为,该理论强调重视消费者导向,从对企业经营者的研究全面转向对消费者的关注,是营销学发展的一大突破;同时,消费者的需求进一步呈现多样化、个性化的趋势。③

(五) 4R营销理论和4V营销理论

随着社会进步和经济发展,4R营销理论、4V营销理论也应运而生。

关于4R营销理论,有以下两种表述:一种是美国营销学家唐·E.舒尔兹在20世纪90年代提出的,包括关联(relevancy)、反应(respond)、关系(relation)、回报(return),强调企业与消费者关联互动、对消费者的要求做出快速反应、与消费者建立良好的互惠关系,最终归结于期望消费者给企业以货币、信任、支持、赞誉、合作、忠诚等物质和精神的回报,为企业赢得利益;另一种是美国学者艾略特·艾登伯格2001年在其著作《4R营销》中提出的,包括关系(relationship)、节省(retrenchment)、关联(relevancy)、报酬(reward),强调企业通过为消费者提供全方位优质服务,使消费者拥有更独特和愉悦的消费经历,从而建立与目标市场之间的独特关系,还强调通过技术和便利服务为消费者节省时间,通过专业和商品两种核心能力来使企业品牌资产与主要购买动机相联系,最终为消费者提供品位和时间方面的回报,即将企业

---

① 吴长顺、朱玲:《营销组合4P范式的不可替代性》,《科技管理研究》,2007年第6期,第215-217、227页。
② 魏中龙:《营销组合理论的发展与评析》,《北京工商大学学报(社会科学版)》,2006年第5期,第57-61页。
③ 吴长顺、朱玲:《营销组合4P范式的不可替代性》,《科技管理研究》,2007年第6期,第215-217、227页。

品牌与顾客追求的有品位的生活方式联系在一起,使消费者感觉使用企业的品牌所需的时间是有价值的。①

高科技企业、高技术产品与服务带来了全新的营销观念和方式,我国学者吴金明由此提出了4V营销理论,包括差异化(variation)、功能化(versatility)、附加价值(value)、共鸣(vibration)。该理论强调企业高水平差异化产品与营销、根据消费者消费要求实施功能弹性化、为消费者提供高附加价值,从而实现消费者价值最大化与企业利润最大化。②

上述各种营销理论并不是对立或替代关系,而是相辅相成的互补关系或传承发展关系。这些营销理论在市场营销实践中发挥着重要的作用,许多营销理论知识在新媒体营销时代也并未过时,只不过在新媒体营销平台实践传统营销理论时,需要根据媒介特点进行优化改进。

二、新媒体品牌营销

在产品过剩、创意迭出的时代,品牌成为企业及其产品脱颖而出的关键,新媒体品牌亦是如此。品牌有助于识别产品的制造商,并要求制造商或分销商对品牌表现负责。品牌的成长离不开营销传播,同时品牌营销传播也是企业市场营销中最重要的组成部分。

(一)新媒体品牌的概念

一般认为,品牌是一个产品或组织的名称、标志或商标。③美国市场营销协会则将品牌定义为"一个名称、术语、标志、符号或设计,或者是它们的组合,用来识别某个销售商或某一群销售商的产品或服务,并使其与竞争者的产品或服务区分开来"④。

品牌的价值远远不只是一个名称和符号,它代表着企业对其产品质量和功能、服务的承诺,也意味着消费者对企业产品的差异化特征了解、消费体验感知和消费忠诚建立。品牌也是企业的知识产权,是企业组织最有价值的无形资产之一。进而言之,品牌是一个企业乃至一个国家竞争力的综合表征,昭示着供给结构和需求结构的升级方向。品牌最初只是作为产品的一个差异化标志,目的在于区别市场中的同类或相近产品;但随着产品的多样化和市场的复杂化,品牌不断被赋予精神和物质价值内涵,并以差异化的视觉方式形成稳定的消费者认知结构,为消费者带来功能、情感和心理上的价值和利益,同时也服务于企业的市场营销。品牌竞争已成为高阶而综合的市场竞争领域。

总而言之,品牌是一种符号的传播,它通过提升消费者认知而实现自身价值,是能够为

---

① 魏中龙:《营销组合理论的发展与评析》,《北京工商大学学报(社会科学版)》,2006年第5期,第57-61页。
② 吴金明:《新经济时代的"4V"营销组合》,《中国工业经济》,2001年第6期,第70-75页。
③ 唐E.舒尔茨、贝茨E.巴斯恩、海蒂·舒尔茨等:《重塑消费者-品牌关系》,沈虹、郭嘉、王维维等译,机械工业出版社,2015年,第10页。
④ 菲利普·科特勒、凯文·莱恩·凯勒、亚历山大·切尔内夫:《营销管理(第16版)》,陆雄文、蒋青云、赵伟韬等译,中信出版集团,2022年,第278页。

品牌主带来增值的无形资产。它以感性认知(名称、术语、象征、符号、设计)激发消费者的兴趣,以理性认知(品牌理念、文化、价值观等)构筑消费者的品牌态度,通过品牌传播实践来实现品牌与消费者的价值沟通。品牌理念和品牌文化等核心价值的传达,能够影响消费者的态度,最终实现品牌传播的价值整合。①

新媒体品牌可以理解为新媒体企业所提供的产品及抽象符号在消费者心目中的认知体验、品质评价和商业价值,是包含新媒体的标志、名称、风格、结构、包装等在内的消费者认知的总和。传统品牌理论比较重视产品和企业,现代品牌理论更加重视消费者和品牌与消费者之间的关系,这对新媒体品牌营销和运用新媒体作为营销工具具有重要启示。

(二)新媒体品牌的构成要素

品牌是消费者对企业或产品的属性及个性价值的综合感受,通常可以概括为知名度、属性、利益、形象、思考、感情、态度和经验这八大要素。对这些构成要素进行分析,有助于包括新媒体在内的各种企业理解并实施品牌建设。

知名度即消费者对品牌外在形态的感知程度。属性即品牌的名称和商品所反映的特性,包括内在特性(商品性)和外在特性(品牌个性化特征)。利益即消费者通过品牌属性感受到的品牌对个体的价值或意义。形象即品牌消费者通过视觉信息传达所获得的品牌形象。思考即消费者接触品牌相关信息时的认知反应。感情即消费者接触品牌相关信息时的情感反应。态度即消费者对品牌相关信息的判断或总体评价。经验即消费者购买或使用品牌的相关体验。

以上品牌构成的八大要素,解释了企业产品与消费者之间对立统一的关系:产品是客观存在的,品牌是消费者对产品综合感受的主观态度;产品可以被竞争者模仿,品牌在消费者心目中却是独特的存在;产品极易过时落伍,但成功的品牌却能持久不衰。品牌不仅仅是不同企业产品的标识,更是特定产品品质、风格、服务水平、流行风尚等营销价值资讯的载体,它被消费者了解和接受后就成为特定的消费情感和消费主张;品牌不仅仅是企业产品的象征性符号,也是激发消费者购买需求的信息,消费者能够通过品牌名称、符号等信息,对品牌其他相关信息进行检索,从而提高消费行动效率。②

在信息严重超载且具有高度规模经济、网络经济效应的新媒体市场,企业只有充分理解品牌各构成要素,进行有效的品牌建设,才能获得消费者认同和相应的市场份额。

(三)新媒体品牌的营销策略

新媒体品牌营销是通过满足受众需求、创造品牌价值、实现品牌效益的过程,也是基于品牌营销理论不断探索创新的过程。

学界对于品牌营销有着各种各样的定义,归纳起来大致可以分为系统论、方法论和过程

---

① 《广告学概论》编写组:《广告学概论》,高等教育出版社,2018年,第91页。
② 《广告学概论》编写组:《广告学概论》,高等教育出版社,2018年,第90-91页。

论三种。系统论认为品牌营销是一项复杂的系统工程,需要组合运用多种策略;方法论认为品牌营销就是运用各种营销手段和方法,使品牌成为市场竞争的有力武器,从而实现企业的经营目标、满足消费者的需要;过程论认为品牌营销是对企业的品牌进行定位、设计、传播、经营、保护的计划、组织、管理和控制的过程,最终实现消费者价值最大化,达成企业经营目标。所以,品牌营销就是企业、个人或组织整合运用营销理论、方法和工具,在品牌的创建、宣传、发展、保护和经营方面所进行的创新性的系统管理与控制过程。品牌营销在本质上具有系统性、整合性、创新性、独特性、价值性的特点。[1]

品牌营销是现代企业市场营销的核心,品牌营销的过程是企业运用各种营销策略,使目标客户形成对企业产品和品牌的认同,从而把企业的品牌深刻地烙在消费者心中的过程。[2] 尽管品牌营销并没有形成权威统一的理论体系和操作框架,但人们还是积累了许多有益的营销理论和实践方法。

1. 品牌定位策略

没有一家企业会因为提供与其他企业相似的产品或服务而获得成功。品牌可以通过在市场上创造独特定位而获利。[3]

定位是对事物功能、目标、属性、关系、形象的选择与塑造,是各种产品在竞争市场到达消费者所不可或缺的策略。定位也通常被认为是市场营销学有史以来最重要的理论概念,它由美国广告学家艾·里斯和杰克·特劳特于20世纪70年代提出,强调定位是产品在预期消费者心目中塑造的形象。[4]

定位固然是从产品开始,可以是对产品、服务、公司、机构进行定位,也可以是对个人进行定位,但定位的核心并不是对产品生产做什么事,而是要把产品定位在潜在消费者心中,让消费者对自己的产品形成特定印象,在消费者心中占据一席之地。所以说,定位就是设计企业的产品和形象以在目标市场消费者的心智中占据独特位置的行动。定位的目标是将品牌留在消费者的心中,以实现企业潜在利益最大化。一个好的品牌定位能够阐明品牌精髓、辨识品牌能为消费者达成的目标,并解释如何以独特的方式实现,从而有助于指导营销战略。企业中的每个人都应理解品牌定位,并以此作为决策的依据。

定位有效性的有效度量方式是品牌替代测试。如果在某个市场活动中——比如广告活动、新产品引进——这个品牌会被竞争品牌替代,那么这个营销活动就不应该在市场上实施。一个拥有良好定位的品牌应当在概念和执行上都是独特的,并且既立足于现在,又放眼于未来。[5]

---

[1] 沈鹏熠、胡正明:《品牌营销理论研究:回顾与探索》,《河南商业高等专科学校学报》,2008年第1期,第50-53页。

[2] 熊晓洁:《企业品牌营销策略探析》,《企业经济》,2009年第8期,第93-95页。

[3] 菲利普·科特勒、凯文·莱恩·凯勒:《营销管理(第15版)》,佳讯、于洪彦、牛永革等译,格致出版社,2016年,第257页。

[4] AI Ries、Jack Trout. Positioning: The Battle for Your Mind. McGraw-Hill, Inc., 1981:2.

[5] 菲利普·科特勒、凯文·莱恩·凯勒:《营销管理(第15版)》,佳讯、于洪彦、牛永革等译,格致出版社,2016年,第257页。

2. 创建品牌资产策略

品牌营销的一项重点工作是创建品牌资产。品牌资产是赋予产品或服务的附加价值。它反映在消费者对有关品牌的想法、感受以及行动的方式上,同样,它也反映在品牌所带来的价格、市场份额以及盈利能力上。营销人员通过引导合适的消费者创建正确的品牌知识结构来积累品牌资产。品牌资产的积累主要依赖以下三个方面:一是构成品牌的元素或识别的最初选择(如品牌名称、网址、象征、形象人物、代言人、口号、歌曲、包装标记等);二是产品、服务以及相应的营销活动和营销支持方案;三是通过与其他实体联系而间接转化给品牌的联想(如公司、原产地、分销渠道或其他品牌)。[①]

3. 驱动增长和应对竞争策略

驱动增长是品牌营销的重要方法,甚至可以说品牌营销的根本目标就是驱动企业增加销售额和经济收入。菲利普·科特勒和凯文·莱恩·凯勒强调以下增长战略:创建市场份额;发展忠诚消费者与利益相关者;创建强势品牌;创新产品、服务和体验;国际扩张;收购、兼并和联盟;创建优秀的社会责任声誉;与政府和非政府组织合作。尽管企业可以采用很多不同的增长战略,但最好的机会往往来自增长核心,即聚焦于企业现有最成功的产品和市场。品牌需要避免盲目乐观,避免过高估计进入陌生领域的新投资可以带来的好处。

应对竞争是在市场中致力于品牌营销的企业时刻面对的问题。根据所占市场的不同份额,可以将企业分为市场领导者、市场挑战者、市场跟随者、市场利基者。不同的企业在应对竞争时,应采取不同的竞争策略。[②]

(1) 市场领导者的竞争策略

市场领导者占有40%及以上的市场份额。其竞争策略包括以下几点。第一,保持领先地位,寻找扩大整体市场需求的方法,比如寻找新的消费者,提高产品消耗量、消费水平和使用频率。第二,以适当的攻守策略维持市场份额,如主动营销、防御营销。第三,即使市场容量不变,也应尝试增加市场份额。市场领导者在追求市场份额的增长前,应考虑反垄断行动的可能性、经济成本、开展错误营销活动的风险、增长的市场份额对实际质量和感知质量的影响等,切忌盲目行动。

(2) 市场挑战者的竞争策略

市场挑战者占有30%~40%的市场份额。许多市场挑战者能够逼近甚至赶超市场领导者,为占有更多的市场份额,它们有时会采用激进的方法来攻击市场领导者和其他竞争者。市场挑战者所使用的进攻性策略包括:正面攻击,即进攻者在产品、广告、价格和分销等方面与对手进行正面比拼;侧翼攻击,即识别那些正在导致市场形成空缺的机遇,快速填补市场

---

① 菲利普·科特勒、凯文·莱恩·凯勒:《营销管理(第15版)》,佳讯、于洪彦、牛永革等译,格致出版社,2016年,第282、288页。

② 菲利普·科特勒、凯文·莱恩·凯勒:《营销管理(第15版)》,佳讯、于洪彦、牛永革等译,格致出版社,2016年,第312-323页。

空缺;围堵攻击,即试图通过在多个"前线"发动声势浩大的进攻,获取竞争对手的大片市场份额;迂回攻击,即绕过所有的对手来进攻最易夺取的市场;游击攻击,即通过小型的、断断续续的攻击骚扰竞争对手,使其士气低沉,从而最终赢得市场。

(3) 市场跟随者的竞争策略

市场跟随者占有20%~30%的市场份额。市场跟随者想要保持现有市场份额而不想"兴风作浪",因此需要设计一条成长路线,但前提是这条路线不会带来竞争性报复。市场跟随者主要可以采取以下三种竞争策略:一是克隆,即效仿市场领导者的产品、名称和包装,加以少许变动;二是模仿,即从市场领导者的产品中复制一些东西,但是会在包装、广告、定价和选址等方面保持差异性;三是改良,即对市场领导者的产品进行调整或改良。

(4) 市场利基者的竞争策略

市场利基者占有10%或更低的市场份额。市场利基者会填补大公司不愿服务的小型细分市场,其竞争关键是专业化。市场利基者为特定消费群体提供产品和服务,全方位满足其需求,并在此过程中实现品牌溢价。

三、新媒体产品营销

通过有效的市场营销促成企业和消费者的产品交易是经营管理的最后一步。尽管新媒体产品理论上可以通过互联网极其便利地完成传播和交易,但是面对海量的竞争者以及消费者复杂的线上线下需求,新媒体企业显然需要借鉴丰富的营销理论和经验来指导产品营销。

(一) 营销渠道建设

1. 营销渠道及其去中介化

营销理论认为,一家企业不能独自创造消费者价值,它必须在一个更加广泛的合作伙伴网络中完成这项任务,而竞争也存在于整个价值交付网络中。这个价值交付网络由企业、供应商、分销商和终端客户组成,它们互为合作伙伴,共同完善了整个系统的运作。营销渠道,就是价值交付网络的下游组织,也是连接企业与消费者的终端渠道。[①]

直复营销与在线营销的爆发式增长对营销渠道的设计产生了深远的影响,其中一个主要的趋势是去中介化。当产品生产者或服务提供商剔除中间商环节直接接触终端用户,或全新类型的渠道中间商取代了传统中间商时,去中介化便产生了。去中介化对生产商和经销商来说,既是机遇也是挑战。创新者能找到为渠道增加价值的新方法,从而挤走传统经销商以赚取利润;反过来,传统中间商必须不断创新,以免被淘汰。

---

① 菲利普·科特勒、凯文·莱恩·凯勒:《营销管理(第15版)》,佳讯、于洪彦、牛永革等译,格致出版社,2016年,第301-311页。

2. 渠道设计决策

为了获得最大效益,渠道分析和决策应更有目的性。营销渠道设计主要有以下几个步骤:第一,分析消费者的需求;第二,设立渠道目标;第三,确定主要备选渠道,即根据中间商的类型、数量以及每个渠道成员的责任确定主要备选渠道;第四,评估主要的渠道选择,即对被选渠道的经济性、可控性和适应性进行评估。

(二) 产品促销策略

企业不仅要为消费者创造价值,还必须明确地、有说服力地传播价值。促销不是单一的工具,而是一系列工具的组合。企业促销组合也称营销传播组合,包含特定的广告、销售促进、人员推销、公共关系、直复营销与数字营销等工具。企业使用这些工具来引导传播消费者价值、与消费者建立关系。这五个主要的促销工具定义如下。

特定的广告是由特定的赞助商采用付费形式,对观念、产品或服务进行的非人员展示和促销。

销售促进是使用短期激励以促进产品或服务的购买或销售,具体包括折扣、优惠券、展示和说明等。

人员推销是通过企业的销售队伍进行个人展示,以达到销售和与消费者建立关系的目的,具体包括销售展示、促销展出和激励计划等。

公共关系是与公众建立良好的关系,获得有利的宣传,形成良好的企业形象,并及时处理和阻止不利的谣言、报道和事件。

直复营销与数字营销是直接吸引精心定位的目标消费者和消费者社群,以获得快速的反应,与消费者建立持久的关系,具体包括直邮、目录、网络、社交媒体、移动营销等。①

当然,营销传播并不限于这些特定的促销工具。产品的设计和价格、包装的颜色和形状,以及所有和销售有关的东西都在向购买者传递信息。因此,尽管促销组合是企业的主要传播活动,但整个营销组合(促销、产品、价格和渠道)必须加以协调才能产生最大的影响,这就需要进行整合营销传播。

(三) 整合营销传播

整合营销传播这一概念由美国西北大学教授唐·E.舒尔茨于1991年首次提出。该理论引发了市场营销观念和广告传播观念的深刻变革。舒尔茨强调,整合营销传播是一种适应所有企业信息传播及内部沟通的管理体制,这种传播与沟通就是尽可能与潜在的客户及其他一些公共群体(如员工、媒介、立法者等)保持一种良好的、积极的关系。②

---

① 菲利普·科特勒、凯文·莱恩·凯勒:《营销管理(第15版)》,佳讯、于洪彦、牛永革等译,格致出版社,2016年,第360、363页。

② 程宇宁:《整合营销传播——品牌传播的策划、创意与管理(第2版)》,中国人民大学出版社,2019年,第7页。

整合营销传播理论一方面把广告、促销、公关、直销、包装、新闻媒体等传播活动都划入营销活动范围,另一方面则使企业能够将统一的传播资讯传达给消费者。所以,整合营销传播也被称为"用一个声音说话",即营销传播的一元化策略。这里的整合包括两个方面的内容:一是传播内容的整合;二是传播资源的整合。[1]

科特勒和凯勒提出了有效整合营销传播的八个步骤。第一,识别目标受众。营销传播过程从一开始就必须有清晰的目标受众,包括企业产品的潜在购买者、现有用户、决策者或有影响力的人。目标受众对传播者决策的制定(例如,说什么、怎么说、何时说、何地说、对谁说等)有关键影响。第二,确定传播目标。传播目标可以是产品品类需求、品牌知晓度、品牌态度、品牌购买意愿等。第三,设计传播。设计传播需要解决三个问题,即说什么(信息策略)、如何说(创意策略)和谁来说(信息源)。在决定信息策略时,管理层要搜集符合品牌定位并能帮助品牌建立相似点或差异点的诉求、主题或构想。创意策略包括信息型诉求和转换型诉求。其中,信息型诉求是对产品或服务的属性或优点进行详细说明,转换型诉求是对与产品无关的优点或形象进行详细说明。信息源的可靠性对于信息的可接受程度至关重要,一般涉及专业性、可信赖性和喜爱度。其中,专业性是传播者所拥有的支持其宣传的专业知识;可信赖性描述的是信息源是否被认为是客观和诚实的;喜爱度描述的是以直率、幽默、自然等特质来衡量的信息源的吸引力。第四,选择传播渠道。传播渠道可以是人员传播渠道,也可以是非人员传播渠道。人员传播渠道包括推销员渠道、专家渠道、社交渠道;非人员传播渠道包括广告、促销、事件和体验、公共关系等。第五,确定预算。第六,决定媒体组合。第七,评估测量结果。第八,管理整合营销传播。[2]

为了在未来获得成功,营销必须是全方位整体推进的,而不仅仅是某个部门的职责。科特勒和凯勒认为,在未来几年我们将看到以下现象:营销部门消失,全方位营销兴起;挥金如土式营销方式消失,注重投资回报率的营销方式兴起;营销直觉消失,营销科学兴起;人工营销消失,自动化营销和创造性营销兴起;大众营销消失,精准营销兴起。这些新的营销趋势目前有许多正在发生,并且在不断演化。

在新的时代背景下,整合营销传播理论提出者舒尔茨本人也在致力于重塑消费者与品牌的关系。他围绕品牌、目标人群、传播和内容这四大要素,提出了在互联网背景下制定更加高效的有利于买卖双方创建长期关系的传播方案。他认为,媒介技术的发展使得整个世界从营销者主导的市场转化成消费者主导的市场,对于消费者来说,媒介技术的革新使得用户可以随时随地获得全球信息,而且不像传统媒体或营销机构那样单方面地将信息传给受众,用户可以反馈、提问、提要求,甚至质疑营销者的承诺。科技带给用户更多的选择、机会

---

[1] 《广告学概论》编写组:《广告学概论》,高等教育出版社,2018年,第137、154页。
[2] 菲利普·科特勒、凯文·莱恩·凯勒:《营销管理(第15版)》,佳讯、于洪彦、牛永革等译,格致出版社,2016年,第524-545页。

与资源,由此媒介形式变得越来越具互动性,"推式传播"受到了"拉式传播"的挑战。① 当然,这也是具有互动服务传播理念的新媒体机构经营发展面临的新机遇。

(四)服务营销策略

美国市场营销协会将服务定义为"通过交换,为消费者提供有价值的利益或满足的一切行为",科特勒和凯勒则强调服务是"一方能够向另一方提供的基本上是无形的活动或作业,其结果不导致任何所有权的发生。它可以但不一定与某种实体产品有联系"②。

服务具有无形性、不可分性、可变性、易逝性。这四大特征极大地影响了营销方案的设计。③

无形性是指服务不同于有形产品,在购买之前是看不到、尝不到、摸不到、听不到、闻不到的。因为没有事物产品,所以服务提供者的设施尤为重要,包括其主要和次要的标识、环境设计与接待区、员工服装、宣传材料等。服务交付过程的各个方面都可以实现品牌化。

不可分性强调服务通常是生产和消费同时进行的,服务的提供者是服务的一部分,消费者也通常在场参与,服务提供者和消费者之间的交互是服务营销的特性。在不可分性的限制下,服务组织通常采取以下几种策略:一是组成更大的群体,提供协作服务;二是尝试更快地工作,即加快服务速度;三是培训更多的人员,增强消费者信心。

可变性是指服务是高度可变的,因为服务的质量评价取决于提供服务的人、时间、地点和接受服务的人。服务组织可采取三种措施来提升对质量的控制:一是建构优秀的雇用和培训程序;二是规范整个组织内部的服务实施流程;三是监控消费者满意度。

服务具有易逝性。因为服务不能储存,所以当需求发生变动时,服务的易逝性可能是一个严重的问题。为此,进行需求或收益管理是至关重要的。只有在适当的时间、适当的地点,将适当的服务以适当的价格提供给适当的消费者,才能获得最大的收益。科特勒和凯勒的著作《营销管理》中也介绍了服务需求方(消费者)和服务提供方的策略(见表10-1),可以使服务的提供和需求之间实现更好的匹配。

表10-1 服务需求方(消费者)与提供方策略

需求方(消费者)策略	提供方策略
差别定价	兼职人员
将一些需求从高峰时期转变到非高峰时期	满足高峰时的暂时需求
培养非高峰时间的需求	高峰效率程序
	员工在高峰时只执行关键的基本任务

---

① 唐 E.舒尔茨、贝茨 E.巴斯恩、海蒂·舒尔茨等:《重塑消费者-品牌关系》,沈虹、郭嘉、王维维等译,机械工业出版社,2015年,第234页。

② 菲利普·科特勒、凯文·莱恩·凯勒:《营销管理(第15版)》,佳讯、于洪彦、牛永革等译,格致出版社,2016年,第396页。

③ 菲利普·科特勒、凯文·莱恩·凯勒:《营销管理(第15版)》,佳讯、于洪彦、牛永革等译,格致出版社,2016年,2016年,第376-379页。

续表

需求方(消费者)策略	提供方策略
互补性服务 提供消费者等待时选择的替代服务	鼓励顾客参与 可以节约服务提供者的时间
预定系统 可以管理消费者的平衡需求	共享服务 可以提高服务质量

由于消费者授权、消费者共同生产和同时满足消费者与员工要求等理念的兴起,服务营销正面临新的发展趋势。[①]

(1) 消费者授权

数字时代已经明显地改变了消费者关系。消费者购买产品越来越倾向于考虑相关服务,并要求"非捆绑服务",即自由地选择他们想要的部分服务要素。更重要的是,互联网授予了消费者更大的权利,允许他们鼠标轻轻一点就将回馈的意见传遍全世界。当然,大多数企业可以很快对消费者的抱怨做出反应,但比起单纯地应对不满的消费者,防止不满的发生更为重要。这就需要企业将简单地花时间吸引人们的注意力变成培养消费者关系,快速又轻松地解决消费者的问题使企业有很大可能赢得长期的忠实客户。

(2) 消费者共同生产

消费者不仅购买和消费服务,还在服务交付过程中发挥积极的作用。如果消费者积极参与了服务过程,他们通常会感到获得了更大的价值,也会更强烈地感受到与服务提供者的联系。但是,这种共同生产会给员工带来压力,并降低员工的满意度。为此,企业可以实施的解决方案有:重新设计流程,重新定义消费者角色以简化服务接触;提供合适的技术帮助员工和消费者;通过强调消费者的角色、调动和引导消费者,使他们配合企业的工作;鼓励消费者履行"公民义务",让消费者互相帮助。

(3) 同时满足消费者与员工要求

优秀的服务公司都知道积极的员工态度对于增强消费者忠诚度是特别重要的,为员工灌输强烈的消费者导向思想也可以增强员工的工作满意度和忠诚度。

四、新媒体公共关系管理

公共关系和市场营销对新媒体等企业来说有许多类似的功能,其在管理实施过程中也通常配合使用,但它们的理论和实践体系也有许多差别。

(一) 公共关系的定义

"公共关系"这一概念译自英文"public relations",英文缩写为PR,简称公关。有学者认

[①] 菲利普·科特勒、凯文·莱恩·凯勒:《营销管理(第15版)》,佳讯、于洪彦、牛永革等译,格致出版社,2016年,第380-382页。

为把"public relations"翻译成"公众关系"更为精确,因为它本身主要研究的就是如何处理社会组织与其内外公众的关系,但因为人们的使用习惯,"公共关系"被沿用至今。①科特勒和凯勒认为,企业不仅需要积极地与消费者、供应商和经销商联系,还必须与大量感兴趣的公众联系。公众是指对企业实现其目标的能力有实际或潜在的兴趣或影响的任何群体。公共关系包括宣传或保护企业形象或个别产品的各种计划②,是以塑造组织形象为目标的传播活动,但其传播过程更加隐蔽、间接,传播周期也比广告和营销更长。

美国著名公共关系学者雷克斯·哈罗将公共关系定义为一种独特的管理职能,认为它具有以下功能:帮助一个组织建立并维持与公众之间双向的交流、理解、认可与合作;参与处理各种问题与事件;帮助管理者及时了解公众舆论,并对其做出反应;明确并强调管理部门为公众利益服务的责任;作为社会变化趋势的监视系统,帮助管理者及时掌握并有效地利用社会变化,保持与社会变动同步;运用健全的、正当的传播技能和研究方法作为主要的工具。当代美国公共关系权威学者、马里兰大学的詹姆斯·格鲁尼格则强调公共关系是一个组织与其相关公众之间的传播管理。

总体而言,公共关系就是组织为了协调自身利益和社会利益,以良好的组织形象为核心目标,围绕科学的计划,通过各种传播手段来建立和维系组织与社会公众之间的相互了解、相互信任、相互适应和相互合作的关系,协调组织内外的各种矛盾,进而创造组织活动的最佳环境。③

(二) 公共关系的作用

公共关系对公众意识有强烈的影响,达到相同的效果比广告的成本更低。如果企业有一个有趣的故事或事件,它可能会被不同的媒体转载,在社交媒体时代更是可能被海量用户关注转发,这在信息到达方面和花费巨大的广告具有相同的效果。更重要的是,公共关系能吸引消费者,让他们成为品牌故事的一部分。

对于新媒体来说,公共关系是塑造其形象的重要手段,也是整合营销传播时代不容忽视的重要工具。公共关系的最终目标是树立组织形象,在媒体竞争中必须将公关活动作为塑造形象的重要手段。媒体形象是一个多维立体的概念,覆盖面很广,这也意味着媒体公关活动是多方位的全员公关活动,媒体必须针对自己的产品形象、服务形象、人员形象、环境形象、文化形象、标识形象等各方面开展公关活动。这就要求上至管理层、下至普通工作人员都必须具备公关意识,从塑造媒体形象出发开展全员公关活动。④

---

① 张迺英、巢莹莹:《公共关系学(第三版)》,同济大学出版社,2019年,第2页。
② 菲利普·科特勒、凯文·莱恩·凯勒:《营销管理(第15版)》,佳讯、于洪彦、牛永革等译,格致出版社,2016年,第570页。
③ 钱晓文:《当代传媒经营管理(第二版)》,中山大学出版社,2014年,第184页。
④ 钱晓文:《当代传媒经营管理(第二版)》,中山大学出版社,2014年,第185-186页。

公共关系对大多数企业来说只占很小一部分预算,但它仍是一个强大的品牌建设工具。尤其是在数字营销时代,广告和公共关系之间的界限越来越模糊。随着获得和共享的数字内容快速增长,公共关系在营销内容管理上发挥了更大的作用。公关部门负责创建相关的营销内容以吸引消费者关注品牌,而不只是推动信息传播。在整合营销传播项目计划中,公关活动通常和广告携手同行,共同帮助企业建立消费者关系,提升消费者参与度。

公共关系的建构通常会用到各种传播工具,其中一个主要工具是新闻。公关专业人士能够寻找或者策划有利于企业或产品的新闻。还有一个常见的公关工具是特殊事件和大型活动,比如新闻发布会、公共演讲、盛大的开幕式、丰富的多媒体展示等活动,可以覆盖广大目标受众并引起其对企业及产品的兴趣。

很多企业开始通过营销公共关系来支持企业或产品的宣传及形象塑造。营销公关关系的目的是支持营销部门进行企业或产品宣传和梳理形象,能够影响公众知晓度,其成本只是广告成本的一部分,而且它通常更可信。[1]

(三)新媒体公共关系运作

新媒体既是各类企业开展公关活动的客体和工具,也是需要对自身公共关系进行建构的主体。新媒体机构外部的公共关系工作对象通常包括受众(用户)、广告客户、政府和社会名人等。新媒体机构的公共关系运作一般包括环境调查、决策参谋、塑造形象、与公众沟通等步骤。[2]

环境调查是指监测、了解、评估影响媒体生存与发展的公众态势及其他环境因素的状况与变化,包括调查公众态度、意见及其变化,公众媒体需求,公众对媒体产品的评价,公众对媒体形象的评价,以及其他政治、经济、文化、社会等综合环境要素等信息。

决策参谋是指公关部门就媒体环境及相应的公众关系问题向媒体决策者提供决策建议,并参与决策实施的过程,参与制定组织行动目标,制定公共行动方案。

塑造形象是指公关部门积极实施公共方案,通过系统的公关传播来塑造新媒体机构自身在公众心目中的形象,同时在机构遭遇困境时启动危机公关,争取公众客观、全面、公正的评价,维护和优化机构形象。

与公众沟通是指公关部门通过日常的、长期的互动传播来维持与公众的良好沟通,以联络感情、维系关系。常用的沟通方式包括座谈会、联谊会、研讨会、节日庆典、上门拜访、公益服务、社会赞助等。

新媒体机构公共关系工作的基本要领,是提供优质传媒产品,尊重并紧密联系受众,开展公共服务、支持公益事业,并与品牌营销工作配套建立自己的差异化公共形象。

---

[1] 菲利普·科特勒、凯文·莱恩·凯勒:《营销管理(第15版)》,佳讯、于洪彦、牛永革等译,格致出版社,2016年,第572页。

[2] 屠忠俊:《现代传媒经营管理》,华中科技大学出版社,2011年,第322-323页。

关键词

营销;销售;4P营销理论;4C营销理论;营销3.0理论;营销4.0理论;品牌;整合营销;公共关系。

复习思考题

1. 市场营销的内涵是什么？它经历了怎样的演变？4P营销理论、4C营销理论的内容分别是什么？

2. 如何理解新媒体品牌？它由哪些要素构成？其营销可以采用哪些策略？

3. 如何进行新媒体营销渠道建设？产品促销、服务营销、整合营销分别有哪些常用的方法？它们分别适用于哪些情况？

第十一章
新媒体组织与人力资源管理

◆ 学习目标

1. 了解企业组织的基本类型;
2. 理解传媒人力资源的激励机制;
3. 了解中国主流传媒集团管理。

◆ 案例导入

"做大做强"中的新媒体组织架构变革

大型新媒体企业往往都精心调整组织架构来适应或引领业务拓展,以提升管理效率和规模经济,实现"做大做强"。无论是主流新媒体集团SMG(上海广播电视台、上海文化广播影视集团有限公司)及其旗下东方明珠新媒体股份有限公司(以下简称东方明珠),还是互联网巨头腾讯等企业都在持续进行组织变革。①

2024年,东方明珠迎来挂牌上市三十周年。作为"国有文化上市第一股"东方明珠已经形成智慧广电、文化消费等多元业态和线上线下全产业布局。其发展过程中经历了多次重大并购整合和组织变革,其母公司SMG也堪称我国广电组织变革的典型。2014年3月,上海文广实施了新一轮体制改革和组织架构调整,原上海文化广播影视集团(俗称"大文广")的事业单位建制撤销,改制设立国有独资的上海文化广播影视集团有限公司,以国有股权划转的方式整合"小文广"上海东方传媒集团与"大文广";东方明珠和百视通两家原来分别归属于"大文广""小文广"的上市公司也通过换股吸收合并等系列

---

① 《五大维度发力融入上海城市发展,东方明珠上市三十周年"创"字当先》,https://export.shobserver.com/baijiahao/html/719275.html;《上海文广:改革"合分合",上演A股上市公司大合并》,https://www.163.com/dy/article/F1DQQ92405371BLB.html;《腾讯风云二十年:组织架构五次大变阵》,https://www.jiemian.com/article/8241234.html;《一文看清阿里、腾讯、美团、京东"四巨头"组织架构迭代》,https://www.jiemian.com/article/3622857_foxit.html。

运作进行整合。多年以来SMG广电业务运行经历了部门制、频道制、中心制和工作室制等组织改革,其阿基米德音频平台、看看新闻Knews和生成式人工智能媒体融合创新工作室等也包含了在新兴视听领域所做出的组织探索。人才激励是组织机构管理的必要内容,SMG也在政策范围内进行了股权激励、独立制片人、超额利润分享等不同的人才激励机制探索。

腾讯成立二十多年来组织构架也经历了几次大变阵,其组织架构变动更加鲜明地体现了公司业务与行业、社会经济之间的积极互动。腾讯成立早期只有一个核心产品QQ,采取职能式架构,发挥最优作用。2002年,随着移动梦网业务的推进,腾讯按照M线市场、R线研发与职能部门进行了粗略划分。2005年,腾讯完成多元化布局。面对职能式架构造成的管理混乱,腾讯开始组织变革,将总体架构分为企业发展系统、B线业务系统、运营平台系统、R线平台研发系统以及职能系统,B线和R线下设不同的业务单元。在这种架构下,腾讯形成了双重分工系统:横向业务分工和纵向决策分工。从横向看,业务系统是生产线,承担一线营收任务,其他系统为其提供支持;从纵向看,组织层级分为"系统—部—组"三层体系,组织扁平化,提高了决策效率,业务单元可快速响应环境变化。2012年,移动互联网浪潮袭来,腾讯做出新的组织架构调整,将所有同类业务的PC端与移动端合并,将集团业务分为企业发展、移动互联网、互动娱乐、网络媒体、社交网络、技术工程等6个事业群和腾讯电商控股公司。2014年,腾讯又将O2O业务、微生活和微购物团队以及财付通的部分团队并入微信团队,第七个事业群成型,"微信+QQ"的双社交平台形成,微信红包也将腾讯财付通和微信移动支付打通。腾讯还对互动娱乐事业群内部原八大工作室进行了拆分重组,组建出更适应快节奏手游研发的20个工作室并形成四大工作室群,推动内部合作竞争,这种调整为后来火遍全国的《王者荣耀》手游出现打好了基础。2018年,在"互联网+"应用深化、抖音抢占朋友圈用户时间等行业背景下,腾讯再次大幅调整组织构架,保留企业发展、互动娱乐、技术工程、微信这四个事业群,其他社交、信息流、长短视频、动漫影业、新闻资讯等TOC业务从原有事业群剥离,组成新的平台与内容事业群;成立云与智慧产业事业群,靠产品技术优势进入B端业务。2021年,腾讯进一步整合音频、视频、游戏、网络文学等业务,建成大内容体系。2022年,腾讯云与智慧产业事业群成立政企业务线,扩大数字政务服务。从简单粗放到纵横拓展,从大集团化与事业群制凸显到大事业群小集团结构,从中层去冗员到整体事业群组精简收缩,腾讯在业务持续进行"大象转身"的同时,组织架构也在不断调整以适应企业战略和社会需要。

企业和他各种性质的组织机构一样,都是为实现特定目标而成立的,无论是宏观战略管理还是具体业务管理、职能管理,都要通过建设高效的组织机构来实现。人力资源是组织机构中最重要的资源,任何目标都必须通过具体的员工或者说人力资源来实现。在管理的计划、组织、领导、控制、创新等基本职能中,组织、领导职能在很大程度上直接体现为组织管理和人力资源管理。

企业组织在传统经济理论中是一个投入资源、产出产品的"黑箱",是参与市场交换与资源配置生产的独立完整主体。但是随着经济学、管理学理论的逐步发展,人们对企业组织内部的管理运行原理和实践有了越来越深入的理解。

互联网信息技术为企业机构内部管理协作,以及企业与外部机构不同程度的生产协作、市场交易提供了便利的条件;与此同时,以信息内容生产和相关服务为主业的新媒体机构自身的组织管理也成为一个新兴课题,需要人们在了解组织管理理论的基础上结合新媒体实践进行深入探索。

一、新媒体组织管理

(一)组织的概念

著名社会学家马克斯·韦伯把组织看作在实现共同目标和从事特定活动时,组织成员之间理性的相互作用方式。管理学家斯蒂芬·罗宾斯将组织定义为:有确定目标的、拥有精心设计的结构和协调的活动性系统,并且与外界相联系的一个社会实体。组织理论学家理查德·豪尔则认为组织是一个有着相对可辨识边界的团体,它有规范的秩序、一定的职权层级、沟通系统和成员协调系统,以相对持续的环境为基础而存在,从事着一系列与目标相联系的活动,为组织成员、组织本身和社会做出贡献。

简而言之,组织就是人们为了达成某种共同目标而形成的实体。组织包括三大组成部分:一是目标,即拥有明确的且被大多数组织成员认知并认同的目标;二是成员,由两个以上的人组成;三是结构,有规范和指导成员行为的组织结构,包括规则、制度、角色分工、职位和权力体系等。[①]组织的功能在于实现个人无法独自达成的目标,因此组织通过分工协作,既发挥每个成员的专长和力量,又确保成员之间能力互补,并沿着目标的方向协同努力。当然,组织之所以能够将成员协调起来实现目标,是因为组织成员能够分享目标达成之后的收获和收益。为了实现组织目标,组织成员必须认同组织目标、维护组织制度、掌握完成任务的知识和技能、遵循工作流程和规范。社会上存在各种组织,既有医院、学校、政府等非营利性质的组织,也有以获取利润实现发展为目的的营利性质的组织。

组织除了上述表示"组织实体"的名词内涵外,还可以作为动词,表示组织工作或活动。作为动词的"组织"至少有三层不同的意思:第一,高效灵活地安排人员、资源、知识和任务的管理工作;第二,有序安排各种团队活动;第三,协调任何有一定目标的团队事务活动。这些外延不断拓展的组织概念有助于人们理解当下组织不断丰富的协作活动形式。

古典组织理论在组织设计上偏向于建立集权化结构,主要考虑劳动分工、指挥系统、控

[①] 张志学、井润田、沈伟:《组织管理学——数智时代的中国企业视角》,北京大学出版社,2023年,第4-5页。

制幅度、层级制等问题。

马克斯·韦伯提出了理想的行政组织体系理论,认为科层制是效率最高的组织形式,它是指通过职务或职位而不是通过个人或世袭来管理,它根据一定的规章制度,采用层级制结构,并按照一整套规定的途径和程序来实现组织目的。组织要赋予每个成员相应的权利,根据学识和能力选用与工作相称的合格人员。

现代组织理论在组织设计上主张同时考虑组织的外部环境和内部运行,寻找适当的平衡点来同时满足这两个方面的要求,保证组织的良性发展。

后现代组织理论则认可两个假设:一是外部环境高度不确定,不可预测;二是如果赋予组织成员一定的权利,他们就会尽力工作以实现自我价值。于是,后现代组织理论主张消解传统的等级观念,认为只要组织成员完全理解组织意图,他们就会承担起相应的责任,完成自己的使命,从而使得组织得以高效能、高效率运行。

在管理实践中,人们通常会根据实际情况有选择地综合运用这些组织理论的某些思想和主张。

新媒体时代,个人之间能够更加便利地通过信息连接和生产协作形成组织,各种组织的形式、规模、结构都正在经历前所未有的变革和创新。

(二)组织结构类型

企业组织形态是指包括企业内部纵向的权利等级关系与沟通流程以及横向的沟通合作过程在内的人和部门之间的关系之和。组织形态的相关概念包括组织构架、管理幅度、职权划分等。这些问题的核心是组织中人与人之间应当如何合作。[①]

不同形态的企业组织往往形成特定的组织结构。组织结构是指一个组织内各构成要素以及它们之间的关系,它规定了组织实体的框架体系。组织结构主要涉及部门构成、基本岗位设置、权责关系、业务流程、管理流程、内部协调与控制机制等要素。组织结构是实现组织宗旨的依托平台,它直接影响组织行为的效果和效率,进而影响组织目标的实现。[②]它说明了各项工作如何分配、谁向谁负责及内部协调机制,很大程度上影响着组织内部各个成员之间的关系,包括他们之间的合作、竞争乃至冲突等关系。

企业组织结构的基本形式有直线型组织结构、职能型组织结构、直线职能型组织结构、事业部制组织结构和矩阵制组织结构[③]。

1. 直线型组织结构

直线型组织结构是一种最简单、最古老的组织结构,也是职权高度集中的组织结构。在这种组织结构中,职权从上向下传递,经过若干个管理层达到底层,每个下级只对他的上级

[①] 张志学、井润田、沈伟:《组织管理学——数智时代的中国企业视角》,北京大学出版社,2023年,第360页。
[②] 屠忠俊:《现代传媒经营管理》,华中科技大学出版社,2011年,第341页。
[③] 谢新洲:《媒介经营与管理》,北京大学出版社,2011年,第316页。

负责。这种结构适用于低复杂性、"管理者全能"的组织。

2. 职能型组织结构

职能型组织结构是指组织内部的同一阶层根据职能或业务进行分工,横向划分为若干个部门,各部门之间的职能范围基本相同,但是职能或业务性质不同。这种结构适用于外部环境稳定、内部不需要太多协调的组织。

3. 直线职能型组织结构

直线职能型组织结构又称"U"形结构,它是以直线型组织结构为基础,在各级管理者和组织者的领导下,设置相应的职能部门,即在直线型组织结构统一指挥原则下,增设参谋机构。在这种组织结构中,各行政负责人具有对下级进行指挥和下达命令的权力,各级职能机构为行政负责人提供参谋。职能管理人员可以对下级进行业务指导,贯彻直线管理的指示。这种结构适用于复杂但相对稳定的企业组织,尤其是规模较大的企业组织。

4. 事业部制组织结构

事业部制组织结构又称"M"形组织结构,它是一种分权制的组织形式。企业依照地区或产品分类设立不同的经营事业部,每个地区事业部或产品事业部在总公司领导下独立核算、自负盈亏。这种结构适用于生产多种产品、提供多种服务、市场区域跨度大的企业。

5. 矩阵制组织结构

矩阵制组织结构是在直线职能型组织结构的基础上,再增加一种横向的领导系统而形成的组织结构。这种组织结构又称目标组织结构,它通常是为完成某项特殊任务而组成的专业项目小组,从事相关研发、设计、制造等工作,由相关部门派人参加,多个部门相互协调合作,以使该项目顺利完成。这种结构适用于市场变化大、创新变动多的企业。

应该说,各种组织结构都是在历史和现实需要中应运而生的,各有其优劣特征和适用范围,没有万能的结构模式。奥利弗·E.威廉姆森在《市场与层级制——分析与反托拉斯含义》一书中,将企业组织架构分为单一职能型("U"形)、控股公司("H"形)、多部门结构("M"形)和混合型("X"形)四种基本类型。其中,多部门结构(正常的多部门结构实现了日常运营和战略决策的分离,设立了必要的内部控制机制)还包括过渡性多部门结构(处于调整过程中的"M"形结构)和受到破坏的多部门结构(总部管理层广泛参与运营事务,总部和运营部门之间没有保持应有的距离)。是否要实施部门化以及如何实施部门化,取决于企业规模、职能的可分性及信息技术的状况。[①]

从基本趋势来看,正式组织建立几百年来的主导形态是层级结构,其核心是把权力作为组织内部成员之间合作的主导因素,以工作流程的确定性和高效率为目标。这种组织构架

---

① 奥利弗·E.威廉姆森:《市场与层级制——分析与反托拉斯含义》,蔡晓月、孟俭译,上海财经大学出版社,2011年,第164、171、175页。

盛行于工业革命之后、大型制造组织主导之时。后来还出现了矩阵组织、事业部组织等新形式。这些新组织形态的核心都是强调权力的核心作用,只是权力在组织内的分布有所不同。

近年来,信息技术的快速发展不仅改变了人们的工作和生活方式,更深刻地影响了人们的社会互动与商业实践活动。组织成员获取知识与信息的途径和范围不断拓展,由此推动了员工个体持续的知识增进和能力提升。这使得企业组织除了追求效率,还注重创新。然而,创新活动的组织很难通过权力强制性调配实现,高新知识组织及其员工需要宽松的、自我导向的工作环境,传统的层级结构在知识组织面前显得笨重且难以有效支撑创新目标。同时,信息和网络技术的发展进一步加强了人们之间的非正式联系,人与人之间被前所未有地紧密连接起来,这瓦解了权力赖以存在的基础——信息不对称。传统的层级在信息社会新的生活方式冲击下面临重重挑战,组织机构正在不断探索新的形态以适应时代的发展。①

(三)新媒体组织设计

组织结构理论为新媒体机构设计自身合理的组织结构提供了基础知识,但是新媒体机构还是要根据自身外在环境、企业战略、组织规模和技术条件等进行具体的组织设计。

1. 新媒体组织设计的任务

组织设计的基本任务是将组织中的各级职位、各个人员、各项任务结合起来,发挥最大的效率、取得最大的效益,实现组织既定目标。现代组织设计的内容可分为组织结构设计和组织运行制度设计两个方面。②

组织结构设计是组织结构本身的设计,通常被称为静态设计,主要工作包括职能设计、框架设计和协调方式设计。职能设计就是正确规定组织应具备的经营职能以及保证组织经营顺利进行的管理职能。框架设计可分为纵向设计(企业管理层次的设计)和横向设计(部门的设计),以形成组织管理框架。框架设计的实质是研究分工,即整个管理系统如何分工,而有分工就必然有协作,这就需要同时进行协调方式设计。管理系统是个有机的整体,要实现整个管理系统功能,就必然需要横向联系、横向协调,否则组织就是一盘散沙。

组织运行制度设计通常被称为动态设计,是指通过有关的制度和条件来保证设计出来的组织结构能够正常运行,主要包括规章制度设计、人员安排设计和激励制度设计。规章制度设计是指设计规章制度来规范管理结构和工作流程的实施。人员安排设计是指确定组织结构正常运行所必需的人员的质量和数量。激励制度设计又称奖惩制度设计,包括正激励和负激励,如工资制度、奖惩制度、考评制度等,以调动人们工作的积极性。

专业新媒体机构作为经济生产组织,其基本任务是生产一系列新媒体产品。为了实现有效运营,新媒体机构各项组织设计大致要完成如下三项任务。一是设计能够有效控制和

---

① 张志学、井润田、沈伟:《组织管理学——数智时代的中国企业视角》,北京大学出版社,2003年,第360页。
② 屠忠俊:《现代传媒经营管理》,华中科技大学出版社,2011年,第337页;周桂瑾、于云波:《现代组织设计原则及变革趋势》,《商业时代》,2006年第26期,第42-43页。

协调媒体内部的权力、责任、资源的正式组织。合理的组织结构能够实现对人流、物流和信息流的有效控制。组织设计是否合理,决定了媒体各组织单元的定位是否清晰,层级安排是否恰当,部门设置是否体现了专业化原则和责权分明原则。二是建立高效的管理和决策程序。组织结构要有利于组织的决策和管理,要建立科学高效的管理和决策程序。三是建设优秀的组织文化。组织文化是组织的精神世界的总和,是指导组织成员的思想和行动的一整套价值观念体系。组织成员的职业追求、行为准则、工作作风、组织传统,组织成员处理人事关系的惯例、态度、风格,以及组织的典章制度、庆典活动都体现着组织文化。

2. 组织结构设计与优化的原则

根据亨利·法约尔提出的组织管理原则和管理学家哈罗德·孔茨归纳总结出的组织工作基本原则,结合现代企业管理实践需要,我国大型新媒体企业可以按照如下原则设计和优化企业组织结构。[①]

(1) 目标一致原则

目标一致即组织结构中的上下级目标与战略目标保持一致,促使组织战略目标得以实现,同时促使个人在实现新媒体企业目标中做出贡献。

(2) 管理明确原则

管理明确即避免出现多头指挥或无人负责的现象。如果一个组织内部多头管理,将会造成下级部门工作被动,甚至是工作难以开展,最终多头管理将会变成无人管理。

(3) 责权利对等原则

责权利对等即企业每一管理层次、部门、岗位的责任、权力以及利益都要相对应。如果责权利不对等,部门及员工就没有完成职责的基本条件,工作积极性也会受挫。

(4) 有效管理幅度原则

管理幅度又称管理跨度、控制幅度,它是指一位管理者有效管理、控制直接下属的人数。任何人的时间和精力都是有限的,能够管理的直接下属的数量也是有限的,因此在设计组织结构时,应将管理人员直接管理的下属人数控制在合理范围内。

(5) 灵活性原则

进入信息时代,市场变化扑朔迷离,市场竞争更为激烈。为了保证新媒体机构能够对环境变化做出及时充分的反应,在设计组织结构时,必须考虑它的灵活性。

(6) 客户导向原则

设计组织结构时,必须保证有相应的组织机构来满足消费者的个性化需求,并保证机构以统一的形象面对消费者。

(7) 执行和监督分设原则

为保证新媒体组织各职能部门切实履行各自职责,一方面应加强对各职能部门和员工的物质激励和精神激励,另一方面应设置相应的监督机构。在设置监督管理部门时,要将执

---

① 孙睦优:《企业组织结构的设计与选择》,《冶金经济与管理》,2006年第3期,第23-26页;向志强:《给媒介集团组织结构开处方》,《传媒》,2006年第7期,第42-43页。

行部门与监督部门分开,这样才能使监督管理部门起到应有的作用。

(8) 专业分工和协作原则

专业分工可以提高组织生产和经营管理效率,但是组织作为一个有机的统一整体,应确保各职能部门在强调管理效率的同时,兼顾集团目标和任务的统一性。

(9) 精简高效原则

提高各部门的生产管理效率,是组织结构设计的根本任务和目标。在保证组织任务高效完成的前提下,各部门还应力求做到机构精简、人员精干。

【案例11-1】

腾讯公司的"臭鼬工厂"创新组织

"臭鼬工厂"指的是一个由人员组织结构相对松散的团队发起的主要研究和发展激进性创新的项目,其专门负责新产品开发工作,是一种颇为有效的创新组织结构。"臭鼬工厂"是由项目经理领导的独立组织,有高度的决策自主权,从母公司获取资源但不受母公司组织规范和文化影响,有着与母公司不同的组织结构、业务流程、价值观和组织文化。创办"臭鼬工厂"的目的是处理特别艰巨的任务,它开发的新产品具有极强的颠覆性。"臭鼬工厂"于1943年起源于美国,后来IBM、苹果、谷歌、腾讯等众多公司都采用这一模式开发新产品。[①]

腾讯公司在开发微信时,选择在广州建立"臭鼬工厂",由公司高级副总裁张小龙牵头,在腾讯公司总部之外建立工作团队。2010年10月,张小龙写邮件给马化腾,提出开发基于移动设备的通信工具。此类工具在当时已有kik,它于2010年10月19日出现在苹果和安卓平台。马化腾很快回复了张小龙的邮件,同意开发一个与kik类似的移动通信工具。2010年11月20日,微信产品在腾讯公司立项,2011年1月21日,该团队开发出微信。有趣的是,腾讯公司总部也在开发类似产品,但失败了。QQ是基于PC端开发的通信工具,其产品架构并不适合移动互联网技术,运营QQ的团队开发移动产品遇到了非常多的障碍和困难。吴晓波在《腾讯传 1998—2016 中国互联网公司进化论》里描述道:"在深圳的MIG移动互联网事业群走访时,我随时都能感受到那里的人对微信的复杂心态,至少有两支团队在投入类似kik产品的研发,可是由于它在功能上与QQ有太多的相似性,始终缩手缩脚而不敢贸然投入,最终眼睁睁地看着微信异军突起。"

(四) 新媒体组织变革

信息技术改变了人类连接与协作的方式,各种企业的组织结构都在发生应用新技术提高效率、适应竞争的变革。新媒体机构也应面向现实进行组织变革,优化组织结构,使自身

---

① 王亮:《臭鼬工厂:互联网时代媒体组织结构设计创新》,《编辑之友》,2017年第10期,第34-37、67页。

运作更加顺畅灵活。组织变革的趋势一般有以下几种。①

1. 组织结构扁平化

传统组织结构多为金字塔式的层级结构,然而层级结构越多,信息传递链就越长,应变能力就越弱。新媒体机构普遍在运用先进的管理手段和管理方法的基础上,加大管理跨度,减少管理层次,使组织结构扁平化。管理者借助发达的信息技术手段,快速准确地获取、处理、传递各种管理信息,组织结构中以获取、处理、传递信息为职责的中间层次部门及其员工事务性工作大为减少,这既降低了人力资源成本,也提高了信息处理效率。20世纪90年代,在世界范围内掀起了声势浩大的"企业再造"运动,使企业内部的业务流程和管理流程进一步合理化,加快了信息流转速度,缩短了生产周期,精简了管理机构和人员,使高耸的金字塔式的组织结构逐步趋向扁平化。

2. 大跨度横向一体化

在传媒集团化进程中,出现了很多跨媒介、跨行业、跨行政区划的兼并与联合现象,一体化传媒集团能集中人才优势、技术优势和市场优势,优化信息技术市场管理人才配置,降低经营成本,扩大销售网络和市场份额。

3. 组织结构柔性化与虚拟化

柔性化是指企业以一些临时性的、以任务为导向的团队结构来替代以前一部分固定的、正式的组织结构。这种团队结构可作为典型官僚结构的补充,既可以获得官僚结构标准化的好处,又能因团队的存在而增强灵活性。在传统科层制组织结构中,尤其是事业单位性质的主流媒体组织结构中,决策管理权力往往过度集中于中高层管理者,基层管理者以及一般的员工几乎没有任何决策参与权乃至工作自主权。这种刚性的权力关系难以适应外部环境的快速变化,建立柔性化组织结构是新媒体组织变革的一个基本方向。柔性化组织结构具有集权与分权结合、稳定性与变动性结合的特征。许多企业甚至出现了虚拟化组织趋势,即突破实体性组织要求,不建立固定的有形部门机构来执行某种功能,而是就某类产品、项目,以合同协定为纽带建立虚拟化组织来运作某类业务。这类虚拟化组织持续时间可长可短。

4. 注重团队建设

团队建设是西方企业实施组织变革的重要着力点。团队是技能互补的成员组成的群体,团队成员致力于完成共同的任务,实现共同的目标,同时共同承担责任,共同面对风险。正式团队是组织为达到特定目标,按照一定的制度章程正式组建的团队;非正式团队又称临时团队,是为了完成临时性重要任务,如重大突发性事件报道、专项营销活动等而组成的,它

---

① 周桂瑾、于云波:《现代组织设计原则及变革趋势》,《商业时代》,2006年第26期,第42-43页;国秋华:《创建学习型媒体组织——论知识经济时代我国传媒管理创新策略》,《武汉大学学报(人文科学版)》,2010年第2期,第239-244页;屠忠俊:《现代传媒经营管理》,华中科技大学出版社,2011年,第339页。

能提高组织结构的灵活性。

有效运作的团队有以下特点：一是目标明确，有团队合作氛围；二是能力完备，人员跨部门选拔组合，能力互补，能够充分满足完成团队任务的要求；三是有学习功能，针对任务要求，在实战中不断总结经验，提高水平。团队运作方式不同于传统组织，在传统组织中，领导人自行决策，通过指挥链发出指令推动工作，一般成员之间缺乏横向交流。在团队中则是另一番景象，团队领导人的主要工作是促进沟通，鼓励创新。领导人致力于有效协调，团队一般成员之间频繁、迅捷地沟通，通过有效的交流在思想碰撞中激发智慧的火花，在互补性的实际操作中彼此欣赏、互相学习，在完成具有挑战性的工作任务中实现共同创新。

5. 学习型组织与管理知识化

为了更好地使组织内部适应外部环境的多变性，迅速从外部获得信息，学习型组织应运而生。学习型组织概念的提出使组织的边界被重新界定。学习型组织建立在组织要素与外部环境互动关系基础之上，其超越了传统的职能或部门划分的法定边界，使组织从等级权力控制型转变为激发员工创造力型，其组织结构的扁平化保持了组织纵向和横向信息沟通的有效性，其弹性组织结构使组织具有柔性且具有很好的对外部环境的适应性。

管理知识化，则是随着企业经营管理的信息化，组织的经济基础从自然资源转变为智力资本而产生的管理新趋势。在学习型组织中，管理者也要设法创造一种文化与制度，以便促进新知识的创造以及知识的收集、传递和转化。当今发达国家中的不少企业出现了新式高级经理，他们被冠以"知识主管""智力资本主管"等头衔，其职责是获取、创造、使用、保存和转让知识。这些企业在实行了知识管理后获得了强大的竞争优势、创新能力和良好的经济效益。知识性是传媒核心竞争力的主要特征，创建学习型组织，就是要根据企业生存内外部环境的变化，适时地改变或调整组织结构，进行管理制度和管理机制的创新，使整个组织围绕战略核心进行生产。

【案例11-2】
"北京时间"融媒体平台的开放式组织创新

"北京时间"是北京首个市级融媒体平台，其致力于打造融新闻资讯、政务通达与民生服务于一体的新型主流媒体平台。"北京时间"推出以"时间视频""时间直播""时间号"为代表的特色融媒品牌；创新"新闻+服务""互联网+产业"运营模式，以媒体主责主业为根基，以接诉即办融合应用、城市动物智慧服务平台、BRTV数字文化产业基地等为抓手，践行主流媒体职责使命，参与社会基层治理和城市数字化建设。[①]

建设融媒体平台也需要相应的开放式组织创新。"北京时间"积极探索媒体组织无边界化改革，不仅拥有专业媒体产品生产团队，还通过"北京时间"这一媒体

---

① 《"北京时间"融媒平台》，http://www.zgjx.cn/2023-07/09/c_1310731528.htm。

聚合平台实施开放性战略;不仅开创了新闻直播模式,还打造了"时间视频""云记者"平台、"i生活"全媒体平台集群等一系列开放式媒体产品生产矩阵。"北京时间"的这种开放性的媒体组织促进了对内部和外部资源的整合,提高了组织内部的沟通效率,增强了组织柔性,适应了媒体环境的动态调整和互联网时代媒体组织变革的方向。"北京时间"致力于打破政府、媒体和市场间的资源壁垒,通过政务新媒体服务、电子商务、跨界营销等方式开展市场运营,逐步构建起包括广告、电商、培训、版权、文旅等在内的多元营销体系,创新"信息传播+公共服务"模式,携手天津"津云"和河北"冀云",联合多家知名企业共同发起"暖城记"大型融媒体活动,为外卖骑手、网约车司机、快递小哥提供暖心公益服务,深度参与城市治理;建立了数字文化产业基地,与多个行业和头部企业形成联盟协作,向多维业态延伸布局,形成开放式发展组织结构。①

(五)新媒体组织文化

组织文化是某一组织在发展过程中形成的组织成员的共同价值观、行为准则、行为方式和物质设施的外在表现,可以表现为可见的标识,也可以表现为不可见的行为准则与假设。社会上存在的任何一个由人组成的、具有特定目标和结构的集合体,都有自己的组织文化。政府有机关文化,学校有校园文化,企业则有企业文化。②

组织文化的冰山模型形象地描述了组织文化的三个层次:显性特征,信仰价值,基本假设。显性特征是指那些能够看得见、听得见、摸得着的文化象征和产品,包括建筑结构、实物布局、办公环境、着装、标语、故事、礼仪、惯例等。如同冰山露在水面上的一角,显性特征是最可见、最易接近的文化层次。但如果不是这种组织文化中的一员,就很难理解其深层次的内涵。信仰价值是指企业的发展战略、目标和经营哲学。这些价值理念会反映在有关企业使命、宗旨、愿景的描述中,是组织内部共享的价值追求,也是组织文化的核心组成部分,但企业所宣称的价值观和实际践行的价值观之间可能存在差异。基本假设是指头脑中潜意识的假设、信念和规范等。基本假设是最深层、最基本的文化层次,也是组织文化的精髓。由于基本假设看不见、摸不着,并且具有无意识性,组织成员可能很难意识到或观察到它们的存在,并且不愿意也很难去改变它们。基本假设涉及人们对组织与自然的关系、事实与真理的本质、人性本质、人类活动本质、人类关系的本质等诸方面的认知。这些假设会从根本上潜移默化地影响组织成员的行为,指导成员观察和思考事物。

20世纪80年代初,"企业文化"这一概念在经济高度发达的美国首先被提出。它是一种文化和经济结合的产物,既体现在企业的生产、经营和管理制度方面,又表现在企业的日常

---

① 《以"首善标准"破解"北京时间"的生成密码》,https://baijiahao.baidu.com/s?id=17712768625246422419&wfr=spider&for=pc;杨勇:《新型媒体组织的构建方向研究》,《青年记者》,2018年第27期,第29-30页。

② 严进:《组织行为学(第4版)》,北京大学出版社,2023年,第279页。

工作行为方面,这两个层面的文化均由企业价值观决定。①据统计,关于企业文化的定义有180多种。国内学者认为,企业文化是企业所形成的具有自身个性的经营宗旨、价值观和道德行为准则的综合。②企业文化是企业生存发展的精神支柱,能通过对人的管理,影响生产、销售、市场、消费等环节,进而影响企业效益,决定企业命运和发展,因此是一种作用巨大、潜力无限的文化生产力。③

美国学者迪尔和肯尼迪的企业文化理论有较大的影响力,他们认为企业文化由价值观、英雄人物、习俗仪式、文化网络和企业环境构成,企业可以运用这些要素来培养其员工行为的一致性。精心培植的企业文化,不论是在经济萧条时期还是在经济繁荣时期,都能顽强地为企业发展提供强大的驱动力。价值观是企业的基本概念和信仰,构成了企业文化的核心,也是企业经营理念的核心。作为社会动物,员工往往需要获得一种存在导向。企业文化为实现企业经营目标提供了积极的力量,也为所有员工提供了一个共同的目标,在组织内制定了成功的标准。企业文化意味着雇主和雇员达成一种默契,雇员按照企业文化做出一定行为,就能获得稳定的职业和报酬。④习俗仪式是指企业一些系统化和程序化惯例,企业通过这些日常行为表现来向员工表明它所期望的行为方式,通过正式庄重的宣传活动(仪式)提供显著而有力的导向,对员工形成有效的精神激励与约束,这对员工数量巨大的企业、创意性工作、体验式产品服务尤其重要。

【案例11-3】

迪士尼企业文化管理

传媒企业集团机构规模庞大且历经分分合合,需要特定的企业文化来凝聚整个机构的资源以推动各项目标实现。历史悠久、规模庞大的迪士尼公司的企业文化在内容生产、乐园服务等方面发挥了不可替代的作用。具体而言,迪士尼影视作品承载了公司以"快乐"为核心的价值观,以4C营销理论为基础,赢得了市场。迪士尼乐园以"快乐"为核心的价值观同时辅以"4 keys"(安全、礼貌、清洁、高效)行为准则,得以高效运行;迪士尼的传奇英雄、朋友式英雄、潜在英雄人物为数量庞大的员工提供了激励引导;一系列形式多样的企业文化仪式,时刻激励着员工践行企业文化价值,由内向外地认同企业文化,按企业准则来工作。⑤

迪士尼企业文化通过有形的、具有内聚力的仪式活动来传播和强化,从员工入职、聘用到离职,甚至是一次小会议、一次聚会都有仪式感和内在意义。员工因

---

① 陈春花:《企业文化的改造与创新》,《北京大学学报(哲学社会科学版)》,1999年第3期,第52-57页。
② 周忠英:《企业文化——未来企业的第一竞争力》,《商业研究》,2004年第3期,第164-165页。
③ 卢美月、张文贤:《企业文化与组织绩效关系研究》,《南开管理评论》,2006年第6期,第26-30页。
④ 特伦斯·E.迪尔,艾伦·A.肯尼迪:《新企业文化——重获工作场所的活力》,孙健敏、黄小勇、李原译,中国人民大学出版社,2009年,第169页。
⑤ 易旭明、喻兰淳:《迪士尼传媒企业文化管理研究》,《新闻界》,2016年第10期,第25-31页。

此更有可能感受到自己是企业中重要的组成部分,提高了快乐服务的内在激励,从而提高了企业的管理效率。

二、新媒体人力资源管理

新媒体工作充满创造性和挑战性,完成这些工作不仅要依靠组织整体,更要落实到组织中的每一个人。人才是组织管理乃至整个管理工作中最活跃的要素和创造价值的根本。

(一)人力资源的概念

"人力资源"一词由现代著名管理学家彼得·德鲁克于1954年首次提出。德鲁克认为,企业或其他组织机构只有一种真正的资源——人。企业的管理层通过有效利用人力资源并使其转化为生产力来完成任务,使这一工作富有成效是管理层的一项基本任务。同时,各种组织机构越来越成为个人发挥自己的专业特长,谋求自身在社会、团体中的地位,以及寻求成功、实现自我价值的场所。所以,使员工获得成就感日益重要,它成为衡量组织机构业绩的尺度,也成为管理层的一项基本任务。[1]

人力资源是指能够推动经济和社会发展的具有劳动能力的人口总和,人力资源由数量和质量两个方面构成。人力资源的实质就是人所具有的运用生产资料进行物质生产的能力,它包含体能和智能两个方面。企业人力资源,则是指能够推动整个企业发展的全部现任在岗员工。

人力资源管理(human resource management,HRM)是一个获取、培训、评价员工以及向员工支付薪酬的过程,同时也是一个关注劳资关系,以及员工健康、安全、公平等方面问题的过程。[2] 人力资源也就是人们常说的员工,人力资源管理通常被称为人事管理。

人事与企业管理决策、组织、领导、控制等基本职能中的组织和领导关系非常密切,甚至有理论将人事作为基本职能单独列出。人事管理包括以下具体管理活动:决定应当雇用何种类型的员工;招募未来的员工;甄选员工;对员工进行培训和开发;制定工作绩效标准;评价员工的工作绩效;为员工提供咨询服务;向员工支付薪酬等。企业管理基本职能中的领导活动主要包括促使他人完成工作、维持或鼓舞员工的士气、激励下属等;企业管理基本职能中的组织活动包括为每一位下属员工安排具体工作、对下属员工授权、协调下属员工之间的工作等。由此可见,管理企业员工的人力资源管理的确是企业管理的一种基础性工作。

---

[1] 彼得·F.德鲁克:《德鲁克文集(第二卷):组织的管理》,王伯言、沈国华译,上海财经大学出版社,2006年,第20页。

[2] 加里·德斯勒:《人力资源管理(第14版)》,刘昕译,中国人民大学出版社,2017年,第4页。

(二) 人力资源管理职责

1. 人力资源管理基本内容

人力资源管理者的内容可以概括为以下十个方面。

(1) 人力资源规划

人力资源规划是指根据企业的发展战略、经营目标和企业内外部环境的变化,运用科学的方法对企业人力资源需求和供给进行预测,制定相应的政策和措施,从而使企业人力资源供给和需求达到平衡的过程。它包括预测组织未来的人力资源供求状况、制订行动计划、控制和评估计划等。

(2) 工作分析

工作分析是指对企业各个职务的设置目的、性质、任务、职责、权力和隶属关系、工作内容、工作条件和环境以及职工为承担该职务任务所需的资格条件等进行系统分析和研究,并制定工作说明书与岗位规范等人事文件。

(3) 员工招聘

员工招聘是指企业通过一些方法寻找、吸引那些既有能力又有兴趣到本企业来任职的人员,并从中筛选合适人员予以聘用。

(4) 员工培训和开发

员工培训和开发是指企业为了实现其经营目标、提高竞争力而有计划、有组织、多层次、多渠道地组织员工从事学习和训练,从而不断提高员工的知识和技能水平,改善员工的工作态度,激发员工的创新意识。

(5) 员工使用与管理

员工使用与管理是指将招聘的员工分配到企业的具体岗位,赋予他们职责、权利,使他们进入工作角色,为实现企业经营目标发挥作用,并根据需要对员工进行人事调整,即晋升、降职或横向调整。

(6) 绩效考评

绩效考评是指针对企业中每个员工所承担的工作,运用各种科学的方法,对员工行为的实际效果及其对企业的贡献或价值进行考核和评价。绩效考评是客观的描述过程,运用各项考核指标评价员工业绩的高低。

(7) 薪酬管理

薪酬管理是为了调动员工的积极性并促进其发展,将员工的薪酬与组织的目标有机结合起来的一系列管理活动。薪酬是企业因使用员工的劳动而付给员工的钱或实物,一般可以分为直接报酬和间接福利。

(8) 员工激励

员工激励是指对员工的各种需要予以不同程度的满足或限制,以此引发他们心理状况的变化,达到激发动机、引起行为的目的,再通过正反两方面的强化对员工行为加以控制和调节。激励可以分为物质激励和精神激励。有效的激励要建立在对员工工作动力和满足感的分析基础之上。工资、福利、社会保险等是构成员工激励的关键方面。

(9) 劳动关系管理

劳动关系管理是指管理劳动者与企业之间在劳动过程中发生的关系。劳动法是调整劳动关系的法律规范。

(10) 企业文化建设

企业文化建设指制定企业文化建设规划,树立企业价值观,树立敬业精神、创新精神和团队精神,打造有自我特色的优秀的企业文化。[1]

2. 直线经理的人力资源管理职责

组织中,拥有直线职权的经理有权向其他经理或员工发布命令,因此直线职权建立的是一种上级(命令发布者)与下属(命令接受者)之间的关系。而职能职权则赋予特定经理向其他经理或员工提供建议的权利,建立的是一种咨询关系。拥有直线职权的管理者是直线经理,拥有职能或咨询职权的管理者则是职能经理。[2]

通常情况下,人们倾向于将直线经理和那些对企业生存而言至关重要的部门(如销售或生产部门)的管理联系起来;而职能经理一般负责管理那些咨询性或支持性的部门(如采购和人力资源管理等)。人力资源经理通常作为职能经理,向直线经理提供员工招募、雇用和薪酬等方面的协助和建议。

直线经理通常也承担着许多人力资源管理方面的职责。一家大型企业将其直线经理需要承担的有效管理人力资源的职责概括为以下几个主要方面:一是把正确的人配置到正确的位置上;二是使新员工尽快融入组织(新员工上岗引导);三是培训员工以使他们能够承担新职位的工作;四是提升每位员工的工作绩效;五是争取合作以及建立顺畅的工作关系;六是解释企业的政策和程序;七是控制劳动力成本;八是开发每位员工的能力;九是鼓舞部门员工的士气;十是维持员工的身体健康和心理健康。

在小型组织中,直线经理可能会在无人协助的情况下独自承担上述所有人力资源管理职责,随着组织规模的扩大,这些直线经理需要得到独立的人力资源管理人员提供的各种帮助以及他们的专业知识和相关建议。人力资源管理部门就是提供这种专业化帮助的部门。

3. 人力资源经理的职责

在提供专业化帮助的过程中,人力资源经理主要具有以下三种不同的职能。一是直线职能。人力资源经理需要直接指挥本部门员工以及其他一些相关领域的员工的工作活动。二是协调职能,人力资源经理需要对各种人力资源管理活动进行协调,确保直线经理能够执行企业的人力资源管理政策。三是参谋(协助或建议)职能。人力资源经理需要协助直线经理开展工作并向他们提供建议,这也是人力资源经理工作的核心。人力资源经理要向首席

---

[1] 曾建权:《人力资源管理理论与实务研究》,天津大学博士学位论文,2003年,第20页。
[2] 加里·德斯勒:《人力资源管理(第14版)》,刘昕译,中国人民大学出版社,2017年,第7页。

执行官提供建议,以使他们能够更好地理解企业战略选择所涉及的人力资源管理问题。人力资源经理还需要协助直线经理完成员工的雇用、培训、绩效评价、报酬支付、咨询、晋升、解雇等方面的工作。此外,人力资源经理还负责管理各种福利计划,协助直线经理遵守公平就业机会和职业安全方面的法律规定,并且在处理各种争议以及劳资关系时扮演重要角色。人力资源经理和人力资源部门还扮演着"创新者"的角色,需要为直线经理提供各种发展趋势的最新信息,以及有助于更好地发挥员工或人力资源作用的方法。另外,人力资源经理和人力资源部门还扮演着员工利益维护者的角色,即他们要在自己承担的主要职责框架范围内,在高层管理者面前代表员工维护利益。

大型企业人力资源部门管理领域的专业职位通常包括招募专员、公平就业机会协调员、职位分析专员、薪酬经理、培训专员和劳资关系专员。

(三) 人力资源管理理论

不同历史时期的人力资源管理理论体现了社会对人和企业理解的逐步深入,这些理论也能为我们分析新媒体人力资源管理带来诸多有益启示。

人事管理的概念和方法一直是管理科学的重要领域。泰罗的科学管理理念提高了生产效率,但把人看作纯粹的"经济人",忽视了企业成员间的交往和员工的感情、态度等社会因素对生产效率的影响。梅奥的"霍桑实验"则发现企业员工是"社会人",认为企业应采用新型领导方法,包括组织好集体工作、提高士气、促进协作等。

1. 人力资源管理理论的提出

20世纪50年代以来,人的劳动力作为资源价值逐步得到认可。德鲁克于1954年在其《管理的实践》一书中首次提出"人力资源"概念,认为人力资源拥有其他资源所没有的素质,即协调能力、融合能力、判断力和想象力,同时指出经理可以利用其他资源,但是人力资源只能自我利用,人对自己是否工作具有完全的自主权。巴克1958年在其著作《人力资源功能》中详细阐述了有关人力资源管理的问题,认为人力资源管理的职能对于组织的成功来讲,与其他管理职能如会计、生产、营销等一样重要,企业必须对每一个员工的个体资源进行全面有效的管理。[1]

2. 战略人力资源管理理论

20世纪80年代初,许多学者提出把人力资源管理和组织的战略计划作为一个整体加以考虑。这一阶段人力资源管理的理论可分为两大学派。一是以弗布鲁姆为代表的密执安学派,其相信个人目标与组织目标会趋向一致;二是以比尔为代表的哈佛学派,认为个体需要与组织需要并不总能保持一致,组织可以努力平衡双方需求差异。在两大学派的理论基础

---

[1] 李佑颐、赵曙明、刘洪:《人力资源管理研究述评》,《南京大学学报(哲学·人文科学·社会科学版)》,2001年第4期,第128-139页。

上,斯托瑞提出了两种不同的人力资源管理模式——硬模式与软模式。硬模式的问题含义明确,解决手段和解决方案也明确;而软模式的问题含义不甚确切,解决方法和潜在答案也不唯一,如"如何激励下属"就属于软模式的问题。

3. 跨文化人力资源管理

随着企业全球化发展,如何跨越不同的国家和地区、不同的文化和种群进行管理,成为企业管理亟待解决的问题。跨文化管理研究关注跨国比较、文化相互影响和多元文化视角研究,也重视文化趋同性增强背景下的人力资源管理研究,还重视如何组织不同文化背景员工有效工作的研究。[①]

当代人力资源管理研究更多的是与人力资源管理实践相结合,在员工培训和发展、员工绩效评价、员工报酬管理、组织结构方式等实践领域都有大量的研究成果。复杂多变的世界经济环境也为企业经营带来了高度的动态性、复杂性与不确定性,这也要求人力资源管理理论对变化了的环境做出相应的回应。人力资源管理出现了胜任素质、员工敬业度、工作-家庭冲突、雇佣关系和跨文化管理等理论研究热点。理论研究的发展进步总是通过对既有理论的质疑而实现的,我国企业管理者还面临如何有效地将西方管理理论与我国管理情境相结合的理论本土化问题。[②]

共享经济时代,企业也将共享经济理念应用于人力资源管理模式的建构之中,将原本的资源投入方式转变为资源利用方式,将闲置资源拥有者、需求者、消费者作为主体,建构不同主体之间的信息交流平台,为需求者提供相应的信息服务。人力资源管理模式属于一种开放性的人才管理模式,它在资源结算体系上也不同于以往,在非直接雇佣关系、薪酬结算方式上也更加灵活、多元。企业人力资源管理正在从更新组织结构、优化人员培训、完善绩效考核和健全保障机制等方面进行创新。[③]

(四)新媒体人力资源类型

新媒体的核心资本并不在于资金、设备,而在于内容生产、运营推广和智能技术等方面的专业人才。

1. 内容生产人才

专业新媒体机构的各类业务中,内容生产通常是最重要的,广告业务和垂直业务通常需要基于内容来开展,因此内容生产人才是新媒体机构需求最大的人力资源。

内容生产的人力资源,主要包括记者、编辑、编导、摄像、主播,以个人品牌代表整个媒体机构生产内容并与用户互动的主播,有机会发展成为明星、"网红"使得内容生产传播效率更

---

① 赵曙明:《人力资源管理理论研究现状分析》,《外国经济与管理》,2005年第1期,第15-20、26页。
② 赵曙明:《人力资源管理理论研究新进展评析与未来展望》,《外国经济与管理》,2011年第1期,第1-10页。
③ 谢欣:《共享经济时代企业人力资源管理创新思考》,《中国产经》,2023年第13期,第185-187页。

高的主播等。新媒体内容类型和表现形式丰富多样,艺术表演和艺术化的内容占有非常重要的地位,因此需要表演艺术家、舞美艺术家、作家、导演等人才。

2. 运营推广人才

新媒体市场有着海量的供给和需求,连接着众多协作生产者和消费者,因此需要深谙市场规律的运营推广人才促成各种产品和服务的交易,甚至要求所有新媒体工作人员都有市场运营推广、满足用户需求的意识。

3. 智能技术人才

在过去很长一段时间,"内容为王"被众多媒体从业者奉为圭臬,在新媒体时代,这一理念依然有深刻的合理性。但是,不得不说,在曾经主要依靠创意和内容赢得受众的媒体行业,各种技术人才尤其是智能技术人才逐渐在内容生产和分配中发挥颠覆行业格局的作用。内容创意、信息制造和智能算法的深度融合,使得社会对智能技术人才的需求增加,智能算法相关技能越来越多地成为内容生产、运营推广人才的必要素质。

（五）新媒体人力资源特征

传统媒体人力资源管理非常强调从业人员的专业技能。然而,随着新媒体深度融入社会精神与物质再生产过程以及社会参与新媒体业务人员大幅增加,新媒体人力资源个体及其与社会的关系呈现新的特征,由此也对新媒体人力资源管理提出了新要求。

1. 社会责任重大

新媒体行业提供的首先是精神、内容类的产品和服务,对受众意见表达和身份认同建构具有重要影响,对社会公共讨论的开展和公共秩序的塑造也有直接的重要的影响。在我国,新媒体尤其是主流新型媒体是社会舆论引导和意识形态塑造的主阵地,在西方国家这被视为社会系统的"第四种权力",故其从业者承担着重大的社会责任,人力资源管理也就具有很强的社会规范、职业伦理要求。

2. 职业创造性强

媒体产业属于人力资本密集型产业,员工的劳动并非机械劳动,而是需要通过大脑进行思考并发挥才智的创造性劳动。[①] 面对用户丰富的精神世界和多样的市场需求,以及社会的复杂多变和同行的激烈竞争,新媒体人才需要很强的传媒符号创作能力,这不仅需要新媒体从业人员具有很强的传媒符号生产技能、综合的文化素养以及相应的数字网络技术,还需要其具有自由创造的思维和灵活的应变能力。新媒体创作具有很强的机动性,需要相对自由的职业思维和个性化管理标准。

[①] 姜梅:《传媒企业人力资源管理战略研究》,《人力资源管理》,2013年第9期,第144-145页。

3. 社会协作广泛

专业性新媒体机构一般需要和社会各部门、个体进行广泛协作联系，这样才能采集广泛的内容。新媒体垂直产品和服务更是需要多种专业协作，因此新媒体从业人员不仅需要具备沟通技能，还需要具备系统地获取社会资本的能力。新媒体机构要注重进行人力资源投资，为员工赋能。

4. 升值潜力巨大

传统媒体时代的记者被称为"无冕之王"，传媒艺术作品生产者也有机会成为明星艺术家，而网络时代的普通自媒体生产者也有机会成为"网红"，并通过新媒体渠道开展内容生产和垂直业务获得很高的营销收入。从传统媒体时代的"成名的想象"，到新媒体时代的"带货明星"，新媒体人才可谓兼具精神、物质层面的巨大升值空间。对新媒体机构而言，需要投入资源来培养具有这种升值、成名潜力的人才。个人和机构都能从这种升值中获得巨大收益。

5. 社会全员参与

在社交传播、智能传播时代，新媒体人力资源与大众传播时代最大的区别或许就在于"去专业化"，传媒人才从专业人才转变为参与新媒体生产传播的社会全员，比如各种具备符号生产天赋的人才、拥有各种专业知识或者掌握专业资源的人才等，"高手在民间"成为一种常态；特别是精通智能算法数字传播技术、人工智能内容生产技术的"理工男"工程师已经闯入曾经专属文化艺术专业人才的内容空间，这不仅给新媒体人才个体带来新的竞争格局，给新媒体机构带来了人才结构管理新要求，也给社会层面的工具理性与价值理性思辨提供了新的视角。

新媒体组织形态和人力资源形态已经初步呈现"平台＋个人"的灵活用工趋势。过去，稳定的"组织＋员工"管理模式是一种普遍的社会组织形式，但由于组织机构的地域性局限和人工生产成本的逐年增长，许多新媒体组织越来越难以承受固定的结构和员工。然而，未来任何新媒体平台都可以共享整个行业的人才，任何一个个体也可以为行业中的多家平台和企业提供服务。当下，很多垂直领域内容创作的员工相继开始进行自媒体创作，通过平台的付费模式来获得收入，这其实是灵活用工的一种方式。所以，整个新媒体系统也初步形成了智能化、数据驱动的人力资源体系。

三、中国主流媒体组织

主流传媒机构在我国传媒系统中占有特别重要的地位，由传统主流媒体转型发展而来的新型主流媒体在我国思想宣传工作中发挥着中流砥柱的作用；但主流媒体生产效率相对较低，新媒体时代主流媒体的市场份额和受众关注度下降也是显著事实。所以，为了实现宣传事业和传媒产业并举发展的目标，我国主流媒体在各个时期都进行了相应的体制创新，

2014年以来，我国更是推进系统的媒体融合战略，在推动新媒体业务创新的同时，探索组织结构创新。

（一）主流媒体组织基本构架

尽管出现了许多新型业务、新型技术和新型职能，但目前我国主流媒体组织构架仍然大致延续着"事业单位、企业化管理"的组织特征，主要包括编辑、经营、行政（党政）这三个系统。

编辑系统指媒体中负责新闻等内容采编业务的组织系统。其职责主要包括制定编辑方针、制订报道计划、组织报道活动、安排报道任务、处理采编事务等。编委会是编辑系统的管理者和决策者。

经营系统是指媒体中负责对能够产生经济效益的资源进行市场运营、交易、变现的组织系统。在我国可经营资源特指不会对主流舆论导向产生根本影响的传媒产品。

行政（党务）系统的设置是我国传媒组织结构的一个重要特点，党对媒体的领导要通过媒体机构党组织来落到实处，党委是媒体的领导核心。党委领导作用的发挥在不同的媒体中有不同的方式和机制，行政（党务）系统是党委领导下的行政办事机构，其除了直接运作行政（党务）系统外，还要领导上述编辑系统和经营系统。[1]

"事业单位、企业化管理"是我国传媒转型期的一种特定管理体制，是指在计划经济向市场经济转轨过程中，为了加快媒体发展、提高资源使用效率，对具有政治宣传、社会公共事业功能的主流媒体的经营业务采取企业化经济核算、管理方式。

但是，面对资金和技术雄厚的"大厂"对网络平台渠道的垄断、大量资源比较丰富且机制比较灵活的商业化专业新媒体内容和垂直业务竞争，以及海量拥有各自比较优势资源禀赋的自媒体，主流新媒体在市场中发展的难度越来越大，与此同时，在"百年未有之大变局"中提供主流价值导向的宣传任务也越来越重，所以，在媒体深度融合大背景下，我国主流新媒体为了高效发展新媒体业务及嵌入其中的传统业务，正在进行积极的组织结构探索。

【案例11-4】

湖南广电"双平台联动"组织管理新体制

湖南广电作为我国影响力最大的地方媒体之一，在传统媒体向新型主流媒体转型的过程中，结合发展战略进行了持续的组织结构创新，从之前的将湖南卫视作为领头雁的"A"形结构，发展为湖南卫视、芒果TV双平台的"H"形结构，通过创新调整资源配置特别是人力资源管理配置，实现两者相互融合、互为支撑，使芒果TV只用一年的时间，就走完了一线商业视频网站需要四五年时间才能走完的发展道路。[2]

---

[1] 屠忠俊：《现代传媒经营管理》，华中科技大学出版社，2011年，第353页。
[2] 吕焕斌：《媒体融合的芒果实践报告》，中信出版集团，2019年，第22、66、315页。

对这两大核心平台,湖南广电实行"一个党委、两个机构、一体化运行"模式,努力探索事业机构和企业机构的组织管理新体制。这是基于国有文化企业改革发展特殊性而创新推出的一种制度设计,也是一种特殊的事企安排。通过这种运行机制,湖南广电既坚守事业担当,又发挥市场经济作用,推动文化的繁荣发展。那么,以事业体制为决策逻辑的行政体系和以市场竞争为发展逻辑的企业体系如何建立决策纽带?湖南广电党委书记、台长吕焕斌同时兼任芒果传媒有限公司董事长,实现了出资人、法人的统一,湖南卫视作为股东对芒果传媒的董事会进行调整,分管导向、卫视、财务、产业等与之相关的湖南卫视领导分别兼任芒果传媒董事,湖南卫视党委成员一半以上在芒果传媒决策班子、公司党委和董事会中发挥重要作用。通过决策层的下沉,事业体制的湖南卫视与市场体制的芒果传媒之间形成了一个最佳的决策平台。

(二)中国传媒重组与融合发展

改革开放以来,我国主流媒体进行了多次旨在提高规模效应和生产效率的传媒重组,其中机构重组的集团化改革产生了较大的影响。2014年以来,我国实施媒体融合战略,在指导思想、组织结构、业务形态上都进入了主流媒体深度融合发展的新时期。只有了解主流媒体的重组和融合历史,才能充分理解我国主流新媒体组织结构探索的复杂性和发展趋势。

1. 传媒集团化改革

所谓"集团",即以母公司为基础,以产权关系为纽带,通过合资、合作或股权投资等方式把三个及三个以上的独立企业法人联系在一起。改革开放后,我国传媒经历了一段计划经济向市场经济转型高速、分散发展的时期,事业性质的传媒单位逐步改制为面向市场的企业化传媒组织结构和经营机制。

20世纪末,世界传媒行业放松规制、重组盛行、竞争加剧,我国传媒行业也进行了大规模的集团化改革探索。集团化重组兼并通常能够发挥规模效应,提高资源使用效率,提高传媒机构的市场竞争力。在集团化改革中,我国许多地方把多家传媒单位组合成具有规模效应的传媒企业集团,也有部分事业性质企业管理的传媒集团。1996年1月,中国第一家报业集团——广州日报报业集团正式组建成立;1999年6月,全国首家广电集团——无锡广播电视集团成立。2000年11月17日,国家广电总局发布《关于广播电影电视集团化发展试行工作的原则意见》,积极推进广播影视集团化改革。2000年12月,我国第一家省级广播传媒集团——湖南广播影视集团正式挂牌,按照资源重新配置的原则,实施了有线台和无线台合并、电台与电视台联合。2001年4月,上海文化广播影视集团成立,同年11月成立了上海文广新闻传媒集团,它整合重组了原上海人民广播电台、上海东方广播电台、上海电视台、上海东方电视台、上海有线电视台等媒体,拥有固定资产107亿元。2001年12月6日,中国广播影视集团正式成立,原国家广电总局所属的22个企事业单位正式划入集团,集团固定资产达到214亿元。

2004年12月,国家广电总局明确表示不再批准组建事业性质的广电集团,因为作为喉舌性质的电台、电视台组成的事业性质的广电集团,容易与社会上一般意义的产业集团概念相混淆。但是国家广电总局仍然允许组建事业性质的广播电视总局(台),并要求已经成立的事业性质的广电集团内部尽快剥离经营型资产,组建产业经营公司或者集团公司进入市场开展业务经营。①由此可见,中国主流媒体组织结构调整始终伴随着宣传事业目标和传媒产业目标进行探索,其内在逻辑和现实路径至今仍是重大而复杂的议题。

2. 新型主流媒体的融合探索

在我国全面深化改革的大背景下,2014年8月,中央全面深化改革领导小组第四次会议审议通过了《关于推动传统媒体和新兴媒体融合发展的指导意见》,对新形势下如何推动媒体融合发展做出了具体部署,以期在媒体格局深刻变化中,提升主流媒体的传播力、公信力、影响力和舆论引导力,增强信息生产和服务能力。②融合发展也成为各级各类主流媒体进行组织重构、业务重构的指导方针。2018年3月,我国整合中央电视台(中国国际电视台)、中央人民广播电台、中国国际广播电台,组建中央广播电视总台;同年8月,我国自上而下全面启动县级融媒体中心建设暨县级媒体融合重组工作;各省级、地市级主流媒体也在根据各地实际情况,逐步探索合理的机构重组方案。

媒体融合过程中,主流媒体不仅快速推出了"两微一端"全媒体矩阵产品,而且配合新产品需要,重塑了自身业务流程,探索了新闻聚合化、产品模块化和再集团化等组织结构创新。有研究认为,科层结构是制约传统媒体组织融合发展的根本原因,未来传统媒体组织结构可进一步调整:在横向上,在同一地区内加强跨媒体传媒整合,在一定区域范围内特别是经济发达地区促进跨地区媒体合作,从而加强传统媒体系统内部的网络联系;在纵向上,推动集团内部的模块化分工,引入柔性研发团队制度,保持组织的开放性,加强组织与外部企业的合作,从而提高组织的反应速度与创新能力。③

人力资源管理尤其是核心人才的有效激励和约束是媒体组织创新的必要内容,主流媒体人才流失也是伴随着商业化媒体迅猛发展而出现的显著现象。为此,主流媒体也在进行不同方式的改革探索,例如,上海文广新闻传媒集团在机构整合的同时,积极探索激励机制以抵御离职潮,在政策范围内实施了股权激励、独立制片人、超额利润分享等不同的人才激励机制④;湖南广电实施了"尊重付出的情感留人、给人才赋权的制度留人、建构创新系统的

---

① 易旭明:《中国电视产业的制度变迁与需求均衡》,上海大学博士学位论文,2011年,第208页。
② 《推动传统媒体和新兴媒体融合发展指导意见审议通过》,http://culture.people.com.cn/n/2014/0821/c172318-25511854.html。
③ 朱江丽:《媒体融合背景下传统媒体组织结构调整的模式与策略》,《传媒》,2020年第5期,第73-76页。
④ 《黎瑞刚开写SMG千亿传媒航母 面临多渠道整合难题》,https://tech.ifeng.com/a/20141201/40886718_0.shtml。

生态留人"和多劳多得、效率优先的薪酬激励制度,建立了芒果系人才闭环[①]。

无论是服务国家治理的公益事业性质的新媒体业务,还是在价值引领前提下面向商业市场的经营性质的新媒体业务,我国新型主流媒体在组织重构、流程再造、资源整合、提高效率、人才激励等方面都存在很多困难,这也成为理论研究和实践改革的重要命题。

关键词

组织;组织结构;组织文化;科层制;扁平化组织;学习型组织;柔性组织;人力资源;人力资源管理;新媒体人才;人才激励;媒体融合。

复习思考题

1. 新媒体组织结构发展有哪些前沿趋势?
2. 新媒体人才有何特征?自媒体时代人力资源运用有哪些特征?
3. 如何理解媒体深度融合时代,主流新媒体组织的发展目标、组织结构和人才激励特征?

---

① 吕焕斌:《媒体融合的芒果实践报告》,中信出版集团,2019年,第92页。

第十二章

新媒体财务管理

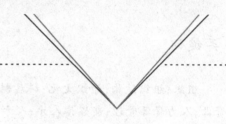

◆ 学习目标

1. 理解新媒体财务管理的内涵；
2. 了解财务管理基本内容；
3. 运用财务报表对媒体进行基本财务分析。

◆ 案例导入

长视频平台的财务管理故事

长视频平台以其丰富的内容、专业的品质和社群文化成为网络用户覆盖面极广的新媒体，同时长视频也是中国互联网"版图"中竞争最激烈的领域之一。以亿为单位的天量用户、充分时长的注意力占有、全方位的市场曝光以及明星、IP自带的巨大话题效应，无不刺激着资本、企业在过去的十几年中以各种方式进出其中。我国长视频平台的典型代表爱奇艺、优酷、腾讯视频和芒果TV生产传播精彩内容的背后也有非常复杂的资本运营等财务管理故事。[①]

爱奇艺于2010年正式上线，由百度出资组建，2018年在美国纳斯达克挂牌上市。凭借母公司百度强劲的资金、技术支持和正版影视内容运营，爱奇艺从2017年起在终端数量、观看时间和广告收入等指标方面长期位居同行业之首，但是，它和全行业一样，也是长期亏损的"烧钱"模式，直到2022年才首次实现盈利。爱奇艺扭亏为盈背后的财务管理故事堪比其精彩剧目：2022年爱奇艺在行业中率先做出重大战略调整，明确将"市场份额优先"转变为"盈利优先"，实施裁员增效，保障重点内容投入，审时度势应对市场波动，在

---

① 《爆款之外，长视频行业还有什么新故事？》，https://baijiahao.baidu.com/s?id=17926033267968338636&wfr=spider&for=pc；《爱奇艺发布史上最佳年度业绩：年营收319亿 核心财务指标创新高》，https://baijiahao.baidu.com/s?id=17921484176863743666&wfr=spider&for=pc；董学力：《互联网企业跨界并购财务风险分析与整合策略——以阿里集团并购优酷土豆为例》，《财会通讯》，2017年第11期，第96-100页。

12个月时间里完成三轮融资,消除债务压力,抓住市场的最佳时间窗口完成了公开市场增发。2022年,爱奇艺总营收、运营利润、净利润及现金流等核心指标均创历史最佳,全年总营收319亿元,同比增长10%,基于非美国通用会计准则财务指标全年运营利润为36亿元,同比增长68%。

优酷曾是中国网络视频的领军者,更是资本运营的典型。优酷于2010年在美国纽交所上市,2012年8月优酷公司与2011年在美国纳斯达克上市的土豆公司采取完全换股的方式合并;2015年11月,阿里巴巴集团以现金支付的方式收购优酷土豆所有股份,总金额达56亿美元(约合人民币356亿元)。但由于运营成本居高不下,并购没有从根本上扭转它长期亏损的整体局面。

腾讯视频则背靠母公司腾讯集团的强大支持熬过了漫长的"烧钱"周期,于2022年10月之后开始盈利。

2014年才改造上线的芒果TV借助湖南广电的综艺内容优势、成本优势和"独播战略""独特模式"等系列运作,在2017年即成为首个盈利的长视频平台,并在此后持续实现收入和利润增长。2018年,"芒果超媒"重组原湖南广电系列资产,借壳上市,其市值在2020年超过爱奇艺,DAU(日活跃用户数量)超过优酷跻身国内长视频三强。

此外,阿里作为优酷的母公司对芒果TV进行的60多亿元的投资,以及后来的股价下跌、阿里撤资等现象都堪称精彩的资本故事和财务故事。可见,财务管理的每个数据都意味着新媒体企业精明的资本运作、专业的内容创作、审慎的成本控制和前瞻的投资战略。

新媒体机构经营管理中的各种市场交换都伴随着资金流动,其经营管理的最终效果和过程效率都可以体现在企业的财务指标之中。财务管理是企业管理的核心。尽管具有不同产权和规模的新媒体机构财务管理模式不尽相同,但它们进行筹资、投资、预算以及利润分配、财务分析的系列财务管理工作有许多共同要求。有效的财务管理有助于新媒体机构筹集资金、配置资源、实现目标,公益事业性质的新媒体机构在运营过程中也离不开高效的财务管理的支持。

一、新媒体财务管理概述

财务管理是企业组织财务活动、处理财务关系的一项经济管理工作,其主要目的是实现资金的保值、增值和高效运用。不同于其他管理活动,财务管理主要是利用收入、成本、利润等指标,运用财务预算、财务控制、财务决策、财务分析等手段对企业的财务活动进行综合性管理,其最终目的是实现企业价值最大化。[①]

[①] 吕文、程兰兰:《财务管理》,华中科技大学出版社,2017年,第1页。

新媒体财务管理可以理解为新媒体机构组织财务活动、处理财务关系的管理工作。其中,财务活动主要包括筹资、投资、运营资金管理、收益与分配管理等活动,财务关系包括新媒体与国家、投资者、债权人、债务人以及内部各单位、职工、消费者的财务关系。筹资活动是指新媒体为了满足投资和用资的需要,筹措和集中所需资金的活动。新媒体筹集到的资金必须投入生产经营,以谋求最大的经济效益,而资金能否有效利用,与所投资的项目经济是否合理、投资收益是否高于成本、风险如何补偿等问题有关。投资和筹资的成果都要依赖资金运营来实现,企业日常活动也需要对营运资金进行合理管控,以提高资金使用效率。新媒体在经营活动中会产生收益,在对外投资中也会分得收益,其收益必须按照规定的程序进行分配,分配时要体现积累与分配的最佳关系。新媒体与国家、投资者、员工等方面的财务关系管理则是体现其经营管理要求、协调各方利益和行为的必要条件。

财务管理目标是由企业的总体目标决定的。一般来说,企业的财务管理目标主要体现在以下几个方面。

一是利润最大化。利润代表了企业新创造的财富,利润越多,说明企业的财富增加得越多,企业以利润最大化为目标,有利于实现资源的合理配置以及企业整体经济效益的提高。但是,利润最大化没有考虑利润实现时间和货币时间价值,也没有考虑到风险问题,更没有反映创造的利润和投入资本之间的关系。以利润最大化为目标,可能会导致企业的短期财务决策倾向,影响企业的长远发展。

二是企业价值最大化。企业价值最大化是指通过财务上的合理经营,采用最优的财务决策,充分考虑货币时间价值与风险报酬的关系,在保证企业长期稳定发展的基础上,使企业的总价值达到最大。以企业价值最大化为目标的优点是可以避免企业在追求利润时的短期行为。同时,用价值代替价格,避免了过多外界市场因素的干扰。但是,以企业价值最大化为目标也存在一些弊端,这主要表现在评估企业的资产时,由于受到评估标准和评估方式的影响,很难做到客观和准确。

三是相关者利益最大化。相关者利益最大化是指在确定企业财务管理目标时,不能忽视债权人、员工、企业经营者、客户、政府等相关利益群体的利益。以相关者利益最大化为财务管理目标,优点在于有利于企业长期稳定发展、体现了合作共赢的价值理念,有利于实现企业经济效益和社会效益的统一,同时较好地兼顾了各个利益主体的利益。但其缺点在于,过于理想化,难以操作。

我国有大量媒体仍然是事业单位,国家对事业单位的财务活动和财务关系有特定要求。以广播电视事业单位为例,其财务管理基本原则包括以下几点:执行国家有关法律、法规和财务规章制度;坚持勤俭办一切事业的方针;正确处理事业发展需要和资金供给的关系,社会效益和经济效益的关系,国家、单位和个人三者利益的关系。广播电视事业单位财务管理的主要任务是:合理编制单位预算,严格执行预算,完整、准确地编制单位决算报告和财务报告,真实地反映单位预算执行情况、财务状况和运行情况;依法组织收入,努力节约支出;建立健全财务制度,加强经济核算,全面实施绩效管理,提高资金使用效益;加强资产管理,合理配置和有效利用资产,防止资产流失;加强对单位经济活动的财务控制和监督,防范财务风险。①

新媒体具有强大的社会影响和经济外部性,民营新媒体企业在追求价值最大化的同时也应考虑自身的社会责任。国有新媒体财务管理应以最小的成本、耗费最少的资源来实现同样的社会效益目标,或者以同样的成本来达到社会效益最大化;同时加强财务管理工作,科学、合理地组织财务活动,提高利润水平,增加收益,使企业效益和利润协调增长,同时要正确处理与协调企业同各方的财务关系,维护各方的合法利益。

二、新媒体财务管理内容

新媒体财务管理内容主要包括筹资管理、投资管理、营运资金管理和成本费用管理等。

(一)筹资管理

筹资即筹集资金,是指企业为了满足经营活动、投资活动、资本结构管理和其他需要,运用一定的筹资方式,通过一定的筹资渠道,筹措和获取所需资金的一种财务行为。②筹资是资本运营的起点,也是企业进行系列活动的先决条件,新媒体的设立、常规业务的开展、对外投资或调整资本结构等都需要筹资、融资。

安排和选择筹资方式直接关系到企业筹措资金的数量、成本和风险,因此,新媒体机构需要深刻认识各种筹资渠道和筹资方式的特征、性质以及与自身融资要求的适应性,在权衡不同性质资金的数量、成本和风险的基础上,按照不同的筹资渠道合理选择筹资方式,有效筹集资金。

1. 筹资渠道

筹资渠道是指企业筹集资金的来源方向与通道。媒体筹资主要渠道有媒体内部资金和媒体外部资金。③

媒体内部资金是指媒体组织内部积累的资金,主要包括出售固定资产的收入、计提折旧、提取公积金和未分配利润形成的自留资金,其是媒体内部产生或转移的。内部筹资不需要实际对外支付利息或股息,不会减少媒体的现金流量;同时,由于资金来源于媒体内部,不会发生筹集费用,使得内部筹资的成本要远远低于外部筹资。因此,它是媒体首选的一种筹资方式,媒体内部筹资能力的大小取决于媒体的利润水平、净资产规模和投资者预期等因素。

---

① 《广播电视事业单位财务制度》,https://www.mof.gov.cn/jrttts/202208/t20220815_3833728.htm。
② 吕文、程兰兰:《财务管理》,华中科技大学出版社,2017年,第79页。
③ 黄晓兰:《媒体财务管理》,中国传媒大学出版社,2006年,第84页。说明:媒体包括新媒体和传统媒体,作为财务管理职能,各种媒体是相同的,所以本章多处将"媒体"和"新媒体"通用。

媒体外部资金是指来自媒体外的资金。随着技术的进步和生产规模的扩大,单纯依靠内部筹资很难满足媒体的资金需求,外部筹资逐渐成为媒体获得资金的重要方式。媒体外部资金来源包括:国家财政投资和财政补贴;银行与非银行金融机构信贷;非银行金融机构资金(如信托投资公司、证券公司、保险公司、租赁公司、企业集团所属的财务公司等方面的资金,它们可以向媒体提供的筹资服务有信贷资金投放、承销证券等);其他法人单位与自然人投入。媒体也可以采用发放债券、股票的方式形成社会筹资渠道,使社会暂时不用的资金转化为自己的生产资金。

2. 筹资方式

筹资方式是指企业获得资金的具体形式。筹资管理最重要的内容是针对不同的筹资渠道选择适合的筹资方式。媒体内部筹资主要依靠企业的利润留存积累,外部筹资可以分为股权筹资和债务筹资。股权筹资是指企业通过吸收直接投资、发行股票等方式从股东投资者那里获得资金;债务筹资是指企业通过银行贷款、发行债券、利用商业信用、融资租赁等方式从债权人那里获得资金。

(1) 吸收直接投资

媒体以投资合同、协议等形式定向吸收国家、法人、自然人的直接投入资金,这是媒体最直接的一种筹资方式。

(2) 发行股票

股份公司形式的媒体为筹资而发行的一种有价证券,就是媒体发行的股票。对于股票的投资者而言,股票是一种投资票证,它代表股东对企业的所有权,是媒体筹措自有资金的基本方式。在现有政策下,为了保证媒体宣传的特性,媒体不能完全、直接地改制上市。目前,媒体通过发行股票筹集资金,更多的是剥离经营性资产直接上市,或通过参股上市公司间接达到上市目的。

(3) 银行贷款

这是指媒体根据贷款合同向银行及非银行金融机构借入的、按期还本付息的款项。它既可以筹集长期资金,也可以用于短期融通资金,具有灵活、方便的特点,因此是媒体筹措资金的重要方式,也是媒体目前最主要的筹资方式。

(4) 发行债券

媒体也可以采用发行债券的方式筹资。债券是约定在一定期限内还本付息的有价证券。发行债券必须预先说明到期支付的金额和利息率,是企业长期筹资的一种基本方法。但是,发行债券成本高、风险大、限制条件多而且较为严格。由于国家政策方面的限定,通过发行债券融资目前在我国传媒融资领域还没有得到广泛的应用。

(5) 利用商业信用

商业信用是指企业之间采取延期付款的方式赊购商品而形成的借贷关系。商业信用是一种自然筹资,主要有应付账款、商业汇票、本票等形式,是短期资金的一种重要的经常性的来源。由于媒体发展前景较好,实力相对雄厚,信誉高,供应商大多愿意为媒体提供赊销服务,因此商业信用也是媒体应充分利用的一种筹资方式。

(6) 融资租赁

融资租赁也称资本租赁或财务租赁,是指企业与租赁公司签订租赁合同,从租赁公司获得租赁资产,通过对租赁物的占有和使用获得资金的筹资方式。融资租赁的方式不直接获得货币性资金,而是通过租赁信用关系,直接获得实物资产,快速形成生产经营能力,然后通过向出租人分期交付租金方式偿还资产的对应价款。这也是媒体筹集中长期资金的一种特殊方式。

(二) 投资管理

投资是指企业为获得未来长期收益而向一定对象投放资金的经济行为。新媒体需要通过投资配置资产,以形成生产能力,获得未来的经济效益。投资决策的正确与否,直接关系着媒体的生存和发展。

1. 新媒体投资的分类

按照投资的性质,可以对投资进行科学的分类。

(1) 直接投资和间接投资

按照投资活动与媒体本身生产经营活动的关系,可以将投资分为直接投资和间接投资两大类。直接投资是指将资金直接投放于可以形成生产经营能力的实体性资产,直接谋取经营利润的投资;间接投资是指将资金投放于股票、债券等权益性资产上的投资。

(2) 长期投资和短期投资

按投资回收时间的长短,可以将投资分为短期投资和长期投资两大类。短期投资又叫流动资产投资,是指能够在一年之内回收的投资,主要指对现金、应收账款、存货、短期有价证券的投资,长期证券如果能随时变现,也可以视为短期投资。长期投资是指一年以上才能回收的投资,主要包括对厂房、机器设备等固定资产的投资,也包括对无形资产和长期有价证券的投资。

(3) 对内投资和对外投资

按照投资活动资金投出的方向,可以将投资分为对内投资和对外投资两大类。对内投资是指在媒体内部进行资金投放,用于购置各种生产经营所需的经营性资产;对外投资主要是间接投资,也可能是直接投资,主要是向其他单位进行资金投放。

(4) 发展性投资和维持性投资

按照投资活动对媒体未来生产经营前景的影响,可以将投资分为发展性投资和维持性投资。发展性投资也称战略性投资,是指对媒体未来的生产经营发展具有重大影响的投资,如企业间的兼并整合、转换新行业、开发新产品等。维持性投资也称战术性投资,是为了维持企业现有的生产经营正常顺利进行,不会改变媒体未来生产经营发展全局而进行的投资,如更新替换旧设备、配套流动资金等。

2. 新媒体投资的原则

新媒体投资的根本目的是在确保社会效益的基础上,实现经济效益最大化,增加媒体的价值。在投资的过程中,新媒体应坚持可行性分析原则、结构平衡原则和动态监控原则。

(1) 可行性分析原则

新媒体在投资前需要对投资的项目进行可行性分析,主要包括环境可行性、技术可行性、市场可行性、财务可行性等方面,利用各种方法计算出相关指标,以便合理确定不同项目的优劣。

(2) 结构平衡原则

新媒体在投资过程中应合理分配资金,妥善处理各种关系,如固定资金与流动资金的配套关系、生产能力与经营规模的平衡关系等。

(3) 动态监控原则

新媒体项目在进行的过程中可能会因为政策、市场环境等因素遇到各种困难和风险,因此新媒体在投资项目的过程中也要对项目进程进行动态监控,及时补充项目资金,同时对项目实施过程中的风险和困难进行评估,保证投资项目的顺利进行及投资收益的顺利获得。

(三) 营运资金管理

1. 营运资金概述

营运资金是指占用在流动资产上的资金。流动资产是企业从购买原材料进行生产到销售产品收回货款这一生产和营销过程中所必需的资产。企业流动资产所占用的资金有一部分来源于长期资本(即股本和长期负债),更多的是来源于短期负债(即期限短于一年的流动负债)。流动资产减去流动负债即为净营运资金。净营运资金的大小会影响企业的收益和风险。在企业的日常财务管理中,营运资金的管理占有重要地位,财务经理约有60%的时间都在进行短期决策。营运资金的管理决策不像长期投资或筹资决策那样需要长时间才产生作用,其一旦决策失误将对企业产生致命影响。由于营运资金的流动性和变现性很强,而且直接关系到企业每日的生产和经营过程,所以,如果现金周转不能顺利进行,或维持正常周转付出的代价过高,也会直接影响企业的经营效益。[①]

营运资金管理主要解决两个问题:一是如何确定短期资金的最佳持有量;二是如何筹措短期资金。具体而言,前一个问题涉及每一种短期资金以及每一种短期负债的管理方式,后一个问题涉及管理策略的制定。通过对营运资金的分析,我们可以了解企业短期资产的流动性、短期资产的变现能力和短期偿债能力。营运资金的管理包括流动资产管理和流动负债管理。[②]

[①] 黄晓兰:《媒体财务管理》,中国传媒大学出版社,2006年,第152页。

[②] 吕文、程兰兰:《财务管理》,华中科技大学出版社,2017年,第169页。

流动资产是指可以在一年以内或超过一年的一个营业周期内变现或运用的资产。流动资产具有占用时间短、周转快、易变现等特点。企业拥有较多的流动资产,可以在一定程度上降低财务风险。在财务会计中,流动资产一般按组成要素分为现金、有价证券、应收账款、预付账款和存货等;而在财务管理中,为了进行流动资产和流动负债的匹配管理,流动资产一般按时间分为永久性流动资产和临时性流动资产。永久性流动资产是指满足企业长期最低需要的那部分流动资产;临时性流动资产是指随季节性需求而变化的那部分流动资产。流动资产在循环周转过程中,经过"供、产、销"三个阶段,其占用形态不断变化,即按"现金—材料—在产品—产成品—应收账款—现金"的顺序不断转化。企业营业利润主要是通过流动资产在这种循环周转的过程中得以实现的。流动资产管理的重点就是加强现金、应收账款和存货管理,从而使这种周转顺利且高效。

流动负债是指需要在一年或者超过一年的一个营业周期内偿还的债务。流动负债又称短期负债,具有成本低、偿还期短的特点,必须加强管理。以应付金额是否确定为标准,流动负债可以分为应付金额确定的流动负债和应付金额不确定的流动负债。应付金额确定的流动负债是指那些根据合同或法律规定到期必须偿付并有确定金额的流动负债,如短期借款、应付票据、应付短期融资债券等;应付金额不确定的流动负债是指根据企业生产经营情况,到一定时期或具备一定条件时才能确定的流动负债,或应付金额需要估计的流动负债,如应交税费、应付产品质量担保债务等。

2. 营运资金管理内容

企业的营运资金管理包括以下两个方面的内容:一是流动资产投资政策,即确定流动资产投资总额和各种流动资产目标投资额的政策;二是流动资产融资政策,即如何为流动资产进行融资的政策。

(1) 流动资产投资政策

媒体一般采用的流动资产投资政策有三种。

一是保守型政策,即持有相对较多的现金、有价证券和存货,保有最高的安全储备。这时资产流动的周转率最低,经营风险也较低,但是资金成本较高,会降低总资产的投资回报率。

二是进取型政策,即媒体流动资产投资较少,尽量缩短各种流动资产的周转期。这能够使媒体获得较高回报,但媒体也面临较大的经营风险。

三是中庸型政策,即政策介于保守型和进取型之间。

总之,对媒体流动资产适当数量的确定就是对经营风险和获利能力的权衡。

(2) 流动资产融资政策

在媒体所需要的全部资金中,究竟有多少用短期资金来融通、有多少用长期资金来融通,这主要取决于媒体资产类型和决策人员的偏好。一般的融资原则是短期资产由短期资金来融通,长期资产由长期资金来融通。如果媒体的流动资产较多,则可采用较多的流动负债,反之亦然。决策人员如果偏好于较高的报酬,那么他可能更多地采用成本低、风险大的短期融资策略;反之,则可能更多地采用风险小、成本高的长期融资策略。

(四)成本费用管理

成本费用是指企业在获取收入的过程中,对企业资产的耗费,也就是为了获取营业收入提供商品或劳务而发生的耗费。媒体的成本费用是指媒体在生产经营过程中所发生的各项耗费,是媒体为销售商品、提供劳务等日常经营活动而产生的经济利益的流出。①

1. 成本费用的类型

按照不同的管理需要和分类标准,可以将媒体的成本费用进行科学分类,以便正确地计算产品的成本,进而进行成本分析和控制。

将成本费用按照劳动对象、劳动手段、劳动力等经济内容来分类,可以比较明确地反映媒体在一定时间内所发生的费用的种类和数量,分析媒体各个时期各种成本费用占全部成本费用的比重,考核费用计划的执行情况。媒体的具体成本费用项目包括:媒体的外购材料,即媒体为进行生产而耗用的一切从外单位购入的原材料、主要材料、辅助材料、半成品、包装物等;媒体的外购燃料,即媒体为了进行生产而耗用的从外单位购入的各种燃料,如固体燃料、液体燃料、气体燃料等;媒体的外购动力,即媒体为进行生产而耗用的从外单位购进的各种动力;折旧费,即媒体为保证生产的正常运营,按照规定的固定资产折旧方法计算提取的折旧费用;工资,即媒体应当计入产品成本和期间费用的职工工资;提取的职工福利费用,即媒体按照工资总额的一定比例提取的职工福利费用;利息支出,即媒体应计入财务费用的借入款项的利息支出减去利息收入后的净额;税金,即应计入生产费用的各种税金;其他费用支出,即不属于以上各要素但应计入产品成本或期间费用的费用支出,如差旅费、租赁费、保险费等。

按照经济用途,可将成本费用划分为直接材料成本、直接人工成本、制造费用、期间费用。直接材料成本即那些直接用于产品的生产、构成产品实体的原料、主要材料、外购半成品、燃料和动力等材料发生的费用。直接人工成本即媒体中直接参加产品生产的人员工资。按照生产人员的工资总额和规定的比例计算提取的职工福利费用也包括在直接人工费用里。传媒企业中占比较大的就是人工成本。直接材料成本和直接人工成本的共同特征是可以准确地归属于某种产品,最能体现成本的归属性。制造费用是指媒体为生产产品或提供劳务而发生的各项间接费用,包括直接人工、直接材料以外的为制造产品或提供劳务而发生但无法直接归属于某种产品的全部支出,如工资、福利费用、折旧费用、劳动保护费用等。需要注意的是,制造费用并不包括媒体中的行政管理部门为了组织和管理经营活动而发生的各项管理费用。媒体产品的制造成本中,直接材料所占的比重相对于制作人员的工资来说要小得多。期间费用是指企业行政管理部门为组织和管理生产经营活动而发生的、不直接归属于某种特定产品的成本费用,包括销售费用、管理费用和财务费用。期间费用应当直接

---

① 黄晓兰:《媒体财务管理》,中国传媒大学出版社,2006年,第179页。

计入当期损益,并在利润表中分项目列示。另外,媒体必须分清本期成本费用和下期成本费用的界限,不得任意预提和摊销费用;必须分清各种产品成本的界限,不得任意压低或提高产品和产成品的成本。

按计入成本对象的方式,可以将成本费用分为直接成本和间接成本。这种分类的目的是合理地把成本归属于不同的成本对象。直接成本是直接计入某产品的成本。一种成本是否属于直接成本,取决于它与该产品是否存在直接关系、是否便于直接计入。例如,电视节目的直接成本包括采编人员的工资,采访过程中发生的交通费、住宿费、伙食费、通信费,付给演职人员的各种劳务费、稿酬以及服装费、材料费等。间接成本是指与某产品相关联的成本中,不能用一种经济合理的方式追溯到该产品的那部分成本,即不能直接归属于某种特定产品的成本。例如,电视节目的间接成本包括单位(部门)管理人员工资、办公费、通联费,节目制作设备使用费,各种材料物资费,水电费,房屋场地占用费,制作机房工作人员的工资等。间接成本必须通过一定的方法先进行归集,再按照一定的基础和标准(如人工工时、机器使用时间、占地面积等)分摊给各成本对象。

2. 成本费用管理的内容

媒体成本费用管理是指媒体生产经营过程中对成本进行规划、核算、分析、控制、考核等一系列科学管理行为的总称,它的目的是充分组织媒体全体人员,对生产经营过程的各个环节进行科学合理的管理,力求以最少的生产耗费取得最多的生产成果。成本费用管理可以分为成本费用规划、成本费用核算、成本费用控制、成本费用分析、成本费用考核五个阶段。其中,成本费用规划是成本费用管理的第一步,成本费用核算是成本费用管理的基础环节,成本费用控制是成本费用管理的核心。下面重点介绍这三个阶段。

(1) 成本费用规划

成本费用规划是对成本费用管理的事前控制,是根据以往的历史成本、市场调查以及生产、技术条件的变化等资料,采用科学的方法估计各项成本,计算未来可能产生的费用,并将预算成本作为控制经济活动的依据,衡量其合理性。当实际状态和规划的成本有较大差异时,要查明原因并采取措施加以控制。可见,成本费用规划是控制成本、优化资源配置、提高资产使用效率的重要手段。

(2) 成本费用核算

成本费用核算是成本管理的基础环节。常用的成本费用核算方法有单项成本计算法、成本系数法和成本归集计算法。

单项成本计算法把媒体的一个项目(如一档节目、一部电视剧)作为一个单位来核算成本,即一个项目从策划到执行所需要耗费的人力资源和物品所需要的费用总和。在计算各项目的成本时,除了要计算该项目实际发生时的各种直接成本,还要按比例分摊管理部门的综合管理成本。

成本系数法是选择一个定性的项目作为标准,将它的成本系数确定为1,然后将其他项目与该项目进行比较,确定各自系数。系数可以是技术系数,也可以是按定额成本、定额耗用量或售价确定的。成本系数法可准确有效地计算出各种项目的成本。

成本归集计算法是指对生产过程中所发生的各种费用进行分类归集,进而得出各个对象的成本总额。成本费用的归集和分配必须遵守"谁收益、谁承担"的原则,根据发生费用的性质和项目生产的流程逐步计算。

(3) 成本费用控制

成本费用控制包括前馈(事前)控制、过程(事中)控制和后馈(事后)控制三部分。媒体在实施成本控制的过程中,应注意坚持可控性原则、责权利结合原则、全员目标责任制原则和制度约束原则。

成本控制的方法很多,但最主要最常用的控制方法主要有目标成本控制法、责任成本控制法、未来成本控制法、相对成本控制法和标准成本控制法。[①]目标成本控制法就是把媒体产品生产的总目标作为成本控制的总准绳去控制成本。企业把总目标成本分解为一个个小目标,然后落实到各个成本中心,各个成本中心再把下达的目标成本分解为更小的目标成本,并分交给各个责任单位或部门。各级责任成本中心随时将积累的成本资料与目标成本进行比较,分析出现差异的原因,为降低成本和为制定新的目标成本创造条件。责任成本控制法就是根据全员目标责任制原则,把成本指标管理与经济责任结合起来控制成本的方法。它根据部门内部确定的责任层次,建立成本中心,明确各中心的成本责任和权限;然后将成本指标分解到各成本中心,并作为评价、考核各成本中心实绩的标准;建立一套完整的核算制度,定期对成本中心进行检查;经常分析实际成本与成本控制标准之间的差异并找出原因。未来成本控制法也称预算成本控制法,即通过预计今后一定时期内生产的产品量,对材料、人工的需求量以及劳动生产率提高的速度进行估计,在此基础上确定未来成本,并以此成本为目标,运用事前控制、事中控制和事后控制的方法,实现对成本的控制。相对成本控制法即根据产销量、成本和收入三者间的关系来实现对成本的控制,分析生产部门究竟需要多少产销量、收入与成本,才能实现平衡或最高盈利,从而科学地确定最佳产销量目标,控制成本,避免亏损。标准成本控制法就是用制定的标准成本来控制实际成本的方法。常用的标准成本有历史标准成本、基本标准成本、理想标准成本、正常标准成本、预期标准成本等。

一般生产企业成本相对易于量化,因此成本控制方法相对成熟。而媒体有自身的行业特点和生产规律,其成本项目确定、成本核算对象、成本构成比重以及成本消耗标准与一般企业有很大区别。在媒体融合的背景下,新媒体产品形态已经大大改变,若简单地把新媒体产品纳入传统成本核算对象,则无法准确反映相应产品的成本费用特点。因此,应结合新媒体产品的特点,设置新的成本核算对象和成本费用项目,更加科学合理地进行成本控制。

三、新媒体财务分析

财务分析是以企业的财务报告等会计资料为基础,对企业的财务状况、经营成果和现金

---

① 黄晓兰:《媒体财务管理》,中国传媒大学出版社,2006年,第198页。

流量进行分析和评价。财务分析是财务管理的重要方法之一,是对财务报告所提供的会计信息做进一步加工和处理,为股东、债权人和管理层等会计信息使用者进行财务预测和财务决策提供依据。通过财务分析,人们可以全面评价企业财务能力,可以检查企业各部门的经营业绩,有利于企业建立和完善业绩评价体系,协调各种财务关系,保证企业财务目标顺利实现。[1]

(一)新媒体财务分析内容

新媒体财务分析主要包括偿债能力分析、营运能力分析、盈利能力分析、发展趋势分析等方面的内容。

1. 偿债能力分析

偿债能力是指新媒体机构偿还到期债务还本付息的能力。拥有适度的偿债能力是新媒体机构顺利运转的基本保障。偿债能力的强弱是衡量新媒体机构经营业绩的重要指标,它不仅关系到新媒体机构本身的生存和发展,也与投资者、债权人的利益密切相关。新媒体机构的偿债能力弱会导致其陷入困境,甚至危及其生存。

2. 营运能力分析

营运能力反映了企业资产运用和管理能力。企业的生产经营就是利用资产获得收益的过程。资金运营是否充分有效是决定新媒体机构经营水平的重要因素,资产运用程度越高,各项资产周转速度就越快,新媒体机构就越能获得更多的收入,从而获得更大的利润。

3. 盈利能力分析

企业的盈利能力也称获利能力,是指企业为资金提供者创造收益的能力。盈利能力主要通过收入与利润之间的关系、资产与利润之间的关系来反映。企业生产经营的主要目的就是使投资者获得合理的利润和维持自身适度的增长,因此盈利能力是衡量企业经营业绩的重要指标。新媒体机构固然要追求社会效益和经济效益的统一,但通常来说,经营管理好的新媒体机构往往也具有较强的盈利能力,只有不断获利,新媒体机构才能发展,否则,其维持自身生存都会非常困难。

4. 发展趋势分析

在当前市场竞争激烈、生产技术迅速发展的环境下,新媒体机构为了生存和竞争,需要不断发展,在发展中壮大自身实力。分析新媒体机构的发展趋势,就是分析新媒体机构依靠自身积累或通过外部筹资扩大经营规模、增强市场竞争力的能力和潜力。

---

[1] 王化成、刘俊彦、荆新:《财务管理学(第9版)》,中国人民大学出版社,2021年,第69页。

（二）企业财务分析报表

财务分析要以企业的会计核算资料为基础，这些核算资料包括日常核算资料和财务报告，但财务分析以财务报告为基础，日常核算资料只作为财务分析的补充资料。[①]根据我国《企业会计准则》，一般企业三张基本财务报表是资产负债表、利润表和现金流量表。

1. 资产负债表

资产负债表是反映企业在特定日期（月末、季末、年末）财务状况的财务报表。它根据"资产＝负债＋所有者权益"这一会计恒等式，按照一定的分类标准和次序，把新媒体企业在一定日期的资产、负债、所有者权益等子项目予以适当编排，体现媒体资产、负债、所有者权益的总体规模和结构。所有者权益是净资产，股份有限公司的所有者权益称为股东权益。资产按其流动性的顺序排列，负债按债务必须支付的时间顺序排列。[②]

通过对资产负债表进行深入分析，新媒体机构的管理层及其实际控制人能够了解企业财务状况和偿债能力的信息。资产负债表的主要作用包括以下几点。

一是反映企业拥有或控制的资产金额及其分布情况，通过对资产结构的深入分析也可以看出其行业定位及盈利模式。

二是反映企业资金来源及其构成情况。企业的资金来源有两个：从债权人手中借入和投资者投入。从债权人手中借入的款项称为负债，投资者投入的款项称为所有者权益。所有者权益和负债的比值可以揭示企业资本结构是否合理，是否存在财务风险。通过查看股东权益数额，我们还可以了解企业是否具有持续盈利的潜力。

三是有助于评价、预测企业的经营绩效。企业的经营绩效主要反映在获利能力上，获利能力直接影响企业能否实现稳定而逐步增长的盈利水平，能否按约定向债权人还本付息，能否维持甚至逐步提高股东的投资报酬。衡量企业获利能力的指标主要有资产报酬率、股东权益报酬率等。

芒果超媒资产负债表如表12-1所示。

表12-1 芒果超媒资产负债表

2023年12月31日　　　　　　　　　　　　　　　　　　　　　　　　　　　　　　　　　单位：元

项目	2023年12月31日	2023年1月1日
流动资产：		
货币资金	11,882,208,257.60	10,369,682,100.19
结算备付金	—	—
拆出资金	—	—
交易性金融资产	1,052,000,000.00	2,695,000,000.00

---

① 王化成、刘俊彦、荆新：《财务管理学（第9版）》，中国人民大学出版社，2021年，第73页。
② 黄晓兰：《媒体财务管理》，中国传媒大学出版社，2006年，第209页。

续表

项目	2023年12月31日	2023年1月1日
衍生金融资产	—	—
应收票据	34,920,000.00	1,424,539,500.76
应收账款	3,496,523,370.15	3,239,435,040.40
应收款项融资	698,394,858.57	49,054,442.19
预付款项	1,016,664,374.18	1,661,390,146.29
应收保费	—	—
应收分保账款	—	—
应收分保合同准备金	—	—
其他应收款	47,852,640.07	57,117,565.37
其中:应收利息	—	—
应收股利	—	—
买入返售金融资产	—	—
存货	1,717,435,689.33	1,608,818,863.16
合同资产	838,691,849.14	929,403,936.51
持有待售资产	—	—
一年内到期的非流动资产	—	—
其他流动资产	130,178,232.12	113,462,529.80
流动资产合计	20,914,869,271.16	22,147,904,124.67
非流动资产:	—	—
发放贷款和垫款	—	—
债权投资	—	—
其他债权投资	—	—
长期应收款	—	—
长期股权投资	—	4,123,864.73
其他权益工具投资	—	—
其他非流动金融资产	—	—
投资性房地产	81,084,052.23	83,381,033.60
固定资产	142,419,568.37	173,715,579.21
在建工程	—	—
生产性生物资产	—	—
油气资产	—	—
使用权资产	228,587,413.61	180,794,786.22

续表

项目	2023年12月31日	2023年1月1日
无形资产	8,113,877,366.31	6,968,001,679.08
开发支出	241,848,656.69	101,832,746.23
商誉	—	—
长期待摊费用	69,653,104.00	88,341,119.22
递延所得税资产	1,628,790,218.38	6,782.33
其他非流动资产	1,257,003.74	35,450,007.57
非流动资产合计	10,507,517,383.33	7,635,647,598.19
资产总计	31,422,386,654.49	29,783,551,722.86
流动负债：	—	—
短期借款	33,781,325.60	1,057,932,476.80
向中央银行借款	—	—
拆入资金	—	—
交易性金融负债	—	—
衍生金融负债	—	—
应付票据	1,714,493,274.32	1,641,001,844.25
应付账款	5,211,653,685.68	4,929,885,871.44
预收款项	—	—
合同负债	1,223,382,815.57	1,095,959,210.88
卖出回购金融资产款	—	—
吸收存款及同业存放	—	—
代理买卖证券款	—	—
代理承销证券款	—	—
应付职工薪酬	1,133,198,261.73	1,019,793,590.40
应交税费	271,158,208.58	208,468,050.32
其他应付款	118,868,606.40	508,775,724.99
其中:应付利息	—	—
应付股利	—	310,000,000.00
应付手续费及佣金	—	—
应付分保账款	—	—
持有待售负债	—	—
一年内到期的非流动负债	63,380,220.77	52,927,194.87
其他流动负债	90,565,321.21	108,136,216.45
流动负债合计	9,860,481,719.86	10,622,880,180.40

续表

项目	2023年12月31日	2023年1月1日
非流动负债：	—	—
保险合同准备金	—	—
长期借款	—	—
应付债券	—	—
其中：优先股	—	—
永续债	—	—
租赁负债	151,809,003.34	138,344,104.72
长期应付款	—	—
长期应付职工薪酬	—	—
预计负债	3,156,100.00	9,038,875.00
递延收益	43,207,716.48	42,775,997.77
递延所得税负债	94,340.19	227,428.11
其他非流动负债	—	—
非流动负债合计	198,267,160.01	190,386,405.60
负债合计	10,058,748,879.87	10,813,266,586.00
所有者权益：	—	—
股本	1,870,720,815.00	1,870,720,815.00
其他权益工具	—	—
其中：优先股	—	—
永续债	—	—
资本公积	8,811,414,997.63	9,646,210,097.63
减：库存股	—	—
其他综合收益	172,058.22	157,436.90
专项储备	—	—
盈余公积	179,622,015.26	126,108,937.21
一般风险准备	—	—
未分配利润	10,630,492,900.32	7,371,494,125.42
归属于母公司所有者权益合计	21,492,422,786.43	19,014,691,412.16
少数股东权益	−128,785,011.81	−44,406,275.30
所有者权益合计	21,363,637,774.62	18,970,285,136.86
负债和所有者权益总计	31,422,386,654.49	29,783,551,722.86

资料来源：《芒果超媒：2023年年度报告》，https://money.finance.sina.com.cn/corp/view/vCB_AllBulletinDetail.php?stockid=300413&id=10017877。

2. 利润表

利润表又称损益表,是反映企业一定时间(如年度、季度、月度)经营成果的财务报表。利润表是一张动态财务报表,人们借助利润表,可以了解企业是盈利还是亏损,可以掌握企业某一时期的收入、成本和各种费用等指标。利润表是以"利润＝收入－成本－费用"这一会计等式为依据编制而成的。它提供的财务信息主要有营业收入总额、成本费用总额、投资净损益、营业外收支净额、所得税总额及税后净利总额等。这些信息有助于投资者评估投资获利能力,也有助于债权人评估企业的偿债能力,因为偿债能力直接取决于盈利能力。事实上,从持续经营的角度来看,盈利能力比资产变现能力给债权人提供的安全保障更大。

芒果超媒利润表如表12-2所示。

表12-2 芒果超媒利润表

2023年12月31日　　　　　　　　　　　　　　　　　　　　　　　　　　　　　　　单位:元

项目	2023年度	2022年度
一、营业总收入	14,628,016,301.84	13,976,774,034.92
其中:营业收入	14,628,016,301.84	13,976,774,034.92
利息收入	—	—
已赚保费	—	—
手续费及佣金收入	—	—
二、营业总成本	12,906,257,244.76	12,305,534,748.08
其中:营业成本	9,803,006,894.94	9,208,080,123.07
利息支出	—	—
手续费及佣金支出	—	—
退保金	—	—
赔付支出净额	—	—
提取保险责任合同准备金净额	—	—
保单红利支出	—	—
分保费用	—	—
税金及附加	100,115,217.83	90,965,838.45
销售费用	2,260,065,273.97	2,244,824,328.98
管理费用	612,009,007.33	646,502,018.06
研发费用	278,728,244.78	257,607,242.41
财务费用	−147,667,394.09	−142,444,802.89
其中:利息费用	23,068,674.36	20,141,897.51
利息收入	208,888,917.13	200,121,015.01
加:其他收益	122,924,507.92	127,463,901.62

续表

项目	2023年度	2022年度
投资收益（损失以"－"号填列）	73,236,767.58	133,063,862.35
其中：对联营企业和合营企业的投资收益	－4,123,864.73	－2,576,746.69
以摊余成本计量的金融资产终止确认收益	—	—
汇兑收益（损失以"－"号填列）		
净敞口套期收益（损失以"－"号填列）		
公允价值变动收益（损失以"－"号填列）		
信用减值损失（损失以"－"号填列）	－67,536,455.57	－118,469,952.32
资产减值损失（损失以"－"号填列）	－32,524,584.01	－49,744,224.16
资产处置收益（损失以"－"号填列）	1,171,623.19	891,438.70
三、营业利润（亏损以"－"号填列）	1,819,030,916.19	1,764,444,313.03
加：营业外收入	35,532,003.82	45,628,450.37
减：营业外支出	4,005,884.29	4,490,381.74
四、利润总额（亏损总额以"－"号填列）	1,850,557,035.72	1,805,582,381.66
减：所得税费用	－1,620,769,786.67	76,071.59
五、净利润（净亏损以"－"号填列）	3,471,326,822.39	1,805,506,310.07
（一）按经营持续性分类	—	—
1.持续经营净利润（净亏损以"－"号填列）	3,471,326,822.39	1,805,506,310.07
2.终止经营净利润（净亏损以"－"号填列）		
（二）按所有权归属分类	—	—
1.归属于母公司股东的净利润	3,555,705,558.90	1,864,245,432.69
2.少数股东损益	－84,378,736.51	－58,739,122.62

续表

项目	2023年度	2022年度
六、其他综合收益的税后净额	14,621.32	171,220.08
归属母公司所有者的其他综合收益的税后净额	14,621.32	171,220.08
（一）不能重分类进损益的其他综合收益	—	—
1.重新计量设定受益计划变动额	—	—
2.权益法下不能转损益的其他综合收益	—	—
3.其他权益工具投资公允价值变动	—	—
4.企业自身信用风险公允价值变动	—	—
5.其他		
（二）将重分类进损益的其他综合收益	14,621.32	171,220.08
1.权益法下可转损益的其他综合收益	—	—
2.其他债权投资公允价值变动	—	—
3.金融资产重分类计入其他综合收益的金额	—	—
4.其他债权投资信用减值准备	—	—
5.现金流量套期储备	—	—
6.外币财务报表折算差额	14,621.32	171,220.08
7.其他	—	—
归属于少数股东的其他综合收益的税后净额	—	—
七、综合收益总额	3,471,341,443.71	1,805,677,530.15
归属于母公司所有者的综合收益总额	3,555,720,180.22	1,864,416,652.77
归属于少数股东的综合收益总额	−84,378,736.51	−58,739,122.62
八、每股收益	—	—
（一）基本每股收益	1.90	1.00
（二）稀释每股收益	1.90	1.00

资料来源：《芒果超媒：2023年年度报告》，https://money.finance.sina.com.cn/corp/view/vCB_AllBulletinDetail.php?stockid=300413&id=10017877。

3. 现金流量表

现金流量表是反映企业一定会计期间现金和现金等价物流入流出的报表。这里的现金类似于资产负债表中的货币资金,包括库存现金以及可以随时用于支付的银行存款、外埠存款、银行汇票存款、银行本票存款、在途货币资金等。现金等价物则是指企业持有的期限短、流动性强、易于转换为已知金额现金、价值变动风险很小的投资。

现金流量表从现金的流入和流出两个方面,反映企业在一定期间的经营活动、投资活动和筹资活动等所产生的现金流量。它能够说明导致现金状况变动的各种原因,提供企业偿债能力及其变化的有关信息,同时有助于揭示企业当期利润的质量,分析企业未来获取现金的能力。通过现金流量表,企业经营者和其他财务报表使用者能够了解企业在一定会计期间来自经营活动、投资活动和筹资活动的现金分别是多少,配合资产负债表和利润表进行深入分析,就能随时掌握企业的资金状况,评价企业的盈利质量,评估企业现金的来源和用途是否合理、企业现金流入是否稳定以及企业是否有到期偿还借款的能力。

芒果超媒现金流量表如表12-3所示。

表12-3 芒果超媒现金流量表

2023年12月31日　　　　　　　　　　　　　　　　　　　　　　　　　　　　单位:元

项目	2023年度	2022年度
一、经营活动产生的现金流量:	—	—
销售商品、提供劳务收到的现金	14,115,387,393.70	13,095,415,217.09
客户存款和同业存放款项净增加额	—	—
向中央银行借款净增加额	—	—
向其他金融机构拆入资金净增加额	—	—
收到原保险合同保费取得的现金	—	—
收到再保业务现金净额	—	—
保户储金及投资款净增加额	—	—
收取利息、手续费及佣金的现金	—	—
拆入资金净增加额	—	—
回购业务资金净增加额	—	—
代理买卖证券收到的现金净额	—	—
收到的税费返还	8,609,557.50	30,895,444.30
收到其他与经营活动有关的现金	394,108,040.56	447,974,990.68
经营活动现金流入小计	14,518,104,991.76	13,574,285,652.07
购买商品、接受劳务支付的现金	9,748,214,137.91	9,318,836,426.27

续表

项目	2023年度	2022年度
客户贷款及垫款净增加额	—	—
存放中央银行和同业款项净增加额	—	—
支付原保险合同赔付款项的现金	—	—
拆出资金净增加额	—	—
支付利息、手续费及佣金的现金	—	—
支付保单红利的现金	—	—
支付给职工以及为职工支付的现金	1,493,967,167.82	1,616,052,857.07
支付的各项税费	292,315,607.94	205,306,601.01
支付其他与经营活动有关的现金	1,899,834,821.38	1,812,286,068.28
经营活动现金流出小计	13,434,331,735.05	12,952,481,952.63
经营活动产生的现金流量净额	1,083,773,256.71	621,803,699.44
二、投资活动产生的现金流量：	—	—
收回投资收到的现金	—	—
取得投资收益收到的现金	—	—
处置固定资产、无形资产和其他长期资产收回的现金净额	225,533.85	173,531.48
处置子公司及其他营业单位收到的现金净额	—	—
收到其他与投资活动有关的现金	7,219,275,772.73	14,218,668,535.75
投资活动现金流入小计	7,219,501,306.58	14,218,842,067.23
购建固定资产、无形资产和其他长期资产支付的现金	150,261,073.92	189,897,809.91
投资支付的现金	—	—
质押贷款净增加额	—	—
取得子公司及其他营业单位支付的现金净额	834,795,100.00	—
支付其他与投资活动有关的现金	5,478,000,000.00	13,371,990,000.00
投资活动现金流出小计	6,463,056,173.92	13,561,887,809.91
投资活动产生的现金流量净额	756,445,132.66	656,954,257.32
三、筹资活动产生的现金流量：	—	—

续表

项目	2023年度	2022年度
吸收投资收到的现金	—	315,693,346.30
其中：子公司吸收少数股东投资收到的现金	—	286,000,000.00
取得借款收到的现金	679,622,361.64	1,607,632,088.23
收到其他与筹资活动有关的现金	—	—
筹资活动现金流入小计	679,622,361.64	1,923,325,434.53
偿还债务支付的现金	296,562,773.00	39,051,360.40
分配股利、利润或偿付利息支付的现金	555,137,003.35	255,759,728.90
其中：子公司支付给少数股东的股利、利润	—	—
支付其他与筹资活动有关的现金	146,238,041.16	96,719,804.50
筹资活动现金流出小计	997,937,817.51	391,530,893.80
筹资活动产生的现金流量净额	−318,315,455.87	1,531,794,540.73
四、汇率变动对现金及现金等价物的影响	94,337.15	458,406.76
五、现金及现金等价物净增加额	1,521,997,270.65	2,811,010,904.25
加：期初现金及现金等价物余额	10,345,319,073.78	7,534,308,169.53
六、期末现金及现金等价物余额	11,867,316,344.43	10,345,319,073.78

资料来源：《芒果超媒：2023年年度报告》，https://money.finance.sina.com.cn/corp/view/vCB_AllBulletinDetail.php?stockid=300413&id=10017877。

（三）事业单位财务分析

事业单位财务报表有特定的要求。以广播电视事业单位为例，根据《事业单位财务规则》和《广播电视事业单位财务制度》的相关规定，其财务报表主要有资产负债表、收入支出表等。[①]

1. 资产负债表

广播电视事业单位资产负债表是反映广播电视事业单位在资产负债表日（或报告期末）全部资产、负债和净资产情况的报表，其资产等于负债加净资产。广播电视事业单位资产负债表如表12-4所示。

---

① 卜彦芳：《广播电视经营与管理》，高等教育出版社，2015年，第216页。

表 12-4　广播电视事业单位资产负债表

编制单位：_____年____月____日　　　　　　　　　　　　　　　　　　　　　　　　单位：元

资产	期末余额	年初余额	负债和净资产	期末余额	年初余额
流动资产			流动负债		
货币资金			短期借款		
短期投资			应缴税费		
财政应返还额度			应缴国库款		
应收票据			应缴财政专户款		
应收账款			应付职工薪酬		
预付账款			应付票据		
其他应收款			应付账款		
存货			预收账款		
其他流动资产			其他应付款		
流动资产合计			其他流动负债		
非流动资产			流动负债合计		
长期投资			非流动负债		
固定资产			长期借款		
固定资产原价			长期应付款		
减：累计折旧			非流动负债合计		
在建工程			负债合计		
无形资产			净资产		
无形资产原价			事业基金		
减：累计摊销			非流动资产基金		
待处置资产损益			专用基金		
非流动资产合计			财政补助结转		
			财政补助结余		
			非财政补助结转		
			非财政补助结余		
			1.事业结余		
			2.经营结余		
			净资产合计		
资产总计			负债和净资产总计		

2. 收入支出表

收入支出表是反映广播电视事业单位在某一会计期间的事业成果及其分配情况的报表。通过分析广播电视事业单位收入支出表，人们可以清楚其收入的来源、单位组织收入的能力和满足经常性支出的程度；对收入支出表进行成本分析，能掌握各项支出是否按进度进行，是否按规定的用途、标准使用，支出结构是否合理等，找出支出管理中存在的问题，提出加强管理的措施，以节约支出，提高资金使用效益。广播电视事业单位收入支出表如表12-5所示。

表12-5　广播电视事业单位收入支出表

编制单位：_____　　年___月___日　　　　　　　　　　　　　　　　单位：元

项目	本月数	本年累计数
一、本期财政补助结转结余		
财政补助收入		
减：事业支出（财政补助支出）		
二、本期事业结转结余		
（一）事业类收入		
1.事业收入		
2.上级补助收入		
3.附属单位上缴,收入		
4.其他收入		
其中：捐赠收入		
减：（二）事业类支出		
1.事业支出（非财政补助支出）		
2.上缴上级支出		
3.对附属单位补助支出		
4.其他支出		
三、本期经营结余		
经营收入		
减：经营支出		
四、弥补以前年度亏损后的经营结余		
五、本年非财政补助结转结余		
减：非财政补助结转		
六、本年非财政补助结余		
减：应缴企业所得税		
减：提取专用基金		
七、转入事业基金		

3. 事业单位财务分析基本指标

事业单位财务分析对于事业单位来说是了解过去、评价现在、预测未来的基础，能够帮助事业单位管理者改善决策。事业单位财务分析基本指标体现了公益事业的支出水平和经济效率。以广播电视事业单位财务分析为例，其财务指标通常包括以下几点。

（1）预算收入完成率和支出完成率

衡量广播电视事业单位收入和支出总预算及分项预算完成的程度。计算公式为：预算收入完成率＝年终执行数÷（年初预算数±年中预算调整数）×100%（年终执行数不含上年结转和结余收入数）；预算支出完成率＝年终执行数÷（年初预算数±年中预算调整数）×100%（年终执行数不含上年结转和结余支出数）。

（2）人员支出、公用支出占事业支出的比例

衡量广播电视事业单位的事业支出结构。计算公式为：人员支出占事业支出比例＝人员支出÷事业支出×100%；公用支出占事业支出比例＝公用支出÷事业支出×100%。

（3）人均基本支出

衡量广播电视事业单位按照实际在职人数平均的基本支出水平。计算公式为：人均基本支出＝（基本支出－离退休人员支出）÷实际在职人数。

（4）资产负债率

衡量广播电视事业单位利用债权人提供资金开展业务活动的能力，以及反映债权人提供资金的安全保障程度。计算公式为：资产负债率＝负债总额÷资产总额×100%。

（5）总资产增长率

衡量广播电视事业单位资产总量的增长情况，反映事业单位的发展能力。计算公式为：总资产增长率＝（期末总资产－期初总资产）÷期初总资产×100%。

（6）固定资产利用率

衡量广播电视事业单位固定资产的利用效率和水平。计算公式为：固定资产利用率＝在用固定资产金额÷全部固定资产总额×100%。

（7）事业收入、经营收入占总收入比例

衡量事业收入和经营收入分别占总收入的比例，反映广播电视事业单位经营创收的能力。计算公式为：事业收入占总收入比例＝事业收入÷总收入×100%；经营收入占总收入比例＝经营收入÷总收入×100%。

（8）事业收入、经营收入增长率

衡量事业收入和经营收入与上一年相比的实际增长情况，反映事业收入和经营收入的增长水平。计算公式为：事业收入增长率＝（当年事业收入÷上一年事业收入－1）×100%；经营收入增长率＝（当年经营收入÷上年经营收入－1）×100%。

（9）频率（频道）收入成本比例

衡量广播电视事业单位频率（频道）的投入与产出情况。计算公式为：频率（频道）收入成本比例＝频率（频道）成本÷频率（频道）收入×100%。

(10) 每分钟节目(栏目)制作成本

衡量广播电视事业单位每分钟节目(栏目)制作的成本水平。计算公式为:每分钟节目(栏目)制作成本＝节目(栏目)制作成本÷节目(栏目)制作时间(分钟)。

从事业单位财务报表和财务分析指标中,我们可以看到它的管理和企业机构一样有着对投资规模和生产效率的追求。为此,事业单位财务制度也在进行持续的改革创新。我国事业单位财务制度改革明确提出全面实施绩效管理,衔接国有资产管理新要求,也增加了衔接政府综合财务报告、政府会计准则等制度,新增了财务报告、会计核算等内容。[①]

新媒体事业单位为社会提供了许多需要稳定供给的公益服务和产品,同时面临海量的新媒体产品竞争。如果说商业性质的产品可以通过市场竞争来优胜劣汰,从而提高整个新媒体产业的资源配置效率和企业生产效率,那么公益性质的新媒体产品则必须保证稳定供给,不能任由市场淘汰。因此,为了保证公益服务的稳定供给和经济效率的提升,促进事业体制和企业体制的有机配合、形成合理的竞争约束机制,新媒体事业单位的财务分析和整体财务制度改革探索尤为重要。

【案例12-1】

主流媒体财务管理改革探索

一些主流媒体在由事业体制向企业体制转型的过程中,也在持续探索财务管理体制改革。围绕整体发展目标,SMG于2009年、2014年分别实行了重大的制播分离改革、企业重组改革,同步探索了财务管理制度改革;浙江日报报业集团在2011年上市后也进行了系列资本运营和业务重组。[②]

从财务角度看,广电媒体管理具有交易行为表述复杂、广告需求弹性二元性、收入和成本反应不同步、成本和收入确认难度高等特点。制播分离改革后,转企的 SMG 在会计核算上与市场接轨,加速了企业与资本市场的融合。成本核算和成本分析不断推进,基础管理手段向企业化管理靠拢。为了明确各个节目制作中所消耗的公共资源的价值,SMG 制定了一系列内部转移价格,其中包括技术设备、演播室、车辆等。这些基础管理制度的建立和完善不仅为成本核算带来了便利,更在成本控制上发挥了巨大作用。SMG 实施全面预算管理和经济目标责任制考核,还在财务负责人委派、资金集中管理等方面进行了大量有益的尝试。2009年,SMG 制播分离改革后,资产报酬率由1%增长至6%,资产负债率由28%增至33%,资金回收率由1%增至4%,企业资本可持续有效增值率从28%增至

---

① 《关于印发〈广播电视事业单位财务制度〉的通知》,https://www.mof.gov.cn/jrtzts/202208/t20220815_3833728.htm;《事业单位财务规则》,https://www.gov.cn/gongbao/content/2022/content_5686032.htm。

② 钟璟:《中国新制播分离时代广电集团财务管理模式研究——以中国广电改革典型"上海模式"为例》,上海交通大学硕士学位论文,2010年;郑法其:《转型背景下财务管理模式优化研究——基于ZB传媒的案例研究》,厦门大学硕士学位论文,2018年(资料显示钟璟、郑法其分别为SMG和浙报传媒的财务高管);姚天航:《数字经济领跑者,浙数文化:技术驱动转型,助力"数字浙江"建设》,https://baijiahao.baidu.com/s?id=1752889104170928315&wfr=spider&for=pc。

792%。可见，SMG以资本可持续有效增值为目标的财务情况有较大改善，其原因在于盈利能力的大幅提高（资产报酬率提高），适当地利用负债经营（资产负债率的提高），在扩大广告收入的同时控制设账比例，加大资金回笼速度（资金回收率的提高）。2011年，SMG执行新的企业会计准则，参照上市公司的要求来规范会计核算，并编制合并报表。2014年，SMG进行了重大资产重组和资本运营，"小文广"和"大文广"合并，它们旗下的上市公司百视通和东方明珠也进行了重组。2016年12月，SMG与上海东方明珠新媒体股份有限公司共同出资10亿元组建SMG财务公司，这也是全国广电领域首家集团财务公司。在各个时期，SMG都在许多条件合适的子公司进行了筹资、股权等方面的财务管理改革。

报业机构作为主流媒体另一大基本类型，也在转型发展中进行了重大财务管理改革，开展了各种资本运营，浙江日报报业集团就是其中的典型。2009年，浙江日报报业集团改组浙报传媒控股集团有限公司（以下简称浙报控股）作为统筹运营传媒资产，拓展产业空间的全新市场主体，分别设立了独立运作的法人主体负责运营多家子报、子刊。2011年9月，浙报控股将相关媒体经营性资产注入A股上市公司ST白猫，并更名为浙报传媒集团股份有限公司（以下简称浙报传媒），成功实现在上海证券交易所借壳上市，成为全国第一家由报业集团媒体经营性资产整体上市的A股上市公司。2013年4月，浙报传媒通过非公开发行A股股票和自筹资金共计31.9亿元收购边锋网络、上海浩方两家公司，借助资本力量获得了当时注册用户量达3亿的成熟网络平台，收获了近千名互联网技术人才，为集团加快进入互联网的战略转型提供了强有力的支持和保障。借助此次收购，在原有的新闻传媒业务平台上，浙报传媒以边锋网络为核心搭建了数字娱乐平台。浙报传媒又基于本身拥有的海量互联网用户数据库及读者数据库，提出"新闻＋服务"的新理念，开拓线上、线下相结合的本土OTO服务，进军智慧医疗、智慧政务、智慧金融、智慧电商等领域，打造智慧服务平台。2017年，浙报传媒迅速启动并完成了重大资产重组工作，以约19.97亿元人民币的交易对价，将旗下新闻传媒类资产出售给控股股东浙报传媒控股集团有限公司，公司更名为浙报数字文化集团股份有限公司，公司证券简称由"浙报传媒"变更为"浙数文化"，并以此为契机全面启动资产业务的优化重组和体制机制的系统性改革创新，全面发展基于互联网的数字文化产业，重点聚焦以优质IP为核心的数字娱乐产业、数字体育产业。

关键词

财务管理；财务活动；财务关系；筹资管理、投资管理；运营资金管理；利润分配管理；成本费用管理；资本运营；成本控制；财务分析；偿债能力分析；营运能力分析；盈利能力分析；发展能力分析；现金流量分析；资产负债表；利润表；现金流量表；事业单位财务制度。

复习思考题

1. 新媒体财务管理通常有哪些目标?
2. 新媒体成本控制有哪些手段?
3. 如何理解我国新媒体企业单位和事业单位财务管理指标的异同?

在线案例

参考文献

[1] 罗伯特·G.皮卡德.媒介经济学:概念与问题[M].赵丽颖,译.北京:中国人民大学出版社,2005.

[2] 罗伯特·皮卡德.传媒管理学导论[M].韩骏伟,常永新,等译.北京:人民邮电出版社出版,2006.

[3] 吉莉安·道尔.理解传媒经济学[M].2版.黄森,董鸿英,译.北京:清华大学出版社,2018.

[4] 阿兰·阿尔瓦兰.传媒经济与管理学导论[M].崔保国,杭敏,徐佳,译.北京:清华大学出版社,2010.

[5] 保罗·萨缪尔森,威廉·诺德豪斯.经济学[M].18版.萧琛,译.北京:人民邮电出版社,2008年.

[6] 高鸿业.经济学[M].2版.北京:中国人民大学出版社,2000.

[7] 斯蒂芬·P.罗宾斯,戴维·A.德森佐,玛丽·库尔特.管理学:原理与实践(原书第9版)[M].毛蕴诗,主译.北京:机械工业出版社,2015.

[8] 周三多,陈传明,刘子馨,等.管理学——原理与方法[M].7版.上海:复旦大学出版社,2018.

[9] 苏东水.产业经济学[M].北京:高等教育出版社,2005.

[10] 童清艳.传媒产业经济学导论[M].上海:复旦大学出版社,2007.

[11] 崔保国.中国传媒产业发展报告[M].北京:社会科学文献出版社,2010-2023.

[12] 喻国明,丁汉青,支庭荣,等.传媒经济学教程[M].2版.北京:中国人民大学出版社,2019.

[13] 刘志杰.智媒时代的传媒经济学[M].上海:上海交通大学出版社,2021.

[14] 肖赞军.西方传媒业的融合、竞争及规制[M].北京:中国书籍出版社,2011.

[15] 戴元初.大融合时代的传媒规制变革——行动逻辑、欧美经验与中国进路[M].北京:人民日报出版社,2014.

[16] 易旭明.中国电视产业制度变迁与需求均衡研究[M].上海:上海交通大学出版社,2013.

[17] 易旭明.中国传媒规制绩效实证研究——基于有效竞争理论视角[M].上海:上海交通大学出版社,2020.

[18] Noam E M. Media ownership concentration in America[M]. New York:Oxford University Press,2009.

[19] Doyle G.Media Ownership: The economics and politics of convergence and concentration in the UK and European media[M]. London:SAGE Publications, 2002.

[20] 迈克尔·A.希特,R.杜安·爱尔兰,罗伯特·E.霍斯基森.战略管理:竞争与全球化(概

念)[M].焦豪,等译.北京:机械工业出版社,2018.

[21] 露西·昆.传媒战略管理——从理论到实践[M].王文渊,译.北京:中国广播电视出版社,2013.

[22] 迈克尔·波特.竞争战略[M].毛蕴诗,译.北京:华夏出版社,2009.

[23] 魏炜,朱武祥.发现商业模式[M].北京:机械工业出版社,2019.

[24] 魏炜,李飞,朱武祥.商业模式学原理[M].北京:北京大学出版社,2020.

[25] Osterwalder A. The Business Model Ontology a Proposition in a Design Science Approach[D]. Lausanne: Universite de Lausanne, 2004.

[26] 亚历山大·奥斯特瓦德,伊夫·皮尼厄.商业模式新生代[M].毛蕴诗,译.北京:机械工业出版社,2011.

[27] 朱春阳.现代传媒产品创新理论与策略[M].济南:山东人民出版社,2005.

[28] 胡智锋,刘俊.网络视频节目策划[M].上海:复旦大学出版社,2021.

[29] 威廉·阿伦斯,戴维·谢弗,迈克尔·魏戈尔德.广告学[M].丁俊杰,钟静,康瑾,译.北京:中国人民大学出版社,2014.

[30] 刘鹏,王超.计算广告:互联网商业变现的市场与技术[M].2版.北京:人民邮电出版社,2019.

[31] 加里·阿姆斯特朗,菲利普·科特勒,王永贵.市场营销学[M].12版.中国版.赵占波,王紫薇等,译.北京:中国人民大学出版社,2017.

[32] 菲利普·科特勒,何麻温·卡塔加雅,伊万·塞蒂亚万.营销革命4.0:从传统到数字[M].王赛,译.北京:机械工业出版社,2021.

[33] 唐E.舒尔茨,贝茨E.巴斯恩,海蒂·舒尔茨,等.重塑消费者-品牌关系[M].沈虹,郭嘉等,译.北京:机械工业出版社,2017.

[34] 程宇宁.整合营销传播——品牌传播的策划、创意与管理[M].2版.北京:中国人民大学出版社,2019.

[35] 张志学,井润田,沈伟.组织管理学——数智时代的中国企业视角[M].北京:北京大学出版社,2023.

[36] 加里·德斯勒.人力资源管理[M].14版.刘昕,译.北京:中国人民大学出版社,2023.

[37] 吕焕斌.媒体融合的芒果实践报告[M].北京:中信出版集团,2021.

[38] 吴晓波.腾讯传[M].杭州:浙江大学出版社,2017.

[39] 黄晓兰.媒体财务管理[M].北京:中国传媒大学出版社,2006.

[40] 吕文,程兰兰.财务管理[M].武汉:华中科技大学出版社,2017.

[41] 王化成,刘俊彦,荆新.财务管理学[M].9版.北京:中国人民大学出版社,2021.

与本书配套的二维码资源使用说明

　　本书部分课程及与纸质教材配套数字资源以二维码链接的形式呈现。利用手机微信扫码成功后提示微信登录,授权后进入注册页面,填写注册信息。按照提示输入手机号码,点击获取手机验证码,稍等片刻收到4位数的验证码短信,在提示位置输入验证码成功,再设置密码,选择相应专业,点击"立即注册",注册成功。(若手机已经注册,则在"注册"页面底部选择"已有账号立即登录",进入"账号绑定"页面,直接输入手机号和密码登录。)接着提示输入学习码,须刮开教材封面防伪涂层,输入13位学习码(正版图书拥有的一次性使用学习码),输入正确后提示绑定成功,即可查看二维码数字资源。手机第一次登录查看资源成功以后,再次使用二维码资源时,在微信端扫码即可登录进入查看。